第 2 全訂版

論 理 學

W.C. 새먼 著
郭 江 濟 譯

博 英 社

새 번역을 내면서

이 책을 가르치면서 검토해 오던 용어들을 바로잡으면서 다시 한번 문장들을 다듬었다.

이번 새 번역에서 가장 큰 변화는 "SYLLOGISM"을 "정언 논증"·"정언 논법"으로 바꾸면서 논리학에서 "삼단 논증"·"삼단 논법"이라는 용어를 없앤 것이다. 여기에는 다음과 같은 이유가 있다.

(1) 원래 아리스토텔레스는 "SYLLOGISM"을 연역 논증 또는 연역 추리의 이름으로 사용했음에도 불구하고(PRIOR ANALYTICS, 24b 20. TOPICS, 100a, 25),

(2) 아리스토텔레스의 논리학이 세 개의 정언 진술로 이루어지는 정언 논증의 논리에 대한 연구에 머물렀기 때문에 "SYLLOGISM"이 정언 논증이나 정언 논법에 대한 고유 이름으로 잘못 굳어졌고,

(3) "삼단"(三段)이라는 말은 정언 논증의 겉모습에만 사로잡혀 있을 뿐 논리학적 의의를 전혀 갖고 있지 않으며,

(4) 두 개의 전제와 하나의 결론으로 이루어졌지만 논리적 성격이 전혀 다른 논증들이 무수히 있는데, 이 모든 논증을 같은 이름으로 부르는 것은 오해를 일으킬 뿐만 아니라,

(5) 논증들의 유형을 가르는 일은 논리의 성격에 결정적 영향을 미치는 진술의 종류를 기준으로 삼아야 올바르게 이루어진다는 것이 확실하기 때문이다.

다른 논리학 용어들은 가능한 한 간결하고 부르기 쉽게 고쳤다. 이 일과 함께 모든 문장을 읽기 좋고 이해하기 쉬운 문장으로 다듬었다.

그 동안 여러 대학과 교육 기관에서 이 책을 교과서로 사용해 오신 분들께 깊은 감사의 인사를 드린다.

2004년 1월

옮 긴 이

옮긴이의 말

인류의 지성의 역사는 인간이 무명으로부터 해방되려는 투쟁의 기록이다. 지성의 핵은 이성이다. 이성적 사고, 즉 합리적 사고는 인간으로서의 자각의 시작이고 자립의 기초다. 사람이 인생의 현실에 대해 이성적 사고를 한다는 것은 지적 고뇌의 길이면서 또한 인간적 긍지의 길이기도 하다. 사람이 합리적으로 생각하고, 합리적으로 살기 위해서는 용기와 결단을 필요로 한다. 이성을 인생의 지도 원리로 선택한 사람은 그 이후의 모든 귀결에 대한 책임을 스스로 져야 하기 때문이다. 따라서 논리학 교육은 중대한 도덕적 의의를 지니고 있다.

학문은 인간이 지금까지 해온 합리적 사고의 정수다. 학문은 진리들로 이루어진다. 진리들은 귀납을 통해서 일반화되고, 연역을 통해서 체계화된다. 학문을 이해하기 위해서는 경험 과학이라는 건물의 기둥과 대들보를 만들어 내는 귀납과 형식 과학이라는 그물의 매듭을 짜는 연역을 알아야 한다. 이 일은 학문을 이해하게 할 뿐 아니라, 학문을 만들어 내는 인간의 지성에 대한 이해까지도 깊게 해준다. 논리학의 궁극적 목표는 다른 모든 학문과 마찬가지로 결국 인간에 대한 이해다.

이 책은 피츠버그대학교 새먼(Wesley C. Salmon) 교수의 〈논리학〉(*Logic*, 3판, 1984년 프렌티스-홀 출판사 간행)을 옮긴 것이다. 저자는 이 책을 두 가지 생각을 기본으로 삼고 편성하였다. 첫째는 논리학의 일차적 연구 대상은 사고나 지식이나 자연이 아니라, 일상의 언어 생활에 실제로 나타나는 여러 가지 진술로 이루어지는 논증들이라는 생각이다. 둘째는 "일차 질서 논리"(first-order logic)를 연구하는 일, "형식적 체계"를 구성하는 일, 그리고 "논리 철학"(philosophy of logic)을 탐구하는 일을 명확히 구별하여, 이 책에서는 "일차 질서 논리학"만 소개한다는 생각이다. "일차 질서 논리학"은 개체와 속성에 관한 진술들로 이루어진 논증들 속의 여러 가지 논증 형식을 추상하여 올바른 형식과 그릇된 형식을 가르는 원리와 방법을 마련한다. "형식적 체계의 구성"은 발견된 것은 물론 가능한 모든 논증 형식을 체계적으로 설명한다. "논리 철학"은 이 두 가지 일의 기초에서 발생하는 철학적 문제들을 탐구한다. 저자는 이 세 가지 일이 뒤섞일 수 없는 것으로 보기 때문에, 이 책은 "일차 질서 논리학"만 다루고 있다.

따라서 이 책은 현대의 논리학에 대한 개론서라기보다는 입문서이다. 제 1 장은 논리학의 기초 용어들의 의미와 두 가지 전형적 논증, 즉 연역 논증과 귀납 논증의 근본적 성격을 통해 논리학의 의의를 밝히고 있다. 제 2 장은 연역 논증의 타당성과 부당성을 가르는 원리와 방법을 설명하고 있다. 이 장의 모든 내용은 현대의 연역 논리학(기호 논리학)이 확립한 기초 개념들을 사용하여 정확하고 능률적으로 서술되어 있다. 제 3 장은 귀납의 독자성에 관한 논의로부터 시작하여, 여러 가지 올바른 귀납 논증의 형식과 귀납의 오류를 밝히고 있다. 이 장의 모든 내용은 경험 과학 방법론의 기초로 작용하고 있다. 제 4 장은 논리와 밀접한 관련이 있는 사용과 언급의 원리, 정의, 논리적 진리, 모순 관계와 반대 관계, 애매성 등을 밝히고 있는데, 이는 논리적 사고를 정확하게 하기 위해서는 반드시 알고 있어야 하는 것들이다.

이 책을 소개하는 것은 물론 이 책이 논리학 입문서로서 아주 훌륭하기 때문이다. 첫째로 이 책은 독자를 현대 논리학의 본령에 곧바로 안내한다. 이 책은 고전 논리학 속의 생명 있는 부분들을 추출하여 포괄하지만, 모두 현대 논리학의 기초 개념들에 의해 간명하게 처리하고 있다. 안목 있는 독자라면 이 책을 읽어 가는 동안에 왜 고전 논리학이 새로운 기초 개념들에 의거해서 수정되어야 하며, 또 어떻게 논리학의 영역이 확장되는가를 쉽게 깨달을 수 있을 것이다. 둘째는 이 책의 각 절에서 사용하고 있는 예가 일상 생활과 여러 학문에서 발견되는 흥미롭고 유익한 실례이므로, 독자가 논리적 표준들을 사용하여 논증이나 논설을 분석하고 평가하는 힘을 기르기에 매우 적절하다. 이 논리적 분석 능력과 평가 능력은 어떤 학문에 종사하는 사람에게도 귀중한 것이다. 셋째로 이 책은 철학하는 일에 논리적 분석과 평가가 얼마나 중요한 것인가를 명료하게 알려 준다. 분석철학을 하는 사람들만 논리적 분석을 하는 것으로 생각하고 있는 바로 그 사람 자신이 철학할 때는 거의 언제나 그리고 일상 생활에서도 아주 빈번히 논리적 분석과 평가를 하고 있다는 사실을 똑똑히 알려 줄 것이다. 이 책이 철학하는 일에 관해서 혼란된 생각들을 바로잡는 데 조금이라도 이바지한다면, 이 책으로 인해 얻는 그보다 더 큰 기쁨은 없을 것이다.

철학하는 일, 즉 철학적 사고에 현대의 논리학을 이해하여 도구로 사용하는 일이 반드시 필요하다는 것을 깨우쳐 주신 송현주 교수, 이 방면의 책을 소개해 주고 격려해 주신 김영철 교수께 깊이 감사드린다. 원고의 정서, 교정 등을 도와 준 여인술 동문, 이명숙 박사, 김회빈 박사, 윤혜진 군에게 감사드린다. 이 책의 출판을 맡아주신 박영사 안종만 회장님과 편집부 여러분께 감사드린다.

1988년 8월

옮 긴 이

〈철학의 기초 총서〉에 대하여

철학이 해결하려는 대부분의 문제는 인간의 관심사들에 광범위하게 관련되어 있고, 더욱이 그 문제들에서 파생되는 다른 문제들이 매우 복잡하기 때문에 문제 자체가 여러 가지 형태로 끊임없이 새롭게 제기되고 있다. 이러한 문제들은 시간의 경과에 따라서 부분적으로 철학적 연구 성과를 낳는다 할지라도 더욱 확장된 학문적 지식과 더욱 심화된 윤리적 경험과 종교적 체험에 비추어 각 시대마다 다시 생각해 볼 필요가 있다. 더 훌륭한 해결책은 더 세련되고 더 엄밀한 방법들에 의해서 발견되기 때문이다. 따라서 철학이 제공하는 최고의 것을 이해하고자 하는 희망을 가지고 철학이라는 학문을 알고자 하는 사람은 근본적인 문제점들과 지금까지의 연구 성과들을 둘 다 찾을 것이다.

저명한 철학자들을 필진으로 엄선하여 집필된 이 〈철학의 기초 총서〉(*Foundations of philosophy series*)는 철학의 여러 분야가 안고 있는 주요한 문제들을 철학사의 현재 단계에서 그것들이 처해 있는 모습을 그대로 보여 주는 것을 목표로 삼고 있다. 어떤 분야들은 아마 대부분의 철학 개론 강의에서 다루어지겠지만, 대학의 강의는 강조점, 교수법, 강의 진도에 커다란 차이를 지니고 있다. 강의를 하는 사람은 누구나 자신의 철학적 관심, 학급의 크기나 성격, 학생들의 요구가 해마다 변하기 때문에 강의 내용을 조정할 수 있는 재량권을 필요로 한다. 이 〈철학의 기초 총서〉를 이루고 있는 열 아홉 권의 책은 한권 한권이 그 자체로서 완결된 것이면서도 서로 다른 책을 보완해 주므로 강의하는 사람에게 새로운 융통성을 주고 있다. 이 총서를 강의하는 사람은 자기가 원하는 대로 몇 권의 책을 연결시켜 교재를 꾸밀 수 있을 것이며, 사정이 바뀌면 다른 관점에서 선택하여 다른 교재를 마련할 수도 있을 것이다. 개론 수준의 강의에서 사용하지 못할 책들은 더욱 전문화된 높은 수준의 강의를 위해서 다른 교재나 참고 자료와 더불어 사용하면 그 가치를 깨닫게 될 것이다.

에리자베스 비어슬리 / 몬로 비어슬리

지은이의 말

논리학은 일반적으로 철학의 한 분야로 간주되지만, 논리학이 적용되는 범위는 어떤 하나의 학문 분야에 한정되어 있지 않고 아주 넓은 영역에 걸치고 있다. 논리학의 비판적 표준들은 추리와 논증을 사용하는 모든 주제, 즉 결론이 증거에 의해서 입증될 필요가 있는 탐구 영역이라면 어느 곳에나 적용된다. 이러한 영역 속에는 진지하게 지적 탐구가 진행되고 있는 모든 학문뿐만 아니라 일상생활의 실제적 문제도 포함된다.

논리학 교과서가 많이 있다는 것은 누구나 아는 일이다. 이러한 교과서들은 논리학 교육의 교재로 쓰이는 것을 주된 목적으로 하고 있다. 그러나 이 책은 다른 목적을 가지고 있다. 이 책은 첫째로 여러 가지 나름대로의 이유로 인해 논리에 관한 기초 지식의 도움을 필요로 하고 있는 독자들을 위해서 마련되었다. 이런 독자들 가운데에는 논리학 이외의 철학 분야를 공부하는 사람도 있을 것이고, 수학, 과학, 언어학, 역사학, 법학 가운데 어느 하나를 공부하는 학생도 있을 것이다. 또 그 가운데에는 설명의 맥락과 논쟁의 과정에 논증이 사용되므로, 이유를 밝히는 논증을 전개하는 일과 비판하는 일에 관심을 가진 사람도 있을 것이다. 또 더러는 매일의 일상 생활에서 텔레비전, 라디오, 신문, 잡지, 주위 사람, 친구가 어떤 상품의 구입이나 공중 질서, 정책, 종교상의 쟁점에 대한 특정한 입장을 설득하려고 쏟아 놓는 말의 홍수는 물론이고, 자신의 생각을 스스로 평가해 보는 일에 도움을 받고자 논리학을 좀 배우고 싶어 하는 사람도 있을 것이다. 나는 이런 독자들이 제각기 관심을 가지고 있는 분야의 자료를 처리하는 데 논리학이 개발한 방법들의 도움을 실제로 받기를 바라는 마음에서 논리학의 광범위한 주제들을 이해하여 활용하는 방법을 알려 주고자 노력하였다. 혹시 독자가 논리학을 좀더 연구해 보고 싶은 마음을 갖게 된다면, 그 이상 기쁜 일이 없을 것이다. 이런 일이 은근히 기대되기에 이 책의 끝에 더 읽으면 좋은 책을 약간 소개하였다.

논리학은 진지한 연구가 진행되고 있는 많은 학문의 경우와 마찬가지로 그 자체에 대한 순수한 관심 때문에 공부할 수도 있고, 응용을 목적으로 공부할 수도 있다. 이 두 가지 목적은 서로 배척하지 않는다. 이 책은 두 가지 목적을 모두 어느 정도 충족시키려고 노력하였다. 한편 논리학의 의의, 본성, 기능에 관해서는 이 책 전체에 걸쳐 아주 조금밖에 언급하지 않았다. 그 대신 논리학이 다루는 문제와 논리학의 영역 밖에 있는 문제는 종류가 다르다는 점을 밝히려고 힘을 기울였는데, 이는 이 일을 통해서 독자가 논리학이 도대체 무엇인가에 대한 훌륭한 기초 개념을 얻게 되리라고 믿었기 때문이다. 다른 한편 책의 내용은 중요한 일에 훌륭하게 응용될 수 있는 주제들을 담으려고 노력하였다. 특히 실제 생활에서 의의가 큰 예를 대상으로 논리적 분석과 평가를 해보도록 하기 위해서 예를 들 때마다 주의를 기울였다.

이 책은 이십여 년 전에 60쪽짜리 타자 원고 복사판으로 세상에 조심스럽게 모습을 나타냈는데, 그 때는 브라운대학교의 철학과에서 개설하는 입문 수준의 철학 과목들을 수강하는 학생들을 가르치기 위한 것이었다. 그러니까 그 과목들의 교과서를 보충하기 위해 필요한 약간의 논리적 기초 개념들과 논증 형식들을 설명해 놓은 조그만 지침서로 꾸며졌었다. 처음의 이 기본 목적은 변함이 없었지만, 그 뒤의 개정판에는 더 많은 주제와 더 넓은 맥락에 걸쳐 훨씬 더 쓸모 있는 내용을 담으려고 힘써 왔다. 그 후 프렌티스-홀 출판사의 〈철학의 기초 총서〉에 편입되어 두 번 수정과 증보를 계속하였다. 책의 내용은 개정할 때마다 이전의 판에 빠져 있던 주제들을 추가하여 보강함으로써 실질적으로 확장되었다.

이 세 번째 수정 증보판 역시 이전의 방침을 그대로 따랐다. 나는 재판의 주요한 결함이 인과 추론을 다소 엉성하게 취급한 데 있다고 생각하였다. 근래에 와서 인과 관계를 포함하는 논증이 아주 다양한 상황 속에서 깜짝 놀랄 정도로 빈번히 나타난다는 것을 점점 명확히 인식하게 되었다. 이제는 흡연, 체중 조절, 방사능에의 노출이 암의 발생과 어떤 관련이 있는가를 아는 것은 누구에게나 지극히 중요한 문제일 것이다. 이러한 문제에 관한 뉴스와 해결책을 마련하려는 연구에 대한 보고가 신문과 잡지에 정기적으로 실리고 있다. 비행기 추락, 화재, 핵 사고, 그 밖의 크고 작은 재난의 원인 조사에 관해서 이런저런 이야기를 듣는 것은 흔한 일이다. 통화 팽창, 교통 사고, 기형아 출산, 여러 가지 질병의 원인에 대해서도 더 많이 알 필요가 생겼다. 인류가 만들어 사용하는 헤아릴 수 없이 많은 화학 물질이 환경에 미칠 영향은 물론이고, 석탄을 연료로 사용함으로써 증가하고 있는 이산화탄소가 대기 가운데서 차지하는 비율이 커질 때 어떤 일이 일어날 것인가에 관해서도 더 정확히 알 필요가 있게 되었다. 과학자들은 모든 종류의 약물 — 마리화나, 술, 체중 감소제, 먹는 피임약, 그 밖의 새로운 치료제들 — 의 사용 결과에 대해서 더 정확하게 알려고 끊임없이 노력하고 있다. 금년에는 왜 토마토가 제대로 열리지 않는지, 왜 대학생 또래들이 대중음악에 그처럼 이상한 취향에 빠지는지, 왜 지난 겨울은 그렇게 혹독하게 추웠는지, 왜 오늘 아침에는 자동차의 시동이 안 걸리는지 누구나 알고 싶어한다. 이런 경우를 낱낱이 다 열거한다는 것은 정말이지 끝이 없을 텐데, 그야 어쨌든 이 모든 경우가 어떤 방식으로든 인과 추론과 관련이 있다는 것은 틀림없다고 하겠다.

이 개정판에서는 이 중요한 논리 영역을 상당히 공정하게 취급하려는 노력으로 제 3 장에 인과 추론을 다루는 9, 10, 11 세 절을 삽입하였다. 밀의 방법들(잉여법 제외)은 인과 관계를 다루는 기본적 도구로 설명하였으며, 또 그것들이 대조 실험과 통계적 고찰을 사용하는 최근의 방법론으로 통한다는 것을 보였다. 인과 오류에 대한 설명도 이 개정판에서 훨씬 더 개선되었다고 생각하고 있다. 이 개정판에서 가장 중요한 변화랄 수 있는 이 세 절을 통해 인과 추론이 전보다 훨씬 더 만족스럽게 소개되었기를 바란다.

이번 책의 또 하나 의의 있는 변화는 제 4 장 제 2 절에 "조작적 정의"에 대한 설명을 새로이 넣었다는 것이다. 사실상 모든 과학 분야가 조작적 정의와 광범위한 관련을 맺고 있는 현실을 감안할 때 정의에 관하여 일반적으로 논의하는 자리라면 조작적 정의도 반드시 포함되어야 할 것이다.

그 밖에도 재판의 서술을 바로잡으면서 최신의 내용으로 새롭게 바꾼 작지만 중요한 내용 변화가 많이 있었다. 그 가운데 특히 의의 있는 것으로 여기고 있는 것은 이전의 책에 나타나 있던 성적 편견을 완전히 제거하려고 진지하게 노력했다는 점이다. 지난 십년 간의 여러 가지 사건을 통해 본의 아닌 불균형조차도 나쁜 결과를 일으킬 수 있다고 확신하게 되었다. 이런 식의 빗나간 대목이 이번 책에서는 모조리 사라졌기를 바라고 있다.

이번에 수정할까 하고 심각하게 검토했지만 결국 그대로 두기로 결정한 내용이 하나 있다. 그것은 발견과 정당화의 전통적 구별

(제 1 장 제 3 절)이 발명과 평가라는 개념에 의해 더 잘 설명될 수 있다고 매우 설득력 있게 주장하고 있는 맥로린(R. McLaughlin) 교수의 의견이다. 이 새로운 용어가 지닌 이점에도 불구하고 나는 이전 책의 전통적 용어로 인해서 일어날 용어상의 혼란을 피하기 위하여 발견과 정당화라는 용어를 유지하기로 결정하였다. 그러나 이 결정은 용어의 채택 문제보다 훨씬 더 중요한 사실을 검토한 끝에 이루어졌음을 말해 두고 싶다. 정말 중요한 것은 맥로린 교수가 발명의 과정을 안내하는 이성적 지침이 있을 수 있다는 사실, 그러니까 어떤 의미에서는 발견의 논리가 있다는 것을 밝힌 사실이다. 하지만 맥로린 교수가 말하는 발견의 논리는 내가 이 책에서 거부하고 있는 발견의 논리와 아예 종류가 다르기 때문에, 제 1 장 제 3 절의 서술을 개정하는 대신에 머리말에서 이런 사실을 언급해 두는 것으로 그치기로 결정한 것이다. 이 정도의 기초적 입문서가 최근의 학문적 연구 성과까지 소개한다는 것은 적절하지 못하다고 보아야 할 것이다.*

저자는 세 번째 개정판을 만들 기회를 마련해 준 프렌티스-홀 출판사에 감사드리면서, 한편으로는 이번에 수정 증보한 내용이 요즈음의 독자들에게 더 적절한 것이기를 바라고 있다. 이 철학 총서의 편집자로서 초판의 작업이 시작된 이래 줄곧 도와 주고 격려해 준 에리자베스 비어슬리(Elizabeth Beardsley) 교수와 몬로 비어슬리(Monroe Beardsley) 교수, 근래에 편집진의 일원이 되어 이번 책을 만드는 데 귀중한 도움을 준 비참(Tom Beauchamp) 교수에게 따뜻한 감사의 인사를 드리지 않을 수 없다. 능숙한 솜씨와 감각으로 이 책이 제때에 멋지게 나오도록 마무리지어 준 크리스티나

---

*Robert McLaughlin 교수가 편집한 *What? Where? When? Why?*(Dordrecht: D. Reidel Publishing Co., 1982)에 수록되어 있는 그의 논문 "Invention and Appraisal"을 보라.

(Chrystena Chrzanowski) 여사에게도 감사드린다. 끝으로 아내 메릴리에게 정말 깊은 감사를 표하지 않을 수 없다. 아내가 훌륭한 논리학 교사로서 여러 해 동안 쌓은 경험을 토대로 하여 해준 조언과 비판은 아주 유익한 것이었다. 아내의 도움은 값을 헤아린다는 것이 염치 없을 정도로 컸다.

W. C. 새먼

목 차

제3장 귀　납

제4장 논리와 언어

제 1 장

논리학의 의의

논리학의 의의

사람들은 자신의 의견을 주장할 때, 그 진술을 입증하기 위한 증거를 제시하는 수도 있고 제시하지 않는 수도 있다. 진술이 증거에 의해서 입증되어 있으면, 그 진술은 논증의 결론이다. 논리학은 논증들을 분석할 수 있는 도구들을 제공한다. 논리적 분석은 결론을 입증하기 위해서 제시된 증거와 결론 사이의 관계를 연구 대상으로 한다. 누군가가 일련의 추론을 한다면, 그는 여러 번 추리를 하게 마련이다. 이 추리들은 논증으로 변환될 수 있고, 그렇게 되었을 때 논리학의 도구들이 그 성립된 논증에 적용될 수 있다. 이런 방식으로 논증을 만들어 내는 추리를 평가할 수 있다. 논리학은 논증과 추리를 연구한다. 논리학의 주요한 목적들 가운데 하나는 논리적으로 올바른 논증이나 추리와 논리적으로 올바르지 못한 논증이나 추리를 식별하는 방법을 마련하는 것이다.

I. 논 증

유명한 사건을 많이 해결한 홈즈는 어느 사건 현장에서 낡은 중절모를 수사 자료로 발견한 적이 있었다. 홈즈는 그 모자의 주인을 만난 적이 전혀 없음에도 불구하고 왓슨 박사에게 그 사람에 대해 많은 것을 말하면서, 그 모자의 주인이 아주 높은 지능을 가진 사람이라는 말도 한다. 여기서 멈추고 생각해 보면, 홈즈의 이 주장은 이 상태로는 입증되지 않은 진술이다. 홈즈가 자신의 진술에 대한 증거(證據, evidence)를 가지고 있을 수 있지만, 아직은 그 증거가 제시되지 않았기 때문이다.

왓슨 박사는 여느 때나 마찬가지로 홈즈의 진술을 뒷받침하는 근거를 전혀 깨닫지 못하고 홈즈에게 실제로 증명해 달라고 요청한다. 홈즈는 대답을 하는 대신에 그 모자를 머리에 푹 써 보였다. 모자는 이마를 주룩 내려와 콧마루에 걸렸다. 그리고 나서 홈즈는 말했다. "이 3배의 용적이 바로 문제의 핵심이네. 이 정도 큰 뇌를 가진 사람이라면 반드시 그 속에 무얼 좀 가지고 있을 게 틀림없을 걸세."[1] 이렇게 되면 모자의 주인이 고도의 지능을 가졌다는 홈즈의 진술은 이제는 입증되지 않은 주장이 아니다. 홈즈는 증거를 제시

1) A. Conan Doyle, "The Adventure of the Blue Carbuncle," *Adventure of Sherlock Holmes* (New York and London : Harper & Row, n.d.), 157쪽. 코난 도일 경의 유산 관리인으로부터 허가를 얻어 인용하고 자료로 사용하는 바이다.

하였고, 따라서 그의 진술은 입증되었다. 홈즈의 진술은 이제 논증(論證, argument)의 결론(結論, conclusion)이다.

누구의 어떤 주장이든, 그리고 그에 대한 증거를 누가 가지고 있든 그 주장을 입증하기 위한 증거가 실제로 제시되어 있지 않으면 입증되지 않은 주장으로 간주되어야 한다. 입증된 주장과 입증되지 않은 주장을 이런 식으로 구별하는 데에는 분명한 이유가 있다. 논리학의 주요 관심 대상은 논증이다. 논증은 단 하나의 진술이 아니라 적어도 둘 이상의 진술로 이루어진다. 다시 말하면 하나의 결론이 입증 증거를 거느리고 나타날 때 논증이 된다. 따라서 증거가 제시되기 전에는 검토해 볼 논증이 없는 법이다. 그 증거를 누가 제시하는가는 문제가 되지 않는다. 앞의 예에서 설령 왓슨이 모자의 크기를 홈즈의 결론에 대한 증거로 제시했다 할지라도 우리 앞에 검토해 볼 논증이 하나 나타났을 것이다. 혹시 우리가 그 소설을 이미 읽었기 때문에 그 증거를 인용할 수 있었다면, 역시 검토해 볼 논증이 만들어졌을 것이다. 그러나 모자의 임자가 고도의 지능을 지닌 사람이라는 진술은 그 자체만으로는 전혀 입증되지 않은 주장이다. 논증의 필수적 부분인 증거가 제시되어 있지 않으면 누구도 논증을 평가할 수 없다.

아무런 증거도 갖추지 않은 단정적 주장을 논증의 결론과 구별하는 일이 곧 그러한 단정적 주장을 비난하는 일인 것은 아니다. 이 구별의 목적은 단지 논리학이 적용될 수 있는 상황과 논리학이 적용될 수 없는 상황을 명료하게 가르자는 데 있을 뿐이다. 사람들은 어떤 주장이 단정적으로 개진되었다 할지라도 기꺼이 그대로 받아들이는 수가 있다. 이런 경우라면 증거를 요구하는 일은 일어나지 않는다. 그러나 아무도 그냥 받아들일 준비가 되어 있지 않는 진술인 경우에는 실제로 증거를 요구하는 일이 일어난다. 입증되지 않은 주장은 그에 대한 증거가 제시되어야 입증된 결론으로 바뀐다. 이렇게 되면 하나의 논증이 제대로 성립하게 되며, 그 논증에 논리학이 적용될 수 있게 된다.

"논증"이라는 용어는 논리학의 기초 용어다. 그러므로 이 용어의 의미를 분명하게 설명하고 나아가야 하겠다. "논증"을 뜻하는 영어 단어 "argument"는 일상의 용법에서 흔히 논쟁(論爭, dispute)을 뜻한다. 논리학에서는 "논증"이라는 말이 이런 의미를 띠지 않는다. 이미 앞에서 사용했던 바와 같이 논증은 누군가가 공개적으로 반대하든 않든 어떤 결론을 정당한 주장으로 만들기 위해서 제시될 수 있다. 그렇긴 하지만 지적 논쟁은 성난 고함과 험담으로 뒤범벅이 되어버리는 말싸움과는 달리 논리학적 의미의 논증을 포함하고 있다. 이런 논쟁의 경우 혹시 지적 해결책이 발견된다면, 의견의 불일치는 양쪽에서 제시한 증거에 있게 마련이다.

논증은 흔히 설득(說得, persuasion)을 목적으로 사용되기도 하는데, 이는 우리가 논증을 통해서 당연히 할 수 있는 중요한 일들 가운데 하나다. 그렇지만 논리학은 논증의 설득력과는 관계가 없다. 논리적으로 올바르지 못한 논증이 사람을 설득하는 경우가 종종 있는가 하면, 논리적으로 결함이 없는 논증이 사람을 설득하는 일에 성공하지 못하는 경우도 흔히 있다. 논리학의 관심사는 증거와 결론 사이의 객관적 관계다. 논증은 누구도 논리적으로 올바르다는 것을 깨닫지 못하고 있더라도 논리적으로 올바를 수 있으며, 반대로 모든 사람이 올바르다고 승인하더라도 논리적으로 올바르지 못할 수 있다.

논증이란 대체로 말하면 입증 관계를 유지하고 있는 증거와 결론이라 할 수 있다. 좀더 정확하게 말하면 논증은 여러 개의 진술이 서로 입증 관계를 유지하고 있는 진술집단이다.[2] 논증은 결론이 되는 하

2) "진술"(陳述, statement)이라는 말이 "문장"(文章, sentence)이나 "명제"(命題, proposi-

나의 진술과 이를 입증하는 증거를 서술하는 하나 이상의 진술로 이루어진다. 이처럼 증거를 서술하는 진술들을 전제(前提, premise)라 부른다. 모든 논증이 반드시 갖춰야 하는 전제의 수효가 몇 개이어야 한다는 규정 같은 것은 없지만, 논증에는 전제가 최소한 하나는 있어야 한다.

홈즈는 왓슨이 모자 주인에 관한 진술을 정당화시키라고 요구하자 하나의 논증을 암시하였다. 홈즈는 자신의 논증을 조목조목 들어 완벽하게 표현하지는 않았지만, 자신의 논증이 어떠하다는 것을 보여 주기에 충분할 만큼 말했다. 이제 홈즈의 논증을 다시 구성해 보면 다음과 같다.

a] 1. 이것은 큰 모자다.
2. 누군가가 이 모자의 주인이다.
3. 큰 모자의 주인은 큰 머리를 가지고 있다.
4. 큰 머리를 가진 사람은 큰 뇌를 가지고 있다.
5. 큰 뇌를 가진 사람은 높은 지능을 가지고 있다.
6. 이 모자의 주인은 높은 지능을 가진 사람이다.

이 일군의 진술은 하나의 논증이다. 이 논증은 여섯 개의 진술로 이루어져 있다. 처음 다섯 개의 진술은 전제이고, 여섯 번째 진술은 결론이다.

논증의 전제는 결론에 대한 증거를 제시하도록 되어 있다. 증거를 전제로 제시하는 일은 두 가지 측면에서 관찰될 수 있다. 첫째는 전제가 사실에 관한 진술이라는 점이고, 둘째는 그 사실이 결론에

tion) 등의 다른 용어보다 철학적으로 훨씬 더 중립적이기 때문에 논증의 구성 성분을 가리키기 위해서 이 말을 사용한다. 이 책은 "진술"에 대한 학문적 정의를 전혀 제시하지 않고 있는데, 그 이유는 "진술"에 대하여 시도되는 모든 정의가 초심자들이 고심할 필요 없는 언어철학적 논쟁을 일으키기 때문이다. 수준높은 독자는 이 세 낱말에 대해서 가장 적절하다고 여겨지는 전문적 정의를 시도해 보기 바란다.

대한 증거로서 제시되고 있다는 점이다. 이에 따라서 전제가 결론에 대한 증거를 제시하는 일에 실패하는 데에도 두 가지 방식이 있게 된다.

첫째는 전제들 가운데 하나 이상이 그를 수 있다. 이 경우에는 증거로 주장되고 있는 내용이 전혀 사실이 아니며, 그래서 이른바 증거라고 주장된 것이 실재로는 존재하지 않는다. 이런 사정 아래서는 누구도 그 결론을 받아들일 훌륭한 근거가 있다고 주장할 수 없다. 둘째는 전제가 모두 옳다 하더라도 ── 다시 말해서 전제가 사실을 정확하게 서술하고 있다 하더라도 ── 전제가 결론과 적절한 관계를 맺지 못할 수 있다. 이 경우에는 사실이 전제에 서술된 대로 존재하지만 결론에 대한 증거일 수 없다. 사실이 어떤 결론에 대한 증거일 수 있기 위해서는 결론과 적절한 관련을 맺고 있어야 한다. 결론을 입증하는 일이 그저 되는 대로 옳은 진술들을 나열하는 것만으로는 안 된다는 것은 너무나 분명하다고 하겠다. 전제로 제시되는 진술은 결론과 어떤 관련이 있어야 한다.

어떤 논증이 결론의 정당화(正當化, justification)를 목적으로 삼고 제시되는 경우에는 두 가지 문제를 검토해야 한다. 첫째는 그 논증의 전제가 모두 옳은가 하는 것이고, 둘째는 전제가 결론과 올바르게 관련을 맺고 있는가 하는 것이다. 이 두 물음 가운데 어느 하나에 대해서라도 부정적인 답이 확인되면 그 정당화는 만족스럽지 못한 것으로 판정된다. 하지만 이 두 가지 물음을 혼동하지 않는 일이 절대적으로 필요하다. 논리학은 오직 두 번째 문제에만 관심을 갖는다.[3] 어떤 논증이 논리적 분석을 받게 되면 전제와 결론의 이 관계가 문제의 초점이 된다. 논리학은 전제의 진리성(眞理性,

---

3) 이 주장에는 중요한 예외들이 있다. 이 예외는 제 2 장 제 8 절과 제 4 장 제 3 절에서 검토하게 될 텐데, 그 때까지는 무시해도 괜찮다.

truth)을 다루는 게 아니라 전제와 결론 사이의 관계를 다룬다.

논리학의 근본 목적들 가운데 하나는 논리적으로 올바른 논증과 논리적으로 올바르지 못한 논증을 구별하는 방법을 마련하는 것이다. 논증이 논리적으로 올바른가 올바르지 못한가는 오로지 전제와 결론 사이의 관계에만 의존한다. 논리적으로 올바른 논증에서는 전제가 실제로 옳든 그르든 결론에 대하여 만일 전제가 옳다면 이 사실이 그 결론을 옳다고 인정할 훌륭한 근거가 되는 관계를 유지하고 있다. 만일 전제에 의해서 주장된 내용이 참으로 사실이라면, 그 전제는 그 결론에 대한 훌륭한 증거를 정말로 제시하고 있다. 그러나 전제 속의 몇몇 진술이 그른 경우라 할지라도 전제에 의해서 주장된 사실이 그대로 사실이라고 가정한다면, 그 사실이 결론에 대한 훌륭한 증거가 될 수 있다. 이것이 바로 논리적으로 올바른 논증의 전제가 결론을 입증한다는 말의 의미인데, 이 말은 앞으로 계속 이런 뜻으로 사용될 것이다. 논증의 전제는 그 진리성이 결론이 옳다고 주장하는 데 대한 훌륭한 근거가 된다면 결론을 입증한다. 누군가가 어떤 논증의 전제가 결론을 입증한다고 말하는 것은 그 전제가 실제로 옳다고 말하고 있는 것이 아니다. 왜냐하면 이 말은 만일 전제가 옳다면 그 전제가 결론에 대한 훌륭한 증거일 것이라는 뜻일 뿐이기 때문이다.

논리적으로 올바르지 못한 논증의 전제는 결론을 입증하는 것처럼 보이지만, 실제로는 결론을 입증하지 못한다. 논리적으로 올바르지 못한 논증은 그릇된 논증(fallacious argument)이라 부른다. 논리적으로 올바르지 못한 논증의 전제는 비록 실제로 옳다 할지라도 결론을 승인하는 데 대한 훌륭한 증거가 되지 못한다. 논리적으로 올바르지 못한 논증의 전제는 결론과 적절한 관련을 맺지 못한다.

논증이 논리적으로 올바른가 올바르지 못한가는 오로지 전제와 결론 사이의 관계에 의해서 결정되므로, 논증이 논리적으로 올바르다거나 올바르지 못하다는 것은 전제의 진리성과 전혀 관계가 없다. 특히 논증이 하나 이상의 그른 전제를 가지고 있다는 것만을 이유로 그릇된 논증이라고 간주해버리는 것은 아주 잘못이다. 앞에서 예로 들었던 모자에 관한 논증을 살펴보자. 독자는 이미 모자의 크기를 근거로 해서 모자 임자의 지능에 대해 주장한 논증에 무언가 잘못이 있다는 것을 깨달았을 것이다. 그리고 이 논리적 과오를 이유로 삼아 그 논증을 거부하려고 했을지 모르겠다. 혹시 이런 방식으로 그 논증을 거부했다면 이는 잘못이다. 그 논증은 분명히 적어도 하나의 그른 전제를 가지고 있지만, 실은 논리적으로 올바른 논증 즉 논리적으로 그릇되지 않은 논증이다. 큰 뇌를 가진 사람 모두가 실제로 지능이 높은 것은 아니다. 그렇긴 해도 만일 그 논증의 모든 전제가 옳다면 결론도 옳을 수밖에 없다는 것을 누구나 깨달을 수 있을 것이다. 큰 뇌를 가진 사람의 지능이 높은지 어떤지 밝혀 내는 일은 논리학의 일이 아니다. 이 문제는 과학적 탐구에 의해서만 밝혀질 수 있기 때문이다. 논리학은 이 논증의 전제가 결론을 입증하는가 않는가를 결정할 수 있을 뿐이다.

앞에서 방금 살펴본 것처럼 논리적으로 올바른 논증이 하나 이상의 그른 전제를 가질 수 있다. 그런가 하면 논리적으로 올바르지 못한 논증 즉 그릇된 논증이 옳은 전제를 가지기도 하며, 그뿐 아니라 옳은 결론까지 갖기도 한다. 다음 논증을 살펴보자.

b]　전　제: 모든 포유류는 죽는다.
　　　　　　개는 죽는다.
　　결　론: 모든 개는 포유류다.

이 논증은 명백히 그릇된 논증이다. 전제와 결론이 모두 옳은 진술이라는 사실은 전제가 결론을 입증한다는 것을 뜻하지 않는다. 이 논증의 전제는 결론을 입증하지 못한다. 이 논증이 그릇된 논증이라는 것은 제 2 장 제 1 절에 가서 논리적 오류를 가려 내는 일반적 방법을 사용하여 증명하게 될 것이다. 또한 제 2 장 제10절에서 설명하고 있는 방법도 이 유형의 논증에 적용할 수 있다. 그러나 지금의 처지에서는 개가 포유류가 아니라 파충류라 할지라도 여전히 전제가 옳을 것이라는 점을 지적함으로써 위의 논증이 그릇된 논증임을 밝힐 수 있다. 그렇게 되면, 다시 말해 '포유류' 자리에 '파충류'가 대치되면, 전제는 옳은 데도 결론은 그르게 될 것이기 때문이다. 위의 논증의 결론 즉 "모든 개는 포유류다"라는 진술은 실제로 옳지만, 두 개의 전제 속에는 결론의 진리성의 근거가 될 수 있는 내용이 아무 것도 없다.

논증이 논리적으로 올바르다거나 논리적으로 올바르지 못하다는 사실이 오로지 전제와 결론 사이의 관계에 의해서 결정되고, 또 전제의 진리성과 전혀 관계가 없기 때문에 우리는 전제가 옳은지 그른지 알지 못하고서도 논증을 분석할 수 있으며, 그뿐 아니라 전제가 그르다는 것을 알고 있어도 논증을 분석할 수 있다. 이 사실은 논증을 분석하는 일에 도움을 주는 매우 바람직한 특징이다. 그른 전제나 의심스러운 전제에서도 결론을 끌어 낼 수 있다는 걸 아는 것이 유익한 경우가 자주 있다. 예컨대 누구나 지성을 동원하여 깊이 숙고할 때에는 여러 가지 선택 가능한 상황이 가져올 귀결을 고려하게 마련이다. 우리는 어떤 결과가 올 것인가를 알아보기 위해서 여러 가지 전제를 상정하고 논증을 구성해 볼 수 있다.

c] 당신이 값비싼 외제 스포츠카를 사는 일을 검토하고 있다고 해보자. 당신은 자기가 그 자동차를 산다는 것을 (가정적

> 전제로) 설정할 수 있다. 그러고 나면 자동차 가격뿐만 아니라 유지비, 면허료, 보험료 같은 다른 비용들을 생각해 보게 될 것이다. 당신은 이 모든 비용을 지출하면 생활비가 심히 쪼들리게 될 것이라고 깨닫는다. 더욱이 당신은 그런 자동차의 커다란 매력 가운데 하나가 고속으로 달리는 재미라는 것을 잘 알고 있다. 그렇다면 그런 자동차를 갖는 것은 시속 100킬로미터의 제한 속도를 감안할 때 교통 법규를 위반하고 싶은 충동을 강하게 느낄 것이고, 따라서 과속 운전으로 인해 법정에 소환되어 많은 벌금을 자주 낼 심각한 위험과 운전면허가 정지될 가능성 때문에 괴로움을 당하리라는 것도 분명하다는 생각이 든다. 이러한 사정들을 고려한 끝에 당신은 지금 그런 자동차를 사지 않기로 마음을 굳힐 수 있을 것이다.

이런 논증을 구성해 볼 때 우리는 정말로 전제가 옳다고 생각하지 않는다. 좀더 정확하게 말하면 전제의 진리성 여부를 문제조차 삼지 않고도 논증을 검사할 수 있다. 그런데도 지금까지는 논증의 유일한 기능이 결론을 정당화시키는 일인 것처럼 설명하였다. 그러나 이제 밝혀진 바와 같이 이 기능은 논증이 할 수 있는 여러 가지 기능 가운데 단지 한 가지 기능에 지나지 않는다. 일반적으로 논증은 — 전제가 옳다고 확인된 진술이든, 그르다고 밝혀진 진술이든, 아주 의심스러운 진술이든 — 어떤 주어진 전제에서 끌어 낼 수 있는 결론을 드러내 보이는 일을 한다.

논리적 분석의 여러 가지 목적을 위해서는 논증을 표준 형태(標準 形態, standard form)로 표현하는 것이 편리하다. 그래서 전제를 모두 먼저 쓰고 난 다음에 결론을 적고, 결론 앞에 "그러므로"를 뜻하는 ∴표를 붙여 결론임을 나타내기로 하겠다.

d]　배심원으로 종사한 사람은 모두 기명투표를 했다.

존스는 배심원으로 종사하였다.
∴ 존스는 기명투표를 했다.

이 논증은 논리적으로 올바르다. 그러나 논리학 책이 아닌 책에서 이처럼 깔끔하게 표준 형태로 표현된 논증을 만나기를 기대하기는 어려울 것이다.

일상의 산문 속에 논증이 나타날 때에는 글의 중간에 논증만 분리되어 드러나지도 않고 또 별다른 표시도 없는 것이 보통이기 때문에 논증을 확인하는 방법을 배워야 한다. 그뿐 아니라 대개는 전제와 결론도 분명하게 표시되어 있지 않으므로 전제와 결론도 확인할 줄 알아야 한다. 전제가 반드시 결론보다 먼저 진술되어야 하는 것도 아니다. 때로는 결론이 논증의 맨 끝에 놓여 있기도 하고, 때로는 맨 앞에 나오기도 하며, 때로는 중간에 끼어 있기도 한다. 이런저런 문체상의 이유 때문에 논증은 여러 가지 양식으로 제시될 수 있다. 예컨대 위의 논증을 달리 표현하고 있는 아래 세 논증은 모두 완전히 올바르다.

e] 배심원으로 종사한 사람 모두가 기명 투표를 했는데, 존스는 배심원으로 종사하였다. 그러므로 존스는 기명 투표를 했다.

f] 존스는 기명 투표를 했다. 왜냐하면 존스는 배심원으로 종사했는데, 배심원으로 종사한 사람 모두가 기명 투표를 했기 때문이다.

g] 배심원으로 종사한 사람 모두가 기명 투표를 했기 때문에 존스는 기명 투표를 했음에 틀림없다. 존스는 배심원이었으니까.

논증이 제시되어 있다는 사실은 대개 어떤 진술이 전제로서의 기능이나 결론으로서의 기능을 수행하고 있다는 것을 나타내는 몇 몇 낱말이나 구절에 의해서 알려진다. "그러므로," "이런 까닭에," "따라서," "그러니까," "그래서," "당연히"와 같은 말은 바로 뒤에 오는 진술이 결론이라는 것을 알려 준다. 이런 경우에는 그 결론을 끌어 낸 몇 개의 전제가 가까운 곳에 진술되어 있게 마련이다. 또 "이어야 한다"와 같이 필연성을 시사하는 특정한 형태의 몇몇 동사는 이런 동사를 포함하고 있는 진술이 바로 결론이라는 걸 알려 준다. 이런 동사는 그 결론이 이미 개진된 전제로부터 필연적으로 (즉 연역적으로) 나온다는 것을 알려 준다. 또한 몇몇 다른 낱말은 어떤 진술이 전제라는 것을 알려 준다. 이를테면 "왜냐하면," "이므로," "때문에"와 같은 낱말이 그런 낱말이다. 이런 낱말이 처음이나 끝에 나오는 진술은 논증의 전제다. 그래서 그 전제에 근거를 둔 결론이 그 근처에서 발견되게 마련이다.

논증의 부분을 가리키는 낱말은 논증이 제시될 때, 그리고 오직 그 경우에만 사용되어야 한다. 이런 낱말을 사용했는 데도 전혀 논증이 성립하지 못한다면 이는 낱말을 잘못 사용하는 일이다. 한 예를 들어 어떤 진술이 "그러므로"라는 말로 시작하고 있다면, 독자가 이 진술이 이미 진술된 어떤 내용으로부터 끌어 낸 것이라고 생각하는 것은 당연하다. 논증을 제시할 때에는 논증이 제시된다는 사실과 어느 진술이 전제로 사용되고 있고, 어느 진술이 결론으로 사용되고 있는가를 명확하게 드러내는 일이 중요하다. 논증을 분석하는 일을 시작하기 전에 어떤 진술이 전제이고, 어떤 진술이 결론인가를 분명하게 파악하는 일은 논증을 분석하려는 사람 자신이 해야 할 일이다.

많은 문맥에서 접하게 되는 대부분의 논증이 표준 형태의 논리적 형식으로 나타나지 못하는 이유가 또 하나 있다. 논증이 논리적 분석을 받을 수 있으려면 모든 전제가 명백하게 드러나 있어야 한다. 하지만 많은 논증이 일상의 회화나 글에서 전제로 드러내어 진술하면 순전히 현학적 어투가 되어버릴 정도로 뻔한 전제를 암암리에 포함하고 있다. 우리는 이미 전제를 빠뜨린 논증의 실례를 하나 보았었다. 모자에 관한 홈즈의 논증이 바로 그것인데, 우리가 홈즈의 논증의 불완전한 점을 채워 완벽한 논증으로 표현해 본 것이 a]였다. 논리학책 이외의 곳이라면 예 d]도 틀림없이 어느 전제는 매우 명백하다고 간주하여 생략하고, 아래의 두 형태 가운데 하나로 나타날 것이다.

h] 존스는 기명 투표했음에 틀림없다. 배심원으로 종사했으니까.

i] 존스는 기명 투표했음에 틀림없다. 왜냐하면 배심원으로 종사한 사람 모두가 기명 투표했으니까.

위의 두 경우에는 어느 쪽이든 생략되어 있는 전제를 찾아 내는 일에 조금도 어려움이 없을 것이다.[4)]

논증이 항상 전제를 빠뜨리지 않고 완전한 형태로 제시되기를 고집하는 것은 비합리적인 일일 것이다. 논증을 구성하여 내세우는 사람은 우리에게 자신의 논증을 가능한 한 강한 논증으로 이해해달라고 요구할 온갖 권리를 당연히 가지고 있다. 따라서 우리는 논증을 재구성할 때, 그 논증을 논리적으로 올바른 논증으로 만들어 주는 전제를 찾아 내기 위해 최선의 노력을 해야 한다. 그렇지만 나중에 알게 되는 바와 같이 어떤 경우에는 그 논증을 강한 논증으로 만들어 줄 방도가 전혀 없다는 사실이 분명해지는 수가 있다. 그 논증

---

4) 전제들 가운데 어떤 것이 생략되어 있는 논증을 전통적으로 "enthymeme"(의역하면 "이심 전심 논증," 관례적으로는 "생략 논증," "enthymeme"을 직역하면 "마음 속에"라는 뜻임)이라고 불러 왔지만, 이 환상적 낱말을 기억할 필요는 없다. 이러한 논증은 그저 불완전한 논증(incomplete argument)이라고 부르는 것이 가장 적절하다. 더구나 어떤 논증의 경우에는 결론이 진술되지 않는 수도 있다. 다시 말하면 전제만 제시하고 결론은 상대방으로 하여금 끌어 내도록 남겨 두는 것이다. 이러한 논증도 "enthymeme"이라 불러 왔지만, 이 책에서는 이것 역시 불완전한 논증으로 부르겠다.

을 논리적으로 올바르게 만드는 데 필요한 전제는 옳은 진술이라 생각할 수 없고, 옳은 진술로 인정할 만하다 싶어 전제로 택한 진술은 그 논증을 논리적으로 올바르게 만들어 주지 못하는 경우가 있다(제2장 제3절의 z]와 제10절의 v]를 보라).

그런데 생략된 전제가 너무나 뻔해서 드러내어 언급하는 것조차 귀찮은 진술인 경우가 흔하긴 하지만, 그 생략된 전제가 또한 중대한 함정일 수도 있다. 어떤 경우에는 이처럼 생략된 전제가 논증을 제시하는 사람이 자신의 논증의 결정적 결함을 피하기 위해 고의로 숨겨 놓은 가정일 수 있다. 우리가 접하게 되는 논증에 대해서 ── 물론 스스로 만들어 내세우는 논증에 대해서도 ── 완벽하게 전제를 확인하려고 노력하다 보면, 우리는 논증을 논리적으로 올바르게 만들기 위해 요청되는 가정을 밝혀 내게 된다. 이 단계에서 논리적 분석이 문제를 전면적으로 해명해버리는 경우를 흔히 볼 수 있다. 논리적 분석은 암암리에 가정되어 있던 바로 그 전제가 지극히 의심스러운 생각이거나 명백하게 그른 생각이라는 것을 폭로하는 경우가 종종 있다.

어떤 사람의 논의에 대한 논리적 분석은 앞에서 설명했던 세 가지 예비 단계를 거쳐야 한다.

1. 논증을 확인해야 한다. 특히 입증되지 않은 진술은 반드시 논증의 결론과 구별되어야 한다.
2. 논증을 발견했으면 전제와 결론을 확인해야 한다.
3. 논증이 불완전하면 생략된 전제를 보충해야 한다.

논증이 완전하고 분명한 형식으로 정립되면, 그 논증이 논리적으로 올바른가 올바르지 못한가를 결정하기 위해 논리적 표준을 적용할 수 있다.

2. 추　　리

앞 절에서 논증에 관해 설명하면서 논리학이 논증을 분석하고 평가하는 일에 사용될 수 있다고 하였다. 이것은 논리학이 할 수 있는 한 가지 중요한 기능이다. 그렇지만 대부분의 사람이 논리학은 다른 기능을 가지고 있다고 생각한다. 논리학이 생각하는 일과 추론하는 일에 무언가 관련이 있다고 보는 것이다. 사고(思考, thinking)와 추론(推論, reasoning)이 적어도 부분적으로는 추리(推理, inference)를 행함으로써 이루어진다는 것은 두말 할 필요도 없다. 따라서 이 절에서는 논리학이 추리에 어떻게 적용되는가를 살펴보고자 한다.

사람이 지니고 있는 신념과 의견, 더 나아가 지식 가운데에도 추리에 의해 만들어진 것이 많이 있다. 홈즈의 예는 이 점에 대한 실례를 보여 주고 있다. 홈즈는 그 모자의 주인이 지능이 높다는 것을 눈으로 보지는 못했다. 실은 그는 모자의 크기를 눈으로 보고 그 모자 주인의 지능이 높다고 추리하였다. 앞 절에서는 홈즈의 논증을 검토했었는데, 이제는 그의 추리를 생각해 보자. 홈즈는 그 모자 주인의 지능이 높다는 결론에 도달했었다. 홈즈는 왓슨 박사가 찾아 왔을 때 이 결론을 진술하였다. 홈즈는 자신이 가지고 있는 증거를 근거로 하여 이 결론에 도달하였다. 그는 그렇게 생각하게 된 근거를 말해 달라는 요청을 받자 자신의 결론을 입증하는 증거를 제시하였다. 그는 이렇게 자신의 증거를 제시하고 결론을 진술함으로써 하나의 논증을 제시하였다. 따라서 홈즈의 논증을 제시하기에 앞서서 자신이 가지고 있는 증거로부터 결론으로 건너가는 추리를 이미 했었다.

논증과 추리 사이에는 밀접한 평행 관계가 있다. 논증과 추리는 둘 다 서로 관계를 맺고 있는 증거와 결론으로 이루어진다. 논증과 추리의 주요한 차이는 논증이 언어적 대상 즉 우리가 보거나 들을 수 있는 일군의 진술인 데 반해서, 추리는 이런 것이 아니라는 사실에 있다.

첫째로 논증의 결론은 진술인 데 비해서, 추리의 결론은 의견이나 신념 또는 그 비슷한 어떤 것이다. 독자는 논리학에 관한 논의가 진술들을 입증된 진술과 입증되지 않은 진술로 구별하는 일로부터 시작되었던 것을 기억할 것이다. 바로 이 입증된 진술이 논증의 결론이다. 독자는 이와 비슷한 구별이 입증된 신념이나 의견과 입증되지 않은 신념이나 의견 사이에도 이루어질 수 있다는 생각이 들 것이다. 사람의 신념들과 의견들 가운데에는 입증 증거를 거느리고 있는 것이 있는 반면에 그렇지 못한 것도 있다. 그렇다면 입증된 신념이나 의견이 바로 추리의 결론이다.

만일 우리가 신념이나 의견의 정당화를 고찰하고자 한다면, 그 신념이나 의견을 정당화하기 위해 제시된 증거를 검사해야 한다. 논증의 경우에는 증거가 진술들 즉 전제로 제시된다. 그러나 추리의 경우에는 추리를 하는 사람 자신이 증거를 가지고 있어야 한다. 어떤 사람이 결론에 대한 증거를 가지고 있다는 말은 그가 어떤 종류의 지식, 신념, 의견을 가지고 있다는 뜻이다. 예컨대 홈즈는 모자가 크다는 것을 알았고, 게다가 모자 크기와 지능 사이에 관계가 있다고 믿었다. 이 지식과 신념이 바로 홈즈가 가지고 있었던 증거의 일부였다.

추리하는 일은 심리적 활동이다. 즉 추리는 증거로부터 결론을 끌어 내는 일, 다시 말해서 어떤 의견이나 신념을 근거로 하여 다른 의견이나 신념에 도달하는 일이다. 그러나 논리학은 심리학이 아니다. 따라서 논리학은 사람들이 추리하고 생각하고 추론할 때 일어나는 정신적 과정을 서술하거나 설명하는 학문이 아니다. 그럼에도 불구하고 어떤 추리는 논리적으로 올바른 반면에, 어떤 추리는 논리적으로 올바르지 못한 법이다. 이 사실은 논리적 표준들이 추리를 비판적으로 분석하기 위해 추리에 적용될 수 있음을 보여 주고 있다.

추리를 평가하기 위해서는 결론과 그 결론을 끌어 낸 증거 사이의 관계를 고찰해야 한다. 이 일이 이루어지려면 결론이 반드시 진술되어야 하고, 증거도 진술되어야 한다. 추리의 증거가 진술되었을 때, 우리는 어떤 논증의 전제를 확인한 셈이 된다. 여기에다 추리의 결론이 진술되면, 이 진술은 그 논증의 결론이 된다. 추리를 언어로 진술하면 이런 식으로 논증이 되는데, 이 논증은 앞 절에서 말했던 바와 같이 논리적 분석과 평가의 대상이 될 수 있다. 추리에 대한 논리적 분석을 할 때, 우리는 추리를 한 사람이 어떻게 그런 결론에 도달했는가에 대해서는 관심을 갖지 않는다. 우리의 유일한 관심사는 결론의 근거가 되고 있는 증거에 의해서 그 결론이 입증되는가 하는 문제일 뿐이다. 이 물음에 답하기 위해서는 추리가 반드시 진술되어야 한다. 그 까닭은 추리가 진술되어야 논증이 되기 때문이다. 이는 추리를 한 사람이 혼자서 자신의 추리를 진술해 볼 때에도 옳은 말이다.

논증의 논리적 올바름은 앞 절에서 설명한 바와 같이 전제의 진리성에 의존하지 않는다. 이와 정확하게 똑같은 방식으로 추리의 논리적 올바름은 증거로 사용되고 있는 신념이나 의견의 진리성과는 전혀 관계가 없다. 추리의 결론이 근거로 삼고 있는 신념이나 의견은 실제로는 그른 것일 때에도 결론을 입증할 수 있다. 때로 우리가 의심스러운 전제나 그르다고 밝혀져 있는 전제를 가지고 논증을 구성하는 것과 꼭 마찬가지로, 의심스러운 가정이나 그르다고 믿고 있는 가정으로부터 추리하는 경우도 흔히 있는 일이다. 예컨대 우리는 앞으로 2주일 동안 캠핑 여행을 가려고 하는데, 그 기간에 비가 올 것이라는 가정으로부터 추리를 해볼 수 있다. 이 추리는 휴가를 어떻게 보낼 것인가를 결정하려는 신중한 궁리의 중요한 일부로서 우리에게 도움을 줄 것이다. 이런 종류의 추리를 할 때, 이러한 가정을 정말로 옳다고 믿을 필요는 없다. 오히려 그런 가정이 옳다면 귀결이 어떠할 것인가를 알아보고자 해야 한다.

독자는 아직도 논리학이 논증에만 적용된다고 제한한 일에 대해서 마음이 편하지 않을는지 모르겠다. 혹시 그렇다면 이런 의문을 떠올리고 있을 것이다. 모든 추리가 언어로 표현될 수 있는가? 어쩌면 진술로 표현될 수 없는 신념이 약간이라도 있지 않을까? 어쩌면 언어로 진술될 수 없는 증거가 더러 있지 않을까? 어떤 사람이 증거에 의해서 입증된 신념을 가지고 있지만, 그 신념이나 입증 증거가 언어로 명확하게 표현될 수 없는 성질의 것일 수는 없단 말인가? 이런 가능성은 부정할 수 없다. 그러나 주의할 필요가 있다. 이제 다음과 같은 일이 일어났다고 해보자.

a]　홈즈는 모자를 왓슨에게 주고 나서, 그 모자의 주인에 관해 그가 무엇을 추리할 수 있는가를 물었다. 왓슨은 모자를 주의 깊게 살펴본 다음 “그 사람의 성격이 지닌 어떤 특징을 명료

> 하게 알아 내었네. 그러나 그건 그의 영혼이 지니고 있으나 말로 표현할 수 없는 특징들 가운데 하나일세"라고 말했다. 홈즈는 이 말에 안타까움을 느꼈지만, 이를 감추고 다시 왓슨에게 그 결론에 대한 증거가 무엇이냐고 물었다. 이에 대해서 왓슨은 "그건 모자가 지니고 있지만, 말로 표현할 수 없는 성질, 즉 언어로 기술할 수 없는 성질일세"라고 대답하였다.

이러한 경우라면 — 이건 실제로 일어난 일이 아니며 또 왓슨의 성격에는 이런 면이 전혀 없다 — 누구나 전혀 추리가 이루어지지 않았다는 의심, 즉 왓슨이 아무런 결론에도 도달하지 못했고 또 어떠한 증거도 발견하지 못했다는 의심을 가질 것이 확실한데, 이는 당연하다고 하겠다. 이 의심이야 정당하든 않든 왓슨 자신을 비롯해서 어느 누구도 이 이른바 추리에 대하여 논리적 분석을 할 수 없다. 이처럼 추리는 논증으로 진술되어야 연구 대상이 될 수 있다는 것이 분명하므로 논리학의 첫째 기능이 논증에 대한 분석이라고 간주하기로 한 것이다. 이 사실은 논리와 언어 사이에 대단히 밀접한 관계가 있음을 뜻한다. 독자는 논의가 진행되어 감에 따라 이 긴밀한 관계를 거듭 깨닫게 될 것이다.

3.

발견과 정당화

어떤 진술이 누군가에 의해 주장되면 두 가지 중요한 물음이 제기될 수 있다. 첫째는 그 진술이 어떻게 그 사람에게 떠오르게 되었는가라는 물음이고, 둘째는 우리가 그 진술을 옳다고 승인해야 할 무슨 근거가 있는가라는 물음이다. 이 두 가지 물음은 각기 다른 것을 묻고 있다. 이 두 가지 물음을 혼동하는 것은 심각한 과오일 텐데, 어쨌든 그것은 두 물음의 답을 혼동하게 만들만큼 심각한 과오일 것이다. 첫번째 물음은 발견(發見, discovery)에 관한 물음이고, 그래서 이 물음이 묻는 것은 발견의 경위에 관한 사항들이다. 두 번째 물음은 정당화(正當化, justification)에 관한 물음이며, 따라서 이 물음이 묻는 것은 정당화의 맥락에 관한 사항들이다.

어떤 진술에 대한 입증이 토론의 쟁점이 될 때에는 언제나 발견의 경위와 정당화의 맥락을 구별하는 일이 절대적으로 필요하다. 어떤 진술에 대한 정당화는 하나의 논증을 이룬다. 정당화되는 진술은 논증의 결론이다. 논증은 서로 관련을 맺고 있는 결론과 입증 증거로 구성된다. 이와는 달리 진술의 발견은 그 진술을 생각하거나 떠올리거나 승인하는 심리적 과정이다.

발견과 정당화의 차이는 다음의 예에 의해서 명료하게 예증된다.

a] 인도 출신의 천재 수학자인 라마누잔(Srinivasa Ramanujan, 1887~1920)은 꿈에 나마칼 여신이 나타나 수학 공식을 가르쳐 준다고 주장하였다. 그는 꿈에서 깨어나면 그 공식을 써놓고 증명하려고 노력하였다.[5)]

라마누잔이 잠을 자다가 꿈결에 나마칼 여신에게서든, 더 자연적인 근원에게서든 영감을 받았다는 사실은 의심할 아무런 이유가 없다. 이러한 상황은 수학 공식의 진리성에는 전혀 관계가 없다. 정당화는 어떤 경우에 그가 꿈에서 깨어나 보충했던 증명 즉 수학적 논증과 관련이 있다. 아래 예도 똑같은 점을 예증한다.

b] 뉴튼(Issac Newton, 1642~1727)이 중력 법칙을 발견한 일에 관해서 유명한 이야기가 전해지고 있다. 아마 누군가가 지어냈을 이 이야기에 따르면, 뉴튼은 어느 날 정원에 앉아 있다가 사과가 땅에 떨어지는 것을 보았는데, 그 순간 갑자기 궤도를 도는 행성, 땅에 떨어지는 물체, 조수의 간만 등의 현상이 모두 만유인력 법칙에 따르고 있다는 빛나는 통찰을 했다고 한다.

이것은 만유 인력 이론의 발견에 관한 멋진 일화지만, 이 이론의 정당화에는 아무런 관계가 없다. 정당화에 관한 물음의 답은 오직 관찰, 실험, 논증에 의해서만 마련될 수 있다. 요컨대 정당화는 그 이론에 대한 증거에 의해서 이루어지는 것이지, 뉴튼에게 처음으로 그 이론이 떠오르게 했던 심리적 요인에 의해 이루어지는 것이 아니다.

정당화에 관한 물음은 진술의 승인 가능성에 관한 물음이다. 어떤 진술에 대한 정당화는 하나의 논증으로 나타나기 때문에 정당

---

5) G.H. Hardy, P.V. Seshu Aivar and B.M. Wilson(ed.), *Collected Papers of Srinivasa Ramanujan*(Cambridge, Eng. : University Press, 1927), p. xii.

화에는 두 측면이 있다. 하나는 전제가 모두 옳아야 한다는 것이고, 또 하나는 논증이 논리적으로 올바르게 만들어져야 한다는 것이다. 앞에서 이미 강조했듯이 이 두 측면은 서로 아무런 관계가 없다. 정당화는 이 둘 가운데 어느 하나 때문에 실패할 수 있다. 만일 전제가 그르거나 의심스럽다는 것을 밝히면 그 정당화가 불충분하다는 걸 밝힌 것이 된다. 마찬가지로 만일 논증이 논리적으로 올바르지 못하다는 것을 밝히면 그 정당화가 만족스럽지 못하다는 걸 밝힌 것이 된다. 그러나 이 둘 가운데 어느 한 방식으로 어떤 논증의 정당화 작업이 불충분하다는 것을 밝히는 일은 결론이 그르다는 것을 밝히지는 못한다. 바로 그 결론을 충분히 정당화시키는 다른 논증이 있을 수 있기 때문이다. 만일 어떤 논증의 정당화 작업이 불충분한 것으로 밝혀졌다면, 이는 단지 그 논증이 그 결론을 옳다고 믿도록 할 수 있는 훌륭한 증거를 제공하지 못하고 있다는 것을 뜻할 뿐이다. 이런 사정 아래서는 우리에게 그 결론이 옳다고 승인할 이유도 주어지지 않고 그르다고 거부할 이유도 주어지지 않는다. 그 까닭은 그 결론에 대한 정당화가 무효화됨으로써 정당화 이전의 원점으로 되돌아갔기 때문이다. 이 책의 나머지 부분을 공부하는 동안에 이 사실을 기억하는 것이 중요하다. 우리는 앞으로 그른 전제를 가졌거나 논리적으로 올바르지 못한 논증을 많이 검토하게 될 것이다. 이런 사실을 이유로 해서 이런 논증은 모두 그른 결론을 가지고 있다고 단정해서는 안 된다.

그런데 정당화 작업들 가운데에는 결론의 허위성(그름)을 입증하는 정당화(negative justification)도 있다. 어떤 진술이 그르다는 것을 밝히는 일이 때로 가능하다. 앞으로 알게 되겠지만 "귀류 논증"(제2장 제4절)과 "사람에 반대하는 논증"(제3장 제7절)은 이 일을 위해서 흔히 사용된다. 진술의 허위성을 입증하는 정당화는 진술의 진리성(옳음)을 입증하는 정당화(positive justification)가 정당화의 맥락 속에 나타나는 빈도와 맞먹을 만큼 자주 나타난다. 정당화의 성공에 관한 물음 또한 정당화의 맥락에 속해 있다.

발견의 경위 속에 있는 사항을 정당화의 맥락 속에 있는 사항인 것처럼 취급하는 과오를 발생적 오류(發生的 誤謬, genetic fallacy)라고 부른다. 이는 어떤 진술의 발견이나 발생에 관한 요인이 그 진술의 진리성에 실제로 관련이 있다고 간주하는 과오다. 다음의 예가 그런 경우다.

c] 나치스는 상대성 이론을 비난했는데, 그 이유는 상대성 이론의 창시자인 아인슈타인(Albert Einstein, 1879~1955)이 유태인이라는 것이었다.

이 실례는 발생적 오류를 범한 최악의 경우라고 할 만하다. 이론의 발견자가 지닌 민족적 배경이나 종교적 배경이 오직 발견의 경위에만 관련이 있다는 것은 확실하다. 나치스는 마치 이 사실이 정당화의 맥락에 속하는 사항인 것처럼 사용하였다.

그러나 발생적 오류는 주의를 기울여 취급해야 한다. 앞으로 알게 되는 바와 같이 "권위에 의거하는 논증"(제 3 장 제 6 절)과 "사람에 반대하는 논증"(제 3 장 제 7 절)에는 양쪽 다 그릇된 형식으로 만들어지는 논증들이 있는데, 그것들은 흔히 발생적 오류를 범하고 있다. 그렇지만 이 두 가지 논증에는 올바른 형식도 있으며, 이 올바른 형식으로 이루어진 논증을 발생적 오류와 혼동해서는 안 된다. 그 차이는 다음과 같은 사실에 있다. 어떤 경우에는 발견 과정의 어떤 사항이 결론의 진리성이나 허위성에 객관적 관련이 있다는 것을 밝힘으로써 발견의 경위 속의 사항을 정당화의 맥락에 통합하는 일이 올바르게 이루어질 수 있다. 이런 경우에는 그 논증이 이 객관적 관계를 진술하는 전제를 갖추어야 한다. 이에 반해서 발생적 오류는 이러한 객관적 관계를 밝히지 않고 발견 과정의 특징을 정당화 맥락에 끌어들이기 때문에 일어난다.

발견과 정당화의 구별은 추리와 논증의 구별과 밀접한 관련이 있다. 추리하는 심리적 활동은 발견의 과정이다. 추리하는 사람은 결론을 생각해 내야 하지만, 이것이 발견에 관한 문제의 전부는 아니다. 그는 증거를 발견해야 하고, 또 그 증거와 결론 사이의 관계를 발견해야 한다.

흔히들 추리는 증거에서 결론으로 건너가는 사고 과정이라고 설명한다. 그러나 이 말이 사고(思考, thinking) 추론(推論, reasoning), 추리(推理, inference)는 (어떻게 주어지든) 주어진 증거에서 출발하여 정연한 논리적 단계를 밟아 결론에 도달하는 것이라는 뜻으로 해석된다면 분명히 부정확한 말이다. 첫째로 증거가 결론보다 항상 먼저 확보되지는 않는다. 어떤 경우에는 결론이 먼저 떠오르고, 그 다음에 그 결론의 옳음을 입증하거나 그름을 밝히는 증거를 찾아내야 한다. 때로는 약간의 증거에서 결론을 끌어 내기도 하는데, 결국에는 완전한 추리가 되도록 하기 위해 더 많은 증거를 발견해야 한다. 어느 정도의 증거를 가지고 출발해서 결론에 쉽사리 도달했다 할지라도, 사고는 대부분의 경우에 논리적 단계를 거치면서 진행되지 않는다. 우리는 추리를 할 때 마음으로 의아하게 여기고, 공상에 잠기고, 환상에 빠져들고, 당치 않은 연상을 떠올리고, 가망이 없는 착상까지도 잇달아 추구해 보게 된다.

그러나 이 과정이야 어떻든 간에 때로 추리가 완성되는 일이 일어나게 되며, 마침내 우리는 관련을 맺고 있는 증거와 결론에 이르게 된다. 이런 모든 일은 발견과 관련 있는 일이다. 추리는 발견의 과정이 끝나야만 앞 절에서 설명한 바와 같이 논증으로 바뀌어 우리 앞에 나타나게 되는데, 우리는 이 논증에 대하여 논리적으로 올바른지 어떤지 검사할 수 있다. 이렇게 만들어진 논증은 결코 결론에 이르기까지의 사고 과정에 대한 기술(記述, description)이 아니다.

논리학이 실제로 사람들이 생각하는 과정을 기술하려고 하지 않는다는 것은 아주 분명하다. 그런데도 사람들은 우리가 어떻게 생각해야 하는가를 결정하는 규칙을 마련하는 일이 논리학의 임무가 아닐까 하고 생각하는 수가 많다. 다시 말하면 논리학은 추론, 문제 해결, 결론 도출의 과정에서 우리를 인도하는 일련의 규칙을 제정하는 학문이 아닐까? 논리학은 누구나 추리할 때 따르지 않으면 안 되는 일련의 절차를 규정하지 않을까? 논리학에 대한 이러한 견해는 상식적인 생각이다. 일상인들은 흔히 그럴 듯하게 들리는 추론을 전개하는 사람을 "논리적인 사람"이라고 부르고 또 그런 사람은 "논리적으로" 추론한다고들 말하지만, 이는 정확하지 못한 말이다.

홈즈는 훌륭한 추리력을 가진 사람의 두드러진 예일 것이다. 그는 추리를 하고 결론을 이끌어 내는 일에 아주 능수 능란하다. 그러나 홈즈의 이 능력을 살펴보면 이 능력이 그의 사고를 인도하는 일련의 규칙을 적용하는 일과 다르다는 것을 깨달을 수 있다. 한 가지 이유는 홈즈가 추리하는 일에서 친구 왓슨보다 굉장히 월등하다는 점이다. 홈즈는 자신의 방법을 왓슨에게 기꺼이 가르치고 싶어하고 또 왓슨은 지능이 높은 사람이다. 그런데 불행하게도 홈즈가 왓슨에게 가르쳐 왓슨으로 하여금 홈즈만큼 능숙하게 추리할 수 있도록 만들어 줄 수 있는 규칙이 전혀 없다. 홈즈의 능력은 예민한 호기심, 타고난 고도의 지능, 창의적 상상력, 예리한 직각력, 풍부한 일반적 정보, 극히 뛰어난 발상력 등의 요인으로 구성되어 있다. 이러한 여러 가지 능력을 대신할 수 있는 일련의 규칙은 결코 있을 수 없다.

혹시 추리를 해나가는 일련의 규칙이 있다면, 그 규칙은 발견하는 일의 규칙이 될 것이다. 그러나 실제로 성과 있는 사고는 자유로운 사고 활동과 상상 활동을 필요로 한다. 여러 가지 엄격한 방법이나 규칙에 의해 사고를 제한하는 일은 사고를 곤란하게만 만들 것이다. 가장 성과가 많은 대부분의 개념은 규칙이 만들어 낼 수 없는 바로 그런 개념이다. 물론 사람의 추리력은 학습, 연습, 훈련을 통해서 증진될 수 있지만, 이 모든 일은 사고에 관한 일련의 규칙을 배워서 적용하는 일과 전혀 다른 것이다. 어쨌든 앞으로 논리학의 규칙을 자세히 검토해 보면, 그 규칙들이 사고의 방법으로서는 전혀 적합하지 않다는 것을 깨닫게 될 것이다. 논리학의 규칙들이 사고의 방법으로 강요된다면, 그것들은 사고를 옥죄는 구속복이 되어버릴 것이다.

지금까지 논리학에 관하여 설명한 내용은 독자의 기대에 어긋났을는지도 모르겠다. 논리학이 할 수 없는 일을 설명함으로써 부정적인 면에 대한 강조가 많은 지면을 차지한 셈이기 때문이다. 논리학은 실제적 사고 과정을 기술하는 일을 할 수 없다. 이런 일은 심리학이 해야 하는 일이기 때문이다. 논리학은 추리하는 규칙을 만들어 낼 수 없다. 이런 일은 발견의 과정에 속하는 사항이기 때문이다.

그렇다면 논리학은 도대체 무슨 일에 유익하게 쓰일 수 있는가? 논리학은 우리가 추리를 올바르게 평가할 수 있도록 해주는 비판적 도구를 마련해 준다. 이것이 바로 논리학이 우리에게 사고 방법을 알려 준다는 말의 의미이다. 일단 추리가 이루어졌으면 논증으로 변환될 수 있는데, 논리학은 이 논증이 올바른가 올바르지 못한가를 결정하기 위해서 사용될 수 있다. 논리학은 우리가 추리하는 방법을 알려 주는 것이 아니라 어떤 추리를 승인해야 하는가를 알려 준다. 따라서 올바르지 못한 논증을 승인하는 사람이 바로 비논리적인 사람이다.

논리적 도구의 가치를 제대로 평가하기 위해서는 그 도구를 실제로 사용하여 얻는 현실적 성과에 관심을 갖는 일이 중요하다. 망치에게 나사돌리개의 기능을 기대하는 사람은 실망할 수밖에 없을 것이다. 그러나 망치의 기능을 제대로 이해하는 사람이라면, 그것이 쓸모 있음을 깨닫게 될 것이다. 논리학은 발견을 다루는 것이 아니라 정당화를 다룬다. 논리학은 사람들의 논설을 분석하는 데 필요한 여러 가지 도구를 마련해 준다. 이러한 논리적 분석은 자신의 견해를 조리 정연하게 표현하는 일과 다른 사람이 내세우는 주장을 명료하게 이해하는 일에 절대적으로 필요하다.

4. 연역 논증과 귀납 논증

지금까지 논증에 대하여 설명한 내용은 모든 유형의 논증에 적용된다. 이제는 논증들을 두 가지 중요한 유형으로 나누어 다룰 때가 되었다. 그 두 가지 유형은 연역 논증(演繹 論證, deductive argument)과 귀납 논증(歸納 論證, inductive argument)이다. 이 두 논증 유형 각각에는 논리적으로 올바른 논증들이 있으며, 그래서 그 유형에 속하는 논증으로서는 올바르지 못한 논증 즉 그릇된 논증이라고 대체로 구별될 수 있는 논증들이 있다. 다음의 두 예는 올바른 논증이다.

a] 연역 논증 모든 포유류는 심장을 갖고 있다.
모든 말은 포유류다.
∴ 모든 말은 심장을 갖고 있다.

b] 귀납 논증 지금까지 관찰된 모든 말은 심장을 갖고 있다.
∴ 모든 말은 심장을 갖고 있다.

연역 논증과 귀납 논증은 확실하고 근본적인 특징을 기준으로 하여 구별된다. 이제 이 일에 기준이 되는 두 가지 중요한 특성을 살펴보기로 하자.

연역 논증	귀납 논증
Ⅰ. 만일 전제가 모두 옳다면 결론은 반드시 옳아야 한다.	Ⅰ. 만일 전제가 모두 옳을지라도 결론은 옳음직할 뿐이지 반드시 옳지는 않다.
Ⅱ. 결론 속의 정보나 사실적 내용은 모두 이미 전제 속에 —적어도 암암리에— 포함되어 있다.	Ⅱ. 결론은 전제 속에—암암리에조차도—제시되어 있지 않은 정보를 포함한다.

앞에서 예시한 두 논증이 이 두 가지 조건을 만족시킨다는 것을 깨닫기는 어려운 일이 아닐 것이다.

특징 Ⅰ　　첫번째 논증의 결론이 그를 수 있는 유일한 상황, 즉 모든 말이 심장을 가지고 있다는 결론이 옳을 수 없는 유일한 상황은 모든 말이 포유류가 아니거나 모든 포유류가 심장을 가지고 있지 않는 경우뿐이다. 다시 말하면 이 논증의 결론이 그르기 위해서는 전제들 가운데 어느 하나나 둘 다 그르지 않으면 안 된다. 만일 두 전제가 모두 옳다면 결론은 반드시 옳을 수밖에 없다.

이와는 달리 두 번째 논증의 경우는 전제는 옳고 결론이 그른 경우가 확실히 가능하다. 혹시 심장을 갖지 않은 말이 앞으로 언젠가 관찰되면, 이런 일이 실제로 일어날 것이다. 그래도 지금까지 심장 없는 말이 관찰된 적이 없다는 사실은 영원히 그런 말이 발견되지 않을 것이라는 주장을 뒷받침하는 상당한 증거일 것이다. 이 논증의 경우에는 전제가 결론을 필연적으로 수반하지 못하는 것은 분명하지만, 그래도 결론에 상당한 신뢰성을 부여하고 있다.

특징 Ⅱ　　첫번째 논증의 결론은 모든 말이 심장을 갖고 있다고 주장하고 있는데, 이는 실은 이미 두 전제에 의해서 언급된 내용에 대한 주장이다. 첫번째 전제는 모든 포유류가 심장을 갖고 있다고 말하고 있고, 두 번째 전제에 따르면 모든 말은 포유류에 속하기 때문이다. 이 논증에서는 — 모든 올바른 연역 논증의 경우에 그런 것처럼 — 결론이 이미 전제 속에 들어 있는 정보를 명백하게 드러내어 진술하거나 표현을 바꾸어 진술하고 있다. 연역 논증이 특징 I을 지니고 있는 것도 이 사실 때문이다. 전제가 옳으면 결론이 옳을 수밖에 없는 까닭은 결론의 주장 내용에는 이미 전제에 의해서 진술된 내용 아닌 것이 전혀 없기 때문이다.

그렇지만 두 번째 귀납 논증의 경우에는 전제가 지금까지 관찰된 말에 대해서만 언급하고 있는 반면에, 결론은 아직까지 관찰된 적이 없는 말에 대해서 언급하고 있다. 따라서 결론은 전제에 제시된 정보를 넘어선 내용을 진술하고 있다. 이 경우 전제가 옳을지라도 결론이 그를 수 있는 이유는 결론이 전제에 들어 있지 않는 내용을 주장하기 때문이다. 결론에 추가되어 있는 내용이 그르면 결론 전체가 그른 진술이 되어버릴 것이다. 따라서 연역 논증과 귀납 논증은 각기 다른 기능을 수행하고 있음을 알 수 있다. 연역 논증은 전제의 내용을 명백하게 드러내는 일을 의도하고 있는 데 비해서, 귀납 논증은 인간의 지식을 더 확장하는 일을 시도하고 있다.

방금 위에서 설명한 내용은 귀납 논증이 전제와 결론 사이의 필연성을 포기함으로써 전제의 내용을 확장하는 반면에, 연역 논증은 전제의 내용의 확장을 포기함으로써 전제와 결론 사이의 필연성을 획득한다고 요약할 수 있다.

연역의 올바름이 완전히 성립하거나 완전히 실패할 수밖에 없다는 사실은 위의 두 특징에서 곧바로 나오는 귀결이다. 어떤 논증이든 올바른 연역으로서 완전히 성공했다고 판정되거나 아니면 완전히 실패했다고 판정되거나 둘 가운데 하나다. 연역의 타당성에 대해서는 정도(程度, degree)가 문제될 수 없기 때문이다. 이에 반해서 올바른 귀납 논증에는 전제가 결론에 제공하는 입증의 강도에 따라서 입증력에 등급이 있을 수 있다. 요컨대 귀납 논증의 전제가 결론에 부여할 수 있는 개연성(蓋然性, 確率, probability)에는 정도 문제가 있을 수 있지만, 연역 논증의 전제와 결론 사이에 성립하는 관계인 논리적 필연성(論理的 必然性, logical necessity)에는 결코 정도 문제가 있을 수 없다.

앞에서 살펴본 a]와 b]의 두 논증은 연역 논증과 귀납 논증의 기본적 속성과 중요한 차이점을 명료하게 예증하고 있다. 이 특징들은 훨씬 더 중요한 논증들을 분류하는 기준으로 사용될 수 있다.

c] 과학적 일반 진술과 그것을 입증하는 관찰 증거 사이에는 귀납 논증이 성립한다. 예컨대 케플러(Johann Kepler, 1571~1630)의 제 1 법칙에 따르면 화성의 궤도는 타원이다. 이 법칙을 입증하는 관찰 증거는 화성의 위치에 대한 수많은 단편적 관찰로 이루어져 있다. 그러나 이 법칙 자체는 화성이 관찰되고 있는가, 그렇지 않은가에 관계 없이 화성의 모든 위치에 대해 언급하고 있다. 특히 이 법칙은 화성의 미래의 운동이 타원을 이룬다는 것, 화성의 운동은 사람이 관찰하기 전에도 타원이고, 하늘에 구름이 끼어 관찰할 수 없을 때도 타원이라고 주장하고 있다. 따라서 이 법칙(결론)은 화성의 관찰된 위치를 기술하는 일련의 진술(전제)이 지닌 내용보다 훨씬 더 많은 내용을 주장하고 있는 것이 분명하다.[6)]

d] 수학에서 보는 증명들은 연역 논증이다. 가장 잘 알려져 있

6) 케플러의 제 1 법칙이 뉴튼의 법칙으로부터 유도된다는 사실이 이 예에 악영향을 미치지는 않는다. 왜냐하면 뉴튼의 법칙 자체도 그것이 의존하고 있는 관찰 증거를 훨씬 넘어선 내용을 주장하고 있기 때문이다. 두 경우 어느 쪽이든 관찰 증거와 법칙 사이에는 귀납 논증이 성립한다.

는 예는 유클리드 평면 기하학의 논증들인데, 거의 대부분의 사람이 이 기하학을 고등학교에서 배운다. 기하학에서는 정리가 공리와 공준을 근거로 하여 증명된다. 증명의 방법은 공리와 공준(전제)에서 정리(결론)를 연역하는 것이다. 연역이라는 방법은 만일 공리와 공준이 옳다면 결론이 반드시 옳다는 것을 우리에게 보증한다. 수학 이야기가 나온 김에 한 마디 더 한다면, 이 예는 연역 논증이 항상 소득 없이 하나마나한 일만 하는 것이 아니라는 점을 보여 주고 있다. 정리의 내용이 공리와 공준 속에 포함되어 있을지라도 그 내용 모두가 결코 완전히 명백하게 드러나 보이지는 않는 법이다. 그러므로 공리와 공준이 암암리에 함의하고 있는 내용을 명백하게 드러내어 확인하는 일은 참다운 지적 발전을 이루는 일이다.

이처럼 귀납 논증과 연역 논증의 근본적 특성들을 강조하는 중요한 이유들 가운데 하나는 우리가 두 유형의 논증에 기대할 수 있는 것이 무엇인가를 분명하게 하려는 것이다. 특히 연역에는 엄격한 한계가 있다. 올바른 연역 논증의 결론이 주장하는 내용은 그 전제 속에 이미 제시되어 있어야 한다. 따라서 어떤 논증이 전제의 내용을 넘어선 내용을 주장하는 결론을 가지고 있다면, 결코 논리적으로 올바른 연역일 수 없다. 이 생각을 대단히 중요한 두 가지 예에 적용해 보자.

e] 데카르트(Rene Descartes, 1596~1650)는 통상 서양 근대 철학의 창립자로 불리는 철학자인데, 그는 사람들 사이에 지식으로 통해 온 것들이 실은 오류이고 또 불확실하다는 사실 때문에 마음이 심히 편하지 못하였다. 데카르트는 이 상황을 바로잡기 위해서 누구도 의심할 수 없는 진리를 기초로 하여 자신의 철학 체계를 세우고, 또 그 진리에서 광범위한 영역에

걸쳐 다양한 귀결을 끌어 내려고 시도하였다. 데카르트는 〈성찰〉이라는 책에서 "나는 생각한다. 그러므로 나는 실존한다"는 명제는 누구도 의심할 수 없다는 것을 보여 주려고 굉장히 애쓰고 있다. 그리고 나서 그는 포괄적 철학 체계를 세밀하게 만들어 나갔는데, 이 철학 체계 안에서 실제로 신의 실존, 물체의 본성과 실존, 물리적인 것과 정신적인 것을 나눈 기초적 이원론 등의 결론에 도달하였다. 데카르트가 이러한 여러 가지 결론을 오로지 앞에서 말한 명제에서 연역하였다고 생각하는 사람이 많지만, 이런 연역은 결론의 내용이 전제의 내용을 훨씬 벗어나 있기 때문에 전혀 논리적으로 올바를 수 없다. 데카르트가 논리적으로 커다란 실수를 범하지 않았다면, 그가 전제에 다른 진술을 추가하는 일이나 비연역적 논증을 삽입하는 일 또는 이 두 가지 일을 모두 했음에 틀림없을 것이다. 이 간단한 고찰만으로도 데카르트의 논증에 대한 최초의 해석이 과오를 범하였으므로 좀더 세밀한 검사가 필요하다는 것을 경고하는 목적은 충분히 달성된다고 하겠다.

f] 도덕철학이 다루는 가장 심원하고 논란이 분분한 문제들 가운데 하나는 가치 판단에 대한 정당화를 마련하는 일이다. 영국의 철학자 휴움(David Hume, 1711~1776)은 가치 판단이 순전히 사실에 관한 진술만을 전제로 삼고서는 연역적으로 정당화될 수 없다는 것을 명료하게 깨달았다. 이 점에 대해 휴움은 다음과 같이 말하고 있다. "지금까지 내가 확인해 본 어떤 도덕 체계의 경우든 항상 그 저자가 일상적 방식의 추론을 얼마 동안 한 다음에 신의 존재를 정립하거나 인간사에 관한 주장을 내세운다는 것을 나는 알게 되었다. 그런데 이런 책을 읽다가 갑자기 놀라지 않을 수 없는 때가 있는데, 그건 내가 명제의 통상적 서술 방식인 "이다," "아니다" 대신에 순전히 "해야 한다," "해서는 안 된다"는 방식으로 표현된 명제들

> 을 상대하고 있다는 사실을 깨닫는 순간이다. 이 변화는 알아차릴 수 없게 일어나지만 정말 결정적으로 중요한 변화다. 왜냐하면 이 "해야 한다"나 "해서는 안 된다"는 말은 무언가 새로운 관계나 주장 내용을 표현하고 있으므로 이 관계나 주장 내용이 반드시 확인되고 설명될 필요가 있으며, 그뿐 아니라 가능한 답이 전혀 상상조차 되지 않는 한 가지 문제 즉 이 새로운 관계가 어떻게 그와 전혀 다른 것에서 연역될 수 있는가라는 물음에 대한 답이 제시되어야 할 필요가 있기 때문이다."[7]

위에서 설명한 특성들은 올바른 연역 논증과 올바른 귀납 논증을 구별하는 일에 도움이 된다. 이 대목에서 독자는 어떻게 올바르지 못한 연역과 올바르지 못한 귀납을 확인할 수 있는가 하고 궁금할는지 모르겠다. 나중에 우리는 연역 논증과 관련해서 잘 알려져 있는 몇 가지 부당한 형식(예컨대 제2장 제3절과 제10절)뿐만 아니라, 몇 가지 귀납적 오류(예컨대 제3장 제3절과 제4절)를 살펴보게 될 것이다. 그럼에도 불구하고 엄격하게 말하면 올바르지 못한 연역 논증이나 올바르지 못한 귀납 논증은 있을 수 없다. 실제로는 타당한 연역, 올바른 귀납, 그리고 여러 종류의 그릇된 논증이 있을 뿐이다. 물론 타당한 연역인 것처럼 보이면서도 실은 부당한 논증이 있는데, 이런 논증이 막연하게 "부당한 연역"이나 "연역적 오류"라고 불리고 있다. 그러나 이런 논증이 연역적 오류라고 불리는 이유는 단지 타당한 연역과 쉽사리 혼동될 수 있다는 사실 때문이다. 이와 비슷한 설명이 귀납적 추론을 괴롭히는 과오에 대해서도 이루어질 수 있다. 요컨대 올바르지 못한 연역과 올바르지 못한 귀납은 이러이러한 것이라고 묘사할 수 있게 해주는 정확한 논리적 특징이

---

7) David Hume, *A Treatise of Human Nature*, Book Ⅲ, Part 1, Sec.1.

없다. 이러한 논증을 알아보는 일은 근본적으로 심리적인 문제다. 어떤 논증이 타당한 연역이라고 제시되었으나 실은 올바르지 못할 경우에는 그 논증을 제시한 사람이 논리적 과오를 범하고 있거나 다른 사람을 속이려 한다고 보아야 하기 때문에 통상 연역적 오류로 간주하고 있는 것이다. 올바르지 못한 귀납에 대해서도 이와 같은 방식으로 설명할 수 있다.

한편 어떤 귀납 논증이든 하나 이상의 전제를 추가함으로써 연역 논증으로 변형시킬 수 있다는 점을 독자가 알아챘는지 모르겠는데, 이는 아주 정확한 생각이다. 혹시 이 점에 생각이 미친 독자는 더 나아가 귀납 논증을 중요한 임무를 수행하는 독자적 유형의 논증으로 간주하기보다는 불완전한 연역 논증으로 간주하고 싶은 생각까지 했는지 모르겠다. 하지만 이 두 번째 생각은 잘못일 것이다. 비록 모든 귀납 논증이 전제에 새 진술을 추가함으로써 연역 논증으로 바뀔 수 있다 하더라도, 이 일에 필요한 진술은 진리성이 의심스러운 진술인 경우가 흔하다. 우리가 결론을 정당화시키려 한다면 진리성이 심히 의심스러운 진술을 전제에 끌어들이는 일을 해서는 안 될 것이다.

실제로 우리 인생에는 인간의 지식을 확장하는 일을 해내는 논증이 없어서는 안 된다. 만일 이 일을 성과 있게 해내는 논증을 이용할 수 없다면, 예를 들어 과거와 현재의 사실에 대한 경험을 근거로 삼고 미래의 사실에 관한 어떠한 결론도 확립할 수 없게 될 것이다. 어떤 유형의 귀납적 추론을 하지 않고서는 누구도 낮이 가면 밤이 온다는 예측이나, 네 계절이 계속 지금과 같은 순서로 순환한다는 예측이나, 설탕은 언제나 단맛을 지닌다는 예측을 뒷받침하는 근거를 조금도 갖지 못할 것이다. 미래의 사실에 관한 이 모든 지식과 다른 수많은 지식은 전제 속에 제시되어 있는 자료를 넘어선 결론을 입증하는 귀납 논증의 힘에 의해서 이루어진다.

제 2 장

연 역

연 역

연역 논증의 타당성은 논증을 구성하고 있는 진술들의 내용에 의해서가 아니라 논증이 지닌 논리적 형식에 의해서 결정된다. 이 장에서는 논증 형식과 타당성 사이의 관계를 분석하여 밝힌 다음, 연역 논증이 지닌 매우 중요한 몇 가지 타당한 형식과 흔히 볼 수 있는 몇 가지 연역적 오류를 음미해 보고자 한다. 그리고 나서 연역 논증의 타당성과 부당성을 확인하는 몇 가지 기본적 방법을 살펴보고자 한다.

I.
연역의 타당성

앞에서 살펴본 바와 같이 논리학은 논증이 올바른가 올바르지 못한가에 대해서만 관심을 가질 뿐이지, 전제나 결론으로 사용되고 있는 진술 하나 하나가 옳은가 그른가에 대해서는 전혀 관심을 갖지 않는다. 올바른 연역 논증은 타당한 논증(妥當한 論證, valid argument)이다. 연역 논증의 타당성(妥當性, validity)은 오로지 전제와 결론 사이의 관계에 의해서만 성립한다. 어떤 연역 논증이 "타당하다"는 말은 만일 전제가 옳다면 결론이 반드시 옳을 수밖에 없는 방식으로 전제와 결론이 관련을 맺고 있다는 뜻이다. 타당성은 진술들의 집합체인 논증의 속성이지 개개의 진술이 지니는 속성이 아니다. 이와는 달리 진리성(眞理性, truth)은 특정한 진술의 속성이지 논증의 속성이 아니다. 따라서 어떤 논증에 대하여 "옳다"고 말하는 것은 무의미하며, 또 단 하나의 진술에 대하여 "타당하다"고 말하는 것도 무의미하다.

한편 타당한 연역이라고 내세워졌지만 실은 논리적으로 올바르지 못하거나 그릇된 논증은 부당한 논증이라 부른다. 연역 논증으로 내세워진 논증은, 전제가 모두 옳을 수 있음에도 불구하고 결론이 그를 가능성이 조금이라도 있으면 부당한 논증으로 판정된다.

어떤 논증의 타당성은 그 논증의 결론이 옳다는 것을 밝힘으로써 증명되지 않는다. 또 어떤 논증의 부당성 역시 그 논증의 결론이 그르다는 것을 밝힘으로써 증명되지 않는다. 아래의 세 가지 조합 모두가 타당한 연역 논증에서 가능하다.

1. 모든 전제가 옳고 결론도 옳은 경우
2. 모든 또는 약간의 전제가 그르고 결론이 옳은 경우
3. 모든 또는 약간의 전제가 그르고 결론도 그른 경우

아래의 세 논증은 위의 세 가지 조합이 타당한 연역 논증에서 가능하다는 사실을 보여 준다(제 2 장 제10절 참조)

a]	모든 금강석은 단단하다.	— 옳음
	약간의 금강석은 보석이다.	— 옳음
∴	약간의 보석은 단단하다.	— 옳음
b]	모든 고양이는 날개를 가지고 있다.	— 그름
	모든 새는 고양이다.	— 그름
∴	모든 새는 날개를 가지고 있다.	— 옳음
c]	모든 고양이는 날개를 가지고 있다.	— 그름
	모든 개는 고양이다.	— 그름
∴	모든 개는 날개를 가지고 있다.	— 그름

위의 세 논증은 모두 만일 전제가 옳다면 결론도 옳을 수밖에 없다. 타당한 연역 논증이 옳은 전제와 그른 결론으로 이루어지는 것은 불가능하다.

부당한 논증의 전제와 결론은 옳음과 그름의 조합이라면, 어느 것이든 취할 수 있다. 여기에 모든 가능한 조합의 실례를 제시할 필요는 없을 것이다. 하지만 부당한 논증이 옳은 전제와 옳은 결론으로 이루어질 수 있다는 사실만큼은 다시 한번 강조해 두고 싶다. 이

점은 제 1 장 제 1 절에서 예로 사용했던 논증 b]가 예증하고 있다.

논증의 타당성과 부당성을 연구하기 위해서는 논증이 지니고 있는 형식(形式, form)에 따라 논증들을 분류하게 된다. 연역 논리학(演繹 論理學, deductive logic)의 관점에서는 논증의 주제는 중요하지 않으며, 논증의 형식이나 구조가 중요성을 띠게 된다. 타당성과 부당성은 전제와 결론이 언급하고 있는 내용(內容, content)이 아니라 형식에 의해서 결정된다. 논증의 형식을 전제와 결론의 내용에서 분리해서 검사함으로써 전제와 결론 사이의 관계를 그것들의 진리성이나 허위성과 관계 없이 연구할 수 있다.

여러 개의 다른 논증이 동일한 형식을 공유할 수 있다. 그리고 형식이 논증의 타당성을 결정하기 때문에 우리는 논증의 타당성뿐만 아니라 형식의 타당성에 대해서도 언급할 수 있다. 어떤 "논증 형식이 타당하다"는 말은 그 형식을 사용하여 만들어지는 모든 논증이 옳은 전제와 그른 결론을 가질 수 없다는 뜻이다. 타당한 형식을 지닌 논증은 모두 타당한 논증이다. 따라서 어떤 논증의 타당성에 대한 검사는 그 논증이 타당한 형식을 가졌는가를 알아보는 일을 통해서 이루어진다.

이제 논증 b]의 경우를 생각해 보자. 이 논증은 사물 집합을 언급하는 세 개의 명사(名辭, term)를 포함하고 있다. 새, 고양이, 날개를 가진 것이 바로 그 세 개의 명사다. 우리가 이 논증의 형식을 검토하려면, 우리의 관심사가 이 세 사물이 지니고 있는 특성들이 아니므로, 이 세 사물에 관하여 언급하는 일을 계획적으로 피할 수 있다. 이 일을 위해서는 위의 세 명사 대신에 문자를 대치시키면 되는데, 그 방법은 어떤 명사가 차지하고 있는 자리를 모두 하나의 문자로 대치시키고, 다른 명사가 차지한 자리는 모두 또 하나의 다른 문자로 대치시키는 것이다.

논증 b]의 세 개의 명사에 제각기 문자 "F," "G," "H"를 대치시키기로 한다면, 다음과 같은 형식을 추상할 수 있다.

d] 모든 G는 H다.
모든 F는 G다.
∴ 모든 F는 H다.

이 일은 논증 c]에 대해서도 똑같이 이루어질 수 있다. 이 경우에는 "F," "G," "H"가 제각기 개, 고양이, 날개를 가진 것을 나타낼 것이다. 그 결과는 다시 형식 d]가 된다. 따라서 논증 b]와 c]는 동일한 형식으로 이루어진 셈인데, 바로 d]가 그 형식을 보여 주고 있다. d]가 보여 주고 있는 틀 자체는 논증이 아니다. d]의 틀은 세 개의 문자에 제각기 특정한 명사의 대입(代入, substitution)이 이루어지면 논증으로 바뀌게 되는 형식이다. 그리고 이 형식은 타당한 형식이다. 어떤 명사가 문자 "F," "G," "H"에 대입되는가에 관계 없이 동일한 명사가 동일한 문자에 한결같이 대입되기만 하면, 그 결과는 타당한 논증이 될 것이다. "F," "G," "H"가 각기 어떤 종류의 사물을 나타내는가는 전혀 상관이 없다. 만일 모든 G가 H라는 말과 모든 F가 G라는 말이 옳다면, 모든 F가 H라는 말은 반드시 옳을 수밖에 없기 때문이다.

어떤 논증의 타당성이 그 논증에 사용된 진술들의 내용 또는 진리성이나 허위성에 의존하지 않고 오로지 논증 형식에만 의존한다는 것은 쉽게 예증될 수 있다.

e] 모든 플레절렛은 음전이 달린 플루트다.
모든 모나우리는 플레절렛이다.
∴ 모든 모나우리는 음전이 달린 플루트다.

논증 e]는 형식 d]로 만들어진 논증이다. 독자는 이 논증에 나타난 진술들 가운데 혹시 옳은 진술이 있을지라도 그게 어느 진술인지 알아보지 못할 수 있다. 그렇다 해도 이 논증이 타당하다는 것은 명백하다. 이 논증은 전제가 옳다면 결론이 옳지 않을 수 없기 때문이다. 이 점은 이 논증의 형식을 검사해 봄으로써 알아 낼 수 있다. 이 진술들 하나 하나가 옳은가 그른가 하는 것은 말할 것도 없고, 이 진술들의 의미가 무엇인지조차 알 필요가 없다. 이 논증의 형식은 타당하고, 또 그것으로 충분하기 때문이다.

논증이 지닌 부당한 형식을 "연역적 오류"라고 부른다. 어떤 논증이 그릇된 논증(오류 논증)이라는 것을 밝히는 일상적 방법은 그 논증의 형식을 사용하여 만들어졌는 데도 전제는 옳고 결론이 그른 다른 논증을 찾아 내는 것이다. 이런 식으로 논증의 부당성을 증명하는 방법을 반대 사례 방법(反對 事例 方法, method of counter example)이라 한다. 어떤 논증이 타당하다는 말은 그 논증이 타당한 형식을 가지고 있다는 뜻이다. 그리고 어떤 형식이 타당하다는 말은 그 형식을 사용하여 만들어지는 모든 논증이 옳은 전제와 그른 결론을 가질 수 없다는 뜻이다. 그러므로 어떤 논증이 타당하다는 말은 그 논증의 형식을 사용하여 만들어지는 모든 논증에 대하여 언급하는 보편 진술(普遍 陳述, universal statement)이다.

그런데 보편 진술은 하나의 부정 실례 — 하나의 반대 사례 — 에 의해서 반박될 수 있다. 따라서 어떤 논증 형식이 부당하다는 것을 증명하기 위해서는 단 하나의 반대 사례, 즉 그 논증 형식을 사용하여 만들어졌는데도 전제는 옳고 결론이 그른 논증을 하나만 찾아 내어도 충분하다. 하지만 이 대목에서 반대 사례 방법에 대해서 몇 마디 주의를 해두어야 하겠다. 이 방법이 결정적으로 증명하는 것은 어떤 형식의 부당성이지, 반드시 특정한 논증의 부당성은 아니라는 사실을 깨닫는 것이 중요하다. 어떤 논증이 부당하다고 말하는 것은 그 논증이 사용하고 있는 타당한 형식이 전혀 없다는 뜻이다. 따라서 혹시 우리가 어떤 논증이 일정한 형식을 가졌다고 간주하고 그 형식이 부당하다는 것만 밝혔을 뿐이라면, 이에 의해서 그 논증이 부당하다는 것이 증명되지는 못한다. 어떤 논증의 부당성을 결정적으로 증명하기 위해서는 그 논증에는 그 논증을 타당한 논증으로 만들어 줄 수 있는 다른 형식이 전혀 없다는 사실을 반드시 밝혀야 한다.

사실 하나의 논증은 아래의 설명에서 밝혀지는 바와 같이 여러 가지 논증 형식의 실례로 간주될 수 있다. 앞으로 제 2 장 제 6 절에서 공부하게 될 한 종류의 논증은 그 타당성이 오로지 단순 진술들 — 그 이상 분해하면 진술 아닌 것이 되어버리는 진술들 — 사이의 관계에 의해서만 결정된다. 이 경우에는 진술의 내부 구조는 타당성에 아무 상관이 없다. 이런 종류의 논증 — 이른바 진리 함수 논증 — 은 하나의 문자가 하나의 진술을 나타내도록 함으로써 그 형식을 가장 효과적으로 추상할 수 있다. 위의 논증 e]를 예로 삼아 이 방법으로 분석한다면, 그 형식은 다음과 같다.

f] p

q

$\therefore r$

이 형식 속의 문자 "p," "q," "r"은 진술이기만 하면 어느 진술이라도 대표할 수 있다. 그런데 이 형식이 부당한 형식이라는 것은 아주 명백하다. 그렇지만 논증 e]를 제14절에서 공부하게 될 정언 논증에 적용하는 방법으로 분석하면, 그 형식은 이미 d]에 제시된 형식이 될 것이다. 이런 까닭에 논증 e]는 진리 함수 논증의 형식

f]와 정언 논증의 형식 d]를 갖고 있다고 할 수 있다. 이쯤에서 어쩌면 독자의 마음에 논증 e]의 참다운 형식은 형식 f]가 아니라 형식 d]라고 주장하고 싶은 생각이 일어났을지 모르겠는데, 이 생각은 완전히 올바르다고 할 수는 없다. 형식 d]와 형식 f]는 둘 다 논증 e]의 형식이다. 그런데도 형식 d]는 타당한 형식인 반면에, 형식 f]는 부당한 형식이다. 그러니까 논증 e]가 형식 d]를 가지고 있다는 것을 밝혀 내면 논증 e]가 타당하다고 증명되는 것은 분명하다. 하지만 논증 e]가 형식 f]의 실례이기도 하다는 것을 밝힘으로써 논증 e]가 부당하다는 것을 증명하지 못한다는 것도 확실하다. 우리가 이 두 형식에 대하여 할 수 있는 말은 형식 d]는 논증 e]를 타당한 논증으로 만들 수 있는 형식인 데 반해서, 형식 f]는 이러한 독특한 역할이나 중요한 역할을 할 수 없는 형식이라는 것이다.

지금까지 설명한 주의 사항의 요점을 간추리면 이렇다. 만일 우리가 논증 e]를 진리 함수의 관점에서 분석하기 시작하여(제10절 참조) 형식 f]가 이 논증의 형식이라고 간주한다면, 이를 근거로 해서 이 논증이 부당하다는 것을 밝힐 수 없을 것이다. 이 사실을 근거로 하여 단정적으로 내릴 수 있는 결론은 논증 e]가 형식 f]에 의거해서는 타당하지 못하므로, 이 논증이 타당하다는 것을 밝히려면 이 논증이 지니고 있는 다른 형식을 찾아 내야 한다는 것뿐이다.

실제로 우리가 논리적 분석과 평가를 할 때에는 문제의 논증이 지닌 형식들 가운데 어느 형식이 그 논증의 근본적 구조를 보여 주고 있는가를 알 수 있는 경우가 흔하다. 그리고 그 형식이 타당하다는 것이 밝혀지면 그것으로 논리적 분석과 평가는 끝난다. 어떤 논증이 타당한 형식을 하나만 가지고 있으면 다른 형식을 얼마나 가지고 있느냐에 관계 없이 타당하기 때문이다. 그리고 우리가 문제의 논증을 대표한다고 보아 선택했던 그 형식이 그릇된 형식이라면, 최소한 잠정적으로라도 그 논증이 부당하다고 결론을 내리는 것이 상례다. 혹시 누군가가 우리로 하여금 그 논증이 타당하다고 믿게 하고 싶다면, 그는 스스로 그 논증이 지닌 타당한 형식을 우리에게 밝히지 않으면 안 된다.

반대 사례 방법은 앞으로 검토하게 되는 여러 가지 그릇된 논증이 정말로 부당함을 밝히기 위해서 사용하게 될 것이다. 이 방법을 미리 실례를 통해서 이해하고 익히기 위해 제 1 장 제 1 절의 논증 b]에 적용해 보자.

g] 모든 포유류는 죽는다.
   모든 개는 죽는다.
 ∴ 모든 개는 포유류다.

이 논증은 옳은 전제와 옳은 결론으로 구성되어 있다. 그럼에도 불구하고 이 논증은 다음과 같은 부당한 형식으로 되어 있다.

h] 모든 F는 H다.
   모든 G는 H다.
 ∴ 모든 G는 F다.

이 형식의 "F"에는 "포유류," "G"에는 "파충류," "H"에는 "죽는다"를 대입해 보자. 이렇게 대입하면 다음과 같은 논증이 만들어진다.

i] 모든 포유류는 죽는다. — 옳음
   모든 파충류는 죽는다. — 옳음
 ∴ 모든 파충류는 포유류다. — 그름

형식 h]의 세 문자에 제각기 다른 명사를 대입해서 만들어진 논증 i]는 논증 g]와 동일한 형식을 지니고 있다. 그러나 논증 i]의 두 전제는 분명히 옳은데도 결론은 명백하게 그르다. 그러므로 논증 i]는 형식 h]가 부당한 형식임을 증명하는 반대 사례다. 게다가 형식 h]는 논증 g]의 근본적 논리 구조를 보여 준다고 여겨지기 때문에, 우리는 논증 g]가 부당한 논증이라고 결론을 내리게 된다.

2. 조건 진술

지금부터 음미하려는 논증 형식들 가운데 맨먼저 대상으로 삼을 몇 개의 타당한 형식과 부당한 형식은 전제 속에 아주 중요한 유형의 진술을 포함하고 있다. 그것은 조건 진술(條件 陳述, conditional statement) 또는 가언 진술(假言 陳述, hypothetical statement)이라는 진술이다. 조건 진술은 두 개의 구성 성분, 즉 두 개의 진술이 "만일 …라면, (그러면) …이다"라는 연결사(논리적 결합사)에 의해서 결합되어 이루어지는 진술이다. 예를 들어 살펴보자.

a] 만일 오늘이 수요일이라면, (그러면) 내일은 목요일이다.

b] 만일 뉴튼이 물리학자라면, (그러면) 그는 자연과학자다.

위의 두 진술은 모두 조건 진술, 즉 가언 진술이다. 조건 진술에서 "만일" 이라는 말에 의해 인도되는 부분을 전건(前件, antecedent)이라 하고, "그러면" 이라는 말의 바로 다음에 오는 부분을 후건(後件, consequent)이라 한다. "오늘은 수요일이다"는 첫번째 조건 진술의 전건이고, "뉴튼은 물리학자다"는 두 번째 조건 진술의 전건이다. 또 "내일은 목요일이다"는 첫번째 조건 진술의 후건이고, "그(뉴튼)는 자연과학자다"는 두 번째 조건 진술의 후건이다. 조건 진술의 전건과 후건은 그 자체가 하나의 진술이다. 조건 진술은 다음과 같이 표현될 수 있는 일정한 형식을 가지고 있다.

c] 만일 p라면, (그러면) q다.

이 형식 속의 "p"와 "q"의 자리에 진술이 들어가야 한다는 것은 금방 이해될 것이다. 조건 진술의 내용은 전건과 후건으로 사용된 특정한 진술에 의해서 정해진다. 그러나 조건 진술의 형식은 "만일 … 라면, (그러면) … 이다"라는 연결사가 두 개의 진술, 즉 전건과 후건을 내용이 무엇이건 일정한 관계로 결합시킨다는 사실에 의해 결정된다.

논리학에서는 표준 형식(標準 形式, standard form)이 정해져 있으면 유익하므로 앞으로 형식 c]를 조건 진술의 표준 형식으로 간주하겠다. 그렇지만 하나의 조건 진술이 뜻은 같으면서도 여러 가지 방식으로 달리 진술될 수 있다는 사실을 알고 있는 것이 중요하다. 우리는 일상의 대화의 맥락 속에서 발견되는 논증을 취급할 때, 조건 진술의 여러 가지 변형에 부딪치는 상황을 예상해야 한다. 따라서 잠시 조건 진술의 다양한 표현 양식들 가운데 약간을 검토해 보겠는데, 이 일은 그런 표현을 대했을 때 제대로 알아볼 수 있도록 해줄 것이고, 더 나아가 논리학에서 지극히 중요한 역할을 하는 조건 진술의 형식에 대한 이해도 깊게 해줄 것이다.

1. "만일 p라면 q다"라는 형식은 "만일 q가 아니라면 p가 아니다"라는 형식과 동등하다. 이 두 형식 사이의 관계는 참으로 근본적 관계이기 때문에 특별히 대우(對偶, contraposition)라는 이름으로 불리고 있다. 그러니까 "만일 q가 아니라면 p가 아니다"는 형식은 "만일 p라면 q다"라는 형식과 대우 관계에 있는 형식, 즉 대우 형식이다.

진술 b]를 대우 형식으로 바꾸어 적으면 다음과 같은 진술이 된다.

d] 만일 뉴튼이 자연과학자가 아니라면, 그는 물리학자가 아니다.

독자는 진술 b]와 진술 d]가 서로 동등하다는 것을 수긍하지 않을 수 없을 것이다(제 8 절 참조).

2. "… 아닌 한"이란 말은 "만일 … 아니라면"과 같은 뜻이다. 따라서 진술 d]는 곧바로 다음과 같이 번역될 수 있다.

e] 뉴튼이 자연과학자가 아닌 한 그는 물리학자가 아니다.

이번에도 독자는 진술 e]가 진술 d]와 동등하며, 또 진술 b]와도 동등하다는 것을 수긍하지 않을 수 없을 것이다.

3. "오직 …인 경우에만"이라는 어귀는 "만일 …라면"이라는 어구의 정확한 역(逆, converse)이다. 즉 "만일 p라면 q다"라는 형식은 "오직 q인 경우에만 p다"라는 형식과 동등하다.

진술 b]를 이 동등 형식으로 바꾸면 다음과 같은 진술이 된다.

f] 오직 뉴튼이 자연과학자인 경우에만, 그는 물리학자다.

독자는 진술 f]가 진술 b]와 동등하다는 것을 수긍하지 않을 수 없을 것이다. 더 나아가 독자는 진술 b]가 아래의 진술 g]와 의미상으로 다르다는 것도 아주 명료하게 알 수 있을 것이다.

g] 오직 뉴튼이 물리학자인 경우에만, 그는 자연과학자다.

이 진술은 뉴튼이 물리학자가 아니라 화학자나 생물학자라면, 그가 자연 과학자가 아니라고 주장하고 있다. 따라서 진술 b]는 확실히 옳지만 진술 g]는 분명히 그르다. 진술 g]는 다음 진술과 같은 의미를 지니고 있다.

h] 만일 뉴튼이 자연과학자라면, 그는 물리학자다.

이 진술은 그 내용이 진술 b]와 명백하게 다르다.

4. 조건 진술은 동일한 진술이 "만일"에 의해서 인도되기만 하면 원래의 의미의 변화 없이 전건과 후건의 순서를 바꾸어 쓸 수 있다. 조건 진술의 전건이 꼭 후건의 앞에 놓일 필요는 없다. 전건이 후건 다음에 놓여도 괜찮다. 전건이란 어디에 놓여 있건 "만일"에 의해 인도되고 있는 진술을 말한다. 이 점은 "오직 …인 경우에만"과 "… 아닌 한"이라는 어귀를 사용하여 표현된 조건 진술에서도 마찬가지이다. 동일한 절이 "오직 …인 경우에만"이나 "… 아닌 한"이란 어구에 의해 지배받으면서 위치만 귀결 절 다음으로 옮겨졌다면, 이 진술은 원래의 조건 진술의 어순 즉 전건과 후건의 배열 순서를 도치시킨 진술일 것이다.

이 동등 표현의 형식을 b], d], e], f]에 적용해 보면, 네 개의 진술은 제각기 의미에 아무런 변화 없이 다음과 같이 표현될 수 있다.

i] 뉴튼은 자연과학자다, 만일 그가 물리학자라면.

j] 뉴튼은 물리학자가 아니다, 만일 그가 자연과학자가 아니라면.

k] 뉴튼은 물리학자가 아니다, 그가 자연과학자가 아닌 한.

l] 뉴튼은 물리학자다, 오직 그가 자연과학자인 경우에만.

지금까지의 목록은 결코 조건 진술을 표현할 수 있는 방식을 모조리 보여 주고 있는 것은 아니지만, 실제로 사용되고 있는 조건 진술의 변형이 어떠한가를 분명하게 깨닫게 해주었을 것으로 생각된다. 앞으로 검토하는 논증들에서 우리는 이와 같은 조건 진술의 변형에 상당히 많이 부딪히게 될 것이다.

3. 조건 논증

이제부터 세 절에 걸쳐서 특정한 논증 형식을 몇 개 음미해 보려고 하는데, 이 일은 아주 단순한 기초적 논증 형식 네 개를 살펴보는 일로 시작하는 것이 좋을 듯하다. 이 네 개의 논증 형식 가운데 두 개는 타당한 형식이고, 두 개는 부당한 형식이다. 이 네 개의 형식은 모두 두 개의 전제를 가지고 있는데, 그 가운데 첫번째 전제가 조건 진술이다.

맨처음에 살펴볼 타당한 형식은 전건 긍정 논법(前件 肯定 論法, affirming the antecedent 또는 *modus ponens*)이라 불린다. 아래의 예를 살펴보자.

a] 만일 스미스가 영어 시험에 실패한다면, 그녀는 수영 대회 출전 자격을 잃을 것이다.
스미스는 영어 시험에 실패했다.
∴ 스미스는 수영 대회 출전 자격을 잃을 것이다.

이 논증은 분명히 타당하다. 이 논증의 형식은 아래의 틀이 보여 준다.

b] 만일 p라면 q다.
p다.

∴ q다.

이 형식은 논증에서 논증 형식이나 논증 구조로 옮아가는 또 하나의 실례를 보여 주고 있다. b]는 논증이 아니라 논증의 틀이기 때문이다. 문자 "p"와 "q"는 진술이 아니라 그저 빈칸을 나타내는 문자일 뿐이다. 그러나 이 두 문자에 진술이 대입되면 논증이 만들어지게 된다. 물론 하나의 진술이 모든 "p"의 자리에, 그리고 또 하나의 진술이 모든 "q"의 자리에 한결같이 대입되어야 한다는 것이 필수 조건이다. 이런 방식으로 대입이 이루어진다면, 그 결과 만들어진 논증은 "p"와 "q"의 자리에 어떤 진술이 대입되었느냐에 관계없이 타당하다. 실제로 우리는 의심스럽거나 그른 진술을 "p"와 "q"에 대입하여 전제들을 의심스럽거나 그르게 만들 수도 있는데, 이런 경우에도 우리는 만일 전제가 옳다면 결론이 옳다고 장담할 수 있다. 이 사실은 다시 한번 연역 논증의 타당성이 오직 논증의 형식에 의해서만 결정될 뿐이지, 논증의 내용에 의해서 결정되지 않는다는 것을 예증하고 있다.

형식 b]가 전건 긍정 논법이라 불리는 이유는 쉽게 알 수 있다. 이 형식에 따라 만들어진 논증은 첫번째 전제가 조건 진술인데, 이 조건 진술의 전건을 두 번째 전제가 긍정한다는 데에 특징이 있기 때문이다. 이 형식의 결론은 첫번째 전제의 후건이다. 전건 긍정 논법으로 만들어진 논증의 다른 예를 하나 더 살펴보자.

c]   288은 9로 나누어지는가? 만일 288의 세 숫자의 합이 9로 나누어지는 수라면 288은 9로 나누어진다. 그런데 2+8+8=18이고, 18은 9로 나누어지므로, 288은 "9로 나누어진다."

우리가 접하게 되는 대부분의 논증처럼 논증 c]는 논리적 표준 형태로 제시되지 않았다. 위의 논증을 정리해서 표준 형태로 적으면 다음과 같다.

d] 만일 288의 세 개의 숫자의 합이 9로 나머지 없이 나누어지면, 288은 9로 나머지 없이 나누어진다.
288의 세 개의 숫자의 합은 9로 나머지 없이 나누어진다.
∴ 288은 9로 나머지 없이 나누어진다.

이 논증은 형식 b]를 지니고 있고, 따라서 타당한 논증이다.

연역 논증의 타당한 형식에는 후건 부정 논법(後件 否定 論法, denying the consequent 또는 *modus tollens*)이라 불리는 형식도 있다.

e] 만일 오늘 저녁에 폭풍이 분다면, 기압이 내려갈 것이다.
기압이 내려가고 있지 않다.
∴ 오늘 저녁에 폭풍이 불지 않을 것이다.

이 논증은 아래의 형식으로 되어 있다.

f] 만일 p라면 q다.
q가 아니다.
∴ p가 아니다.

이 형식이 후건 부정 논법이라 불리는 이유는 쉽게 알 수 있다. 이 형식에 따라 만들어진 논증은 첫번째 전제가 조건 진술인데, 이 조건 진술의 후건을 두 번째 전제가 부정한다는 데에 특징이 있기 때문이다. 다른 예를 좀더 살펴보자.

g] 그는 왕관을 쓰지는 않았네. 그러므로 그가 야심이 없었다는 것은 확실하네.[1)]

---

1) William Shakespeare, *Julius Caesar,* Act Ⅲ, Scene Ⅱ.

이 논증 역시 표준 형태로 바꾸어 적어야 할 논증이다. 이 논증에는 전제가 하나 생략되어 있는데, 그건 쉽게 보충할 수 있을 것이다.

h] 만일 씨이저가 야심을 가졌다면, 그는 왕관을 차지했을 것이다.
씨이저는 왕관을 차지하지 않았다.
∴ 씨이저는 야심이 없었다.

원래의 논증 g]에 있는 "그러므로"라는 말은 결론을 알려 주고, "확실하다"는 말은 연역 논증의 필연성을 뜻하는 것으로 보아야 한다. 따라서 논증 h]는 형식 f]를 지니고 있는 것이 분명하다.

후건 부정 논법은 때로 약간 다른 형태를 취하기도 한다. 다음의 예가 그런 경우다.

i] 부루터스 아, 카스카. 씨이저가 매우 슬퍼 보였다니, 오늘 무슨 일이 있었는지 말해 주오.
카 스 카 아니, 당신은 그와 함께 있었을 텐데, 안 그래요?
부루터스 그렇다면 무슨 일이 있었냐고 안 물을 것 아니요.[2)]

위의 대사는 다음과 같이 논증으로 재구성될 수 있다.

j] 만일 내가 씨이저와 함께 있었다면, 나는 무슨 일이 있었냐고 묻지 않았을 것이다.
나는 무슨 일이 있었냐고 물었다.
∴ 나는 씨이저와 함께 있지 않았다.

위의 논증의 경우에는 첫번째 전제의 후건이 부정 진술인데, 그 때문에 이 후건을 부정하는 두 번째 전제는 긍정 진술이어야 한

2) *Ibid.*, Act Ⅰ, Scene Ⅲ.

다. 이 일은 형식 f]를 약간 변형시킨 형식을 만들어 내게 된다. 아래의 형식이 그것이다.

k]　만일 *p*라면 *q*가 아니다.
　　*q*다.
　∴ *p*가 아니다.

이 형식도 후건 부정 논법이기는 마찬가지다.

지금까지 살펴본 두 개의 논증 형식에 대한 더 좋은 예가 자유 의지에 관한 철학적 문제의 핵심에 도사리고 있다. 자유 의지 문제와 관련 있는 고전적 경우를 예로 사용하여 좀더 깊이 살펴보자.

l]　기원 전 1세기에 활동했던 로마의 시인인 루크레티우스(Titus Carus Lucretius, 97?~55?)는 〈사물의 본성에 대하여〉라는 유명한 책에서 모든 것이 원자들로 구성되어 있다고 주장하였다. 더욱이 그는 원자들이 자발적으로 비결정적 이탈을 일으킨다고 주장하였다. 왜냐하면 만일 개개의 원자의 운동이 그에 앞선 운동에 의해서 엄격하게 결정되어 있다면, 자유 의지의 근원을 어디에서도 발견할 수 없기 때문이다. 루크레티우스에게는 사람이 자유 의지를 갖는다는 것이 분명하였으므로, 그는 결정론이 성립할 수 없다고 결론을 내렸다.

루크레티우스의 논증의 핵심은 다음과 같이 간추릴 수 있다.

m]　만일 결정론이 성립한다면, 사람은 자유 의지를 갖지 못한다.
　　사람은 자유 의지를 갖는다.
　∴ 결정론은 성립하지 못한다.

이 논증은 타당하다. 이 논증은 후건 부정 논법의 한 예이기 때문이다. 따라서 이 논증을 공격할 수 있는 유일한 방도는 두 전제의 진리성을 공격하는 것뿐이다.

그렇지만 사람이 자유 의지를 갖는다는 것보다 결정론이 성립한다는 것이 더 분명하다고 생각하는 철학자들은 다른 논증을 구성하여 제시한다.

n] 만일 결정론이 성립한다면, 사람은 자유 의지를 갖지 못한다.
결정론은 성립한다.
∴ 사람은 자유 의지를 갖지 못한다.

이 논증 역시 타당하다. 이 논증은 전건 긍정 논법, 즉 형식 b]의 한 예이기 때문이다. 그러나 이 논증의 결론을 승인하기 위해서는 논증 m]의 두 번째 전제의 진리성을 부정해야 한다. 논증 m]을 승인하는 사람들과 논증 n]을 승인하는 사람들 사이에 벌어지는 논쟁의 쟁점은 논증의 타당성에 있지 않다. 두 논증이 모두 타당하기 때문이다. 이 논쟁의 쟁점은 전제들의 진리성이다. 다시 살펴보면 두 논증에 걸쳐서 세 개의 진술이 전제로 사용되고 있음을 알 수 있을 것이다. 그런데 이 세 개의 진술은 서로 양립 불가능하기 때문에 동시에 모두 옳을 수는 없다. 그러므로 이 철학적 논쟁은 세 개의 전제 중에서 어느 전제가 그른가라는 문제가 어떻게 판결나는가에 달려 있다.

위에서 살펴본 두 개의 타당한 형식과 혼동을 일으킬 정도로 흡사하면서 실은 부당한 논증 형식이 두 개 있다. 이 두 형식 가운데 첫번째 형식은 후건 긍정 오류(後件 肯定 誤謬, fallacy of affirming the consequent)라고 부른다. 아래 예를 살펴보자.

o] 이것 봐, 우리 팀이 후반전 경기를 안이하게 하지 않으면, 이 경기에서 이길 걸세. 물론 나는 우리 팀이 이긴다는 것을 아니까 우리 팀은 후반전 경기를 안이하게 하지 않을 걸세.

이 논증을 표준 형태로 바꾸면 다음과 같다.

p] 만일 우리 팀이 후반전 경기를 안이하게 하지 않으면, 우리 팀은 이 경기에서 이길 것이다.
우리 팀은 이 경기에서 이긴다.
∴ 우리 팀은 후반전 경기를 안이하게 하지 않을 것이다.

이 논증은 다음과 같은 형식을 가지고 있다.

q] 만일 p라면 q다.
q다.
∴ p다.

이 형식은 전건 긍정 논법, 즉 형식 b]라는 타당한 형식과 비슷한 모습을 하고 있다. 그러나 결정적 차이점이 있다. 전건 긍정 논법은 두 번째 전제가 첫번째 전제의 전건을 긍정하고, 결론은 첫번째 전제의 후건이다. 이에 비해서 후건 긍정 오류는 두 번째 전제가 첫번째 전제의 후건을 긍정하고, 결론은 첫번째 전제의 전건이다.

후건 긍정 오류의 부당성은 "반대 사례 방법"(제2장 제1절)에 의해서 쉽게 밝힐 수 있다. 우리는 이 형식을 사용하여 전제는 모두 옳은 데도 결론이 그른 논증을 아래와 같이 구성할 수 있기 때문이다.

r] 만일 백악관이 캘리포니아주에 있다면, 그것은 미국에 있다.
백악관은 미국에 있다.
∴ 백악관은 캘리포니아주에 있다.

두 번째 부당한 논증 형식은 전건 부정 오류(前件 否定 誤謬, fallacy of denying the antecedent)라고 불린다. 이 형식은 후건 부정 논법이라는 타당한 형식과 상당히 비슷한 모습을 하고 있다. 다음의 논증을 살펴보자.

s] 만일 리차드가 증언을 하려고 한다면, 그는 결백하다.
리차드는 증언을 하려고 하지 않는다.
∴ 리차드는 결백하지 않다.

위의 논증은 다음의 형식을 가지고 있다.

t] 만일 p라면 q다.
p가 아니다.
∴ q가 아니다.

누군가의 선거 연설중에 다음과 같은 구절이 섞여 있었다면, 이는 전건 부정 오류를 범한 또 다른 예일 것이다.

u] 신사 숙녀 여러분. 그래서 저는 만일 여러분이 더 많은 세금을 내고 더 적은 재산을 갖기 원하신다면, 즉 만일 깨끗하고 정직한 정부를 가질 가치가 없다고 느끼신다면, 저의 반대자에게 찬성 투표해야 할 것이라고 말씀드리는 것입니다. 그러나 저는 여러분이 예의 바르고 지성 있는 분들이라는 걸 잘 압니다. 따라서 저는 투표일에 여러분의 지지를 확신합니다!

이 논증은 다음과 같이 분석될 수 있다.

v] 만일 여러분이 더 많은 세금을 내고 더 적은 재산을 갖기 원하고, 또 깨끗하고 정직한 정부를 가질 가치가 없다고 느낀다면, 나의 반대자에게 찬성 투표해야 할 것이다.
여러분이 더 많은 세금을 내고 더 적은 재산을 갖기 원한다는 것도, 깨끗하고 정직한 정부를 가질 가치가 없다고 느낀다는 것도 사실이 아니다.

∴ 여러분은 나의 반대자에게 찬성 투표해서는 안 된다.

실제로 사람들은 "만일"이란 말을 흔히 "만일 그리고 오직 그 경우에만"이라는 뜻으로 사용한다. 혹시 위의 논증의 첫번째 전제가 이런 방식으로 해석된다면, 연설의 수사학적 힘을 상당히 잃기는 하겠지만, 위의 논증은 타당한 논증이 될 것이다.

전건 부정 오류가 부당하다는 것을 반대 사례 방법에 의해서 밝히기는 쉬운 일이다.

w] 만일 백악관이 캘리포니아주에 있다면, 그것은 미국에 있다.
백악관은 캘리포니아주에 있지 않다.
∴ 백악관은 미국에 있지 않다.

후건 긍정 오류와 전건 부정 오류의 실례들 가운데에는 분명히 드러내어 언급해 둘 가치가 있는 특수한 실례가 양쪽 모두에 있다. 이미 앞에서 설명한 바와 같이 타당한 연역 논증의 경우에는 만일 전제가 옳다면 결론도 옳아야 한다. 이제 우리가 논증의 타당성과 결론의 진리성이 밝혀진 어떤 논증을 대하고 있다고 가정해 보자. 이런 경우 우리는 이를 근거로 하여 전제의 진리성에 관하여 무언가 주장할 수 있을까? 아마 대개는 이 논증의 전제가 옳다고 주장하고 싶어질 것이다. 그러나 이 주장은 후건 긍정 오류를 범하게 된다.

x] 만일 이 논증의 전제가 옳다면, 이 논증의 결론도 옳다.
(즉 이 논증은 타당하다).
이 논증의 결론은 옳다.
∴ 이 논증의 전제가 옳다.

따라서 결론의 진리성을 근거로 삼고 전제의 진리성을 추리하는 것은 논리적 과오다. 마찬가지로 대개의 사람은 만일 그른 전제를 가진 타당한 논증을 대하면 결론도 그르다고 말하고 싶어질 것이다. 이 주장은 아래와 같이 전건 부정 오류를 범하게 된다.

y] 만일 이 논증의 전제가 옳다면, 이 논증의 결론도 옳다.
(즉 이 논증은 타당하다).
이 논증의 전제는 옳지 않다.
∴ 이 논증의 결론은 옳지 않다.

어떤 사람이 전제들 가운데 일부를 생략한 채로 논증을 제시했을 때에는 그 사람이 심중에 갖고 있는 문제의 전제를 밝혀 낼 수 없는 경우가 때로 있다. 생략되어 있는 전제를 선택하는 일은 우리가 할 수밖에 없는데, 선택할 수 있는 전제가 여러 개 있기 때문이다. 아래 상상의 대화를 살펴보자.

z] 월요일 아침이었다. 존도 하비도 일하고 싶은 생각이 없어서 음료수 냉각기를 돌리면서 동료에 대한 잡담으로 시간을 보내고 있었다.

존이 말했다. "헨리가 전혀 술을 마시지 않던데, 알고 있나? 지난 금요일에 일이 끝난 후 우리는 모두 엘름 거리에 있는 그 조그만 술집에 들렀었지. 자네도 함께 갈 수 없었던 건 유감이지만 말야. 그런데 헨리는 커피만 마셨었네. 또 지난 봄 회사 소풍 때 일도 생각나는군. 자네도 알다시피 그 땐 맥주가 넘쳐 흘렀지. 그 때도 그 친구는 얼음탄 홍차만 마셨었지. 그 친구에게 무슨 곡절이 있는가?"

"글세, 자네가 알다시피 나는 헨리하고 여러 해 전부터 알고 지내지만, 그가 술을 입에 대는 걸 결코 본 적이 없네." 하비가 대답했다.

"자네 말은 그가 절대 금주자라는 뜻인가?" 존은 상당히 놀란 표정으로 물었다. "그것 참 이상한데, 그가 금욕주의자라는 인상은 전혀 받질 못했었는데 말야."

이 대화에는 논증들이 포함되어 있지만, 다른 경우와 마찬가지로 논증들을 간추려 낼 필요가 있다. 첫째로 헨리가 어떤 종류의 술도 전혀 마시지 않는 금주자라는 결론을 입증하기 위해서 귀납 논증이 진행되고 있다. 존은 이 결론을 전제로 삼고 헨리가 금욕주의자라는 것, 즉 술을 절대로 안 마신다는 도덕적 원칙을 고수하는 사람이라는 것을 추리하고 있다. 이 전제가 논증에서 빠져 있으므로 우리는 이 전제를 보충해야 한다. 그러면 존의 논증은 다음과 같이 구성될 수 있다.

aa] 만일 헨리가 전혀 술을 마시지 않는다면, 그는 음주에 대한 도덕적 금기를 갖고 있다.
헨리는 전혀 술을 마시지 않는다.
∴ 헨리는 음주에 대한 도덕적 금기를 갖고 있다.

이 논증은 전건 긍정 논법의 한 예이므로 타당한 논증이다. 그러나 우리가 보충한 전제가 옳다고 믿을 근거가 없다는 데 문제가 있다. 우리의 상식에 따르면 헨리가 건강이 좋지 않거나 술맛을 싫어해서 술을 마시지 않을 수도 있기 때문이다. 따라서 다음과 같이 다른 전제를 보충해야 할 것 같다.

bb] 만일 헨리가 음주에 대한 도덕적 금기를 갖고 있다면, 그는 전혀 술을 마시지 않을 것이다.
헨리는 전혀 술을 마시지 않는다.
∴ 헨리는 음주에 대한 도덕적 금기를 갖고 있다.

이번에 보충된 전제는 앞에서 사용한 전제보다 이 경우에 훨씬 더 잘 들어맞는 전제라고 하겠다. 그러나 이번에는 논증이 부당하다. 왜냐하면 이 논증은 후건 긍정 오류의 한 예이고, 또 이 논증을 타당한 논증으로 만들어 줄 다른 어떤 형식도 이 논증에서 찾아 내기 어렵기 때문이다. 제 1 장 제 1 절에서 확인했던 기본 방침에 따르면 우리는 어떤 논증을 대했을 때 그 논증을 타당한 형식과 옳은 전제 ― 아니면 적어도 옳을 가능성이 큰 전제 ― 를 가진 논증으로 구성하는 데 최선의 노력을 다 해야 한다. 그러나 이 경우에는 이 일이 성공적으로 이루어질 수 있는 방도가 전혀 없다고 하겠다.

4. 귀류 논증

귀류 논법(歸謬 論法, reductio ad absurdum)은 널리 사용되고 있을 뿐만 아니라 매우 효과적으로 쓰이는 타당한 논증 형식이다. 이 논증 형식은 가끔 긍정적 결론을 확립하기 위해서 사용되기도 하지만, 상대방의 주장을 논박하기 위해서 사용되는 경우가 더 흔하다.

이 논증 형식의 기본 발상은 매우 단순하다. 이제 "*p*다"라는 진술이 옳다는 것을 증명하려 한다고 해보자. 논증은 "*p*다"라는 진술이 그르다는 가정, 즉 "*p*가 아니다"라는 진술이 옳다는 가정을 세우면서 시작한다. 이 가정을 근거로 하여 그르다고 이미 밝혀져 있는 진술을 결론으로 연역한다. 이렇게 되면 그른 결론이 "*p*가 아니다"라고 가정한 전제에서 타당한 연역 논증을 통해서 나왔기 때문에 "*p*가 아니다"라는 가정은 그를 수밖에 없게 된다. 따라서 만일 "*p*가 아니다"라는 가정이 그르다면 "*p*다"라는 진술이 옳을 수밖에 없는데, 이 "*p*다"라는 진술은 처음에 진리성을 증명하려고 했던 바로 그 진술이다.

가정 "*p*가 아니다"에서 그른 결론을 연역하는 논증을 부속 연역(附屬 演繹, sub-deduction)이라 한다. 부속 연역은 타당한 형식이기만 하면 어떤 형식을 사용해도 괜찮다. 어떤 특정한 귀류 논증의 타당성은 그 속에 포함되어 있는 부속 연역의 타당성 여부에 의해서 결정된다. 어떤 특정한 귀류 논증은 그 속에 포함되어 있는 부속 연역이 부당하다는 것을 밝힘으로써 공격당할 수 있지만, 귀류 논법이라는 일반 형식은 (부속 연역의 타당성을 전제 요건으로 삼고 있어서) 타당한 형식이기 때문에 공격할 방도가 전혀 없다. 더 나아가 귀류 논법에 의해서 "p다"라는 진술에 대해 이루어지는 증명의 확실성도 부속 연역의 결론이 그르다는 사실에 근거를 두고 있다.

부속 연역의 결론은 누구나 그르다고 이의 없이 받아들이는 진술이거나 실제로 자체 모순 진술(제 4 장 제 3 절 참조)일 것이다. 부속 연역의 결론이 증명 대상인 "p다"라는 진술 바로 그것인 경우도 흔하다. 그러나 이런 상황은 부속 연역의 결론이 자체 모순 진술인 경우들 가운데 특수한 경우라 할 수 있다. 왜냐하면 만일 "p가 아니다"라는 가정을 근거로 삼고 "p다"를 연역할 수 있다면, 결국 "p가 아니다"를 근거로 삼고 "p다"와 "p가 아니다"를 둘 다 연역하게 되는 셈인데, 이렇게 해서 만들어지는 결론 즉 "p이면서 p가 아니다"라는 진술은 자체 모순 진술이기 때문이다.

귀류 논법은 아래와 같은 형식으로 정리할 수 있다.

a]	증명 대상	p다.
	가 정	p가 아니다.
	연 역	그른 진술—세 가지 경우가 있다.
		① p다(가정의 모순 진술).
		② q이면서 q가 아니다(자체 모순 진술).
		③ r이다(그르다고 이미 알려져 있는 진술).
	결 론	∴ "p가 아니다"라는 가정은 그르다.
		그러므로 p가 옳다.

귀류 논법은 후건 부정 논법과 밀접한 관계가 있다. 아래의 논

증이 그 관계를 잘 보여 줄 것이다.

b] 만일 부속 연역의 가정, 즉 전제가 옳다면, 부속 연역의 결론이 옳다(다시 말하면 부속 연역이 타당하다).
부속 연역의 결론이 옳지 않다.
∴ 부속 연역의 가정, 즉 전제가 옳지 않다.

귀류 논법은 수학에서 자주 사용되는데, 수학에서는 흔히 간접 증명(間接 證明, indirect proof)이라 부른다. 수학에 나타났던 고전적 실례를 하나 예로 들겠는데, 이 실례는 단순함과 우아함 때문에 아주 유명한 논증이다.

c] 유리수는 단순 분수 즉 두 정수(자연수)의 비(比, ratio)로 표현될 수 있는 수다. 고대 희랍 시대의 철학자이자 수학자였던 피타고라스(Pythagoras, 582?~500? B.C.)는 제곱해서 2가 되는 유리수가 없다는 사실, 달리 말하면 2의 제곱근은 무리수라는 사실을 발견했던 것으로 인정되고 있다. 이 결론은 귀류 논법에 의해서 쉽게 증명된다.

증명을 위해서 제곱하여 2가 되는 수가 있다고 가정하자. 그리고 이 수가 기약 분수 a/b로 표현된다고 하자. 다시 말해 이 수를 표현하는 분수들 가운데서 분모와 분자가 1보다 큰 공약수를 갖는 분수는 버리기로 한다.

그렇다면 이 분수는 a와 b가 1보다 큰 공약수를 갖지 않는다는 조건 아래서 다음과 같이 표현될 수 있다.

$2=(a/b)^2$ 또는 $a^2=2b^2$

위의 식에서 a^2은 b^2의 2배이므로 짝수다. 그런데 모든 홀수의 제곱은 홀수이기 때문에 제곱수가 짝수인 a는 짝수임에 틀림없다.

다시 a가 짝수니까 $a/2$를 c라 하면, a를 $2c$로 표현할 수 있다. 그렇다면 a^2은 $4c^2$이 되므로 위의 식은 다음과 같이 바꾸어 쓸 수 있다.

$4c^2=2b^2$ 따라서 $2c^2=b^2$

위의 식에서 b^2이 짝수이므로 b도 역시 짝수일 수밖에 없다. 결국 a와 b는 둘 다 짝수라는 사실이 밝혀졌다. 이 결론은 a/b가 기약 분수로 표현된 유리수라는 가정에 모순되는 진술이다. 그러므로 제곱해서 2가 되는 유리수는 없다.

귀류 논증을 많이 만날 수 있는 또 하나의 뛰어난 고전은 플라톤(Plato, 427?~347? B.C.)의 대화편들이다. 이 대화편들 속에서 소크라테스(Socrates, 469?~399 B.C.)는 상대방에게 질문을 하고, 그 물음에 대한 대답이 나오면 그 답이 인정할 수 없는 귀결에 이르게 된다는 것을 밝힘으로써 반박하고 있는데, 소크라테스의 이 활동은 각 대화편에서 동일한 형태로 반복되고 있다. 다음에 짧고 단순한 예를 하나 들겠다.

d] "좋은 말씀을 하셨오, 케팔루스" 하고 내가 말을 꺼냈네. "그런데 방금 말씀하신 정의(正義, 올바름)에 관하여 생각해 봅시다. 어떨까요, '진실을 말하고 빚을 갚는다'—이것으로 충분할까요? 이 정의조차 예외가 있는 건 아닐까요? 이런 경우를 생각해 봅시다. 한 친구가 정상적 정신 상태일 때 나에게 무기를 맡겼다가 나중에 비정상적 정신 상태일 때 그 무기를 돌려 달라고 요구한다면, 그에게 무기를 당연히 돌려 주어야 할까요? 누구도 무기를 돌려 주어야 한다든가, 무기를 돌려 주는 행동이 올바르다고 주장하지 않을 건 확실합니다. 그렇다면 정상적 정신 상태가 아닌 사람에게 곧이 곧대로 진실을 말해야 한다는 쪽은 더 말할 필요도 없다고 해야 하겠습니다."

"참으로 옳은 말씀입니다." 그가 대답했네.

그래서 내가 "그렇다면 '진실을 말하고 빚을 갚는다'라는 정의는 정의(올바름)에 대한 정확한 정의가 못되는군요"라고 말했다네.

이 논증의 구조는 매우 분명하다.

e] 증명 대상 "진실을 말하고 빚을 갚는다"는 것은 정의(正義, 올바름)에 대한 정확한 정의가 아니다.

가 정 "진실을 말하고 빚을 갚는다"는 것은 정의에 대한 정확한 정의다.

연 역 미친 사람에게 무기를 주는 것은 올바르다.
그러나 이는 불합리하다.

결 론 ∴ "진실을 말하고 빚을 갚는다"는 것은 정의에 대한 정확한 정의가 아니다.

귀류 논증의 마지막 예로서 칸트(Immanuel Kant, 1724~1804)의 이율 배반(二律 背反, antinomy)을 살펴보자. 칸트의 네 개의 이율 배반은 각기 정명제(正命題, thesis, 증명 대상인 명제)의 증명과 반명제(反命題, antithesis, 증명 대상인 명제의 부정 명제)의 증명을 포함하고 있다.[3] 이 여덟 개의 증명은 모두 귀류 논증으로 이루어져 있다. 첫 번째 이율 배반 속의 정립 명제에 대한 증명을 아래에 예시하겠다.

f] 증명 대상 세계가 시작된 시점이 있다. …

증 명 세계가 시작된 시점이 없다고 가정해 보자. 그렇다면 어느 순간이든 그 시점까지 영원한 시간이 흘렀어야 하고, 그와 함께 이 세계 속의 사물들에

3) Plato, *The Republic,* Book I. From *The Dialogues of Plato,* B. Jowett, trans.(New York: Macmillan, Inc., 1892), III, 6.

> 의해 계속 이루어졌던 무수한 조건이나 상태의 무한 계열이 지나갔어야 한다. 그런데 계열의 무한성은 결코 어느 순간에 말항이 결정되어—비록 다음 순간에는 다른 말항이 만들어진다 해도—계열이 종결될 수 없다는 점에서 성립한다. 그러므로 이미 모조리 전개된 무한 계열은 불가능할 수밖에 없고, 따라서 세계의 시작은 세계가 실존하기 위한 필요조건이라는 결론이 나온다. 그런데 이 결론은 원래 증명하려고 했던 바로 그 명제다.[4]

지금까지 인용한 예에 관해서 세 개의 귀류 논증이 포함하고 있는 부속 연역의 타당성에 대해서는 특별할 관심을 기울이지 않았다. 오히려 귀류 논법이라는 형식을 밝히는 데 주안점을 두었다. 그렇지만 예 c] 속의 부속 연역은 올바른 논증이고, 예 f] 속의 부속 연역은 거의 확실히 올바르지 못한 논증이며, 예 d] 속의 부속 연역은 아무리 잘 보아 주려고 해도 상당히 의심스러운 논증이라고 평가해야 할 것이다.

---

4) Immanuel Kant, *Critique of Pure Reason,* J. M. D. Meiklejohn(New York: The Colonial Press, 1900), p. 241.

5. 딜레마 논증

사람들은 보통 어떤 사람이 두 가지 싫은 선택지 가운데 하나를 택하지 않을 수 없을 경우에 그 사람이 딜레마, 즉 진퇴 양난의 입장에 빠졌다고 말한다. 예를 들어 보자.

a]　브라운 양은 그런 사실이 없는 데도 영문 모르게 교통 위반으로 고발되었기 때문에 법원에 출두하지 않을 수 없게 되었다. 담당 판사는 그녀에게 혐의 사실에 승복할 것인지 무죄를 주장할 것인지 물었다. 이것이 브라운 양이 처한 딜레마 상황이다.

브라운 양은 승복하거나, 무죄를 주장해야 한다.
만일 그녀가 승복한다면, 범하지 않은 위반에 대하여 25달러의 벌금을 물어야 한다.
만일 그녀가 무죄를 주장한다면, 어느 날 하루를 법정에서 보내야 한다.
∴ 그녀는 범하지 않은 위반에 대하여 25달러의 벌금을 물거나 어느 날 하루를 법정에서 보내야 한다.

그러나 어떤 경우에는 어느 쪽도 전혀 포기하고 싶지 않는데, 선택이 강요된다는 사실이 그 상황의 유일하게 싫은 대목인 수가 있다.

b] 존슨 씨는 지금 훌륭한 음식점에서 맛있는 식사를 거의 끝내가고 있는 중이다. 웨이터가 와서 후식은 무엇을 들겠냐고 묻는다. 그는 짐짓 심히 곤혹스러운 표정을 지어 보이며 이렇게 대답한다. "이건 아주 난처한 딜레마로군, 도저히 딸기 파이와 초콜렛 케익 가운데 하나만 고를 수 없으니 말씀이야!" 이 경우 딜레마는 그가 둘 다 요구할 수 없다는 조건으로 인해 파이를 택하면 케익을 못 먹게 되고, 케익을 택하면 파이를 못 먹게 된다는 사실 때문에 일어난다. 그는 어느 쪽을 택하든 아주 좋아하는 두 가지 후식 가운데 하나를 놓칠 수밖에 없다.

위의 두 논증은 타당한 논증인데, 둘 다 딜레마 논법(Dilemma) 또는 양도 논법(兩刀 論法)이라 불리는 아래의 형식을 지니고 있다.

c] *p*거나 *q*다.
만일 *p*라면 *r*이다.
만일 *q*라면 *s*다.
∴ *r*이거나 *s*다.

논리학에서는 형식 c]로 이루어진 모든 논증을 — 결론을 싫어하든 않든 관계 없이 — 딜레마 논증 또는 양도 논증이라 부른다. 딜레마 논증은 토론이나 논쟁에서 상대방이 피하려는 결론을 승인시키는 일에 아주 효과적으로 사용되는 논증 유형이다.

다음의 유명한 실례는 딜레마 논법의 약간 특수한 형태를 보여주고 있는데, 딜레마 논증이 토론이나 논쟁에서 어떻게 쓰이는가를 잘 보여 준다.

d] 옛날 희랍 시대에 변론술을 가르치는 교사가 어느 제자와 계약을 맺은 적이 있었다. 그 계약은 만일 그 제자가 변론술

을 배운 후 첫번째 변론에서 이기지 못하면 변론술을 배운 대가를 지불하지 않아도 좋다는 것이었다. 그 제자는 변론술을 다 배운 뒤에 전혀 소송 사건을 맡지 않았다. 그래서 선생은 기다리다 못해 보수를 받아 내기 위해서 법정에 고소하였다. 법정에서 그 제자는 다음과 같은 논증으로 자신을 변호하였다.

저는 이 소송에서 이기거나 질 것입니다.
만일 제가 이긴다면 선생님께 보수를 지불하지 않아도 됩니다.
(보수를 요구하는 소청이 기각될 테니까요).
만일 제가 진다면 선생님께 보수를 지불할 필요가 없습니다.
(원래 약속 조건이 그러니까요)
∴ 저는 어쨌든 보수를 지불할 필요가 없습니다.

그러자 선생은 아래와 같은 논증을 제시하였다.

나는 이 재판에서 이기거나 질 걸세.
만일 내가 이긴다면 자네는 보수를 지불해야 하네.
(보수를 요구하는 소청이 인정될 테니까)
만일 내가 진다면 자네는 보수를 지불해야 하네.
(원래 약속 조건이 그러니까)
∴ 자네는 어쨌든 보수를 지불할 수밖에 없네.

이 재판이 어떻게 판결되었는지는 알려져 있지 않지만, 이 두 개의 딜레마 논증은 원래의 계약에 자체 모순(제 4 장 제 3 절 참조)이 드러나지 않은 채로 포함되어 있었다는 것을 보여 주고 있다. 위의 딜레마 논증은 둘 다 아래의 형식을 지니고 있다.

e] p거나 p가 아니다.
만일 p라면 r이다.
만일 p가 아니라면 r이다.

∴ r이다.

형식 e]가 형식 c]의 특별한 경우라는 것은 분명하다.

옛날부터 논란을 일으켜 온 악(惡)에 관한 신학적 문제는 딜레마 논증으로 요점을 제시할 수 있다. 그 논증은 다음과 같다.

f] 이 세계에는 악이 있다. 이는 신이 악을 막을 수 없거나 악을 막고 싶어하지 않는다는 것을 뜻한다. 만일 신이 악을 막을 수 없다면, 신은 전능하지 못하다. 만일 신이 악을 막고 싶어하지 않는다면, 신은 자비롭지 않다. 그러므로 신은 전능하지 못하거나 자비롭지 않다.

이 논증은 타당하다. 이 논증이 형식 c]를 지니고 있기 때문이다. 신학적 논쟁이야 어떻게 전개되건 우선 이 논증의 타당성은 전제들의 진리성과 전혀 관련이 없다는 사실을 다시 한번 깨달아야 하겠다. 이 논증을 둘러싸고 어떤 신학자는 이 세계에 악이 있다는 전제를 거부하기도 하고, 어떤 신학자는 신이 악을 막고 싶어하지 않는다면 자비롭지 않다는 전제를 거부하기도 한다. 그러나 위의 논증이 타당하다는 사실은 의문의 여지가 없다.

앞의 제 2 장 제 3 절에서 예를 통해서 자유 의지와 결정론에 관한 문제를 언급한 적이 있었다. 이 문제는 또 다른 딜레마 논증을 만들어 낸다.

g] 많은 철학자가 의지와 행동을 일으키는 일까지 포함해서 모든 사건이 선행 원인에 의해서 완전히 결정된다면, 사람은 자유 의지를 가질 수 없다고 주장한다. 그렇지만 어떤 철학자들은 만일 약간의 사건—예컨대 사람의 행동—이 선행 원인에 의해서 완전히 결정되지 않는다면 자유 의지가 불가능하기는 마찬가지라고 주장한다. 왜냐하면 얼마나 많은 사건이

우연히 일어나든 이런 사건은 사람의 자유 의지와 조금도 관계가 없기 때문이다. 그러므로 자유 의지는 엄격한 인과 관계와 양립할 수 없는 것과 마찬가지로 우연과도 양립할 수 없다. 이 두 신조를 모두 인정하는 사람은 다음과 같은 딜레마 논증에 부딪치게 된다.

만일 결정론이 성립하면, 사람은 자유 의지를 갖지 못한다.
만일 결정론이 성립하지 못하면, 사람은 자유 의지를 갖지 못한다.
결정론은 성립하거나 성립하지 못한다.
∴ 사람은 자유 의지를 갖지 못한다.

이 논증은 딜레마 논법의 특수한 경우인 형식 e]를 지니고 있다. 따라서 이 논증 역시 타당하다.

형식 c]나 e]로 이루어지는 딜레마 논증이 타당한 논증이라는 사실은 f]와 g] 같은 논증에 중대한 결과를 초래한다. 일상 생활에서 보면 이 두 논증의 두 결론 가운데 어느 하나를 거부하거나 둘 다를 거부하려는 사람이 많다. 이런 사람들은 신이 완전하다고 믿고 있을 것이고, 그래서 신이 전능하면서 동시에 자비로울 수 없다는 결론을 승인하지 않으려고 한다. 그러면서도 그들은 사람의 선택의 자유와 행동의 자유에 높은 가치를 부여한다. 하지만 옳은 전제와 그른 결론을 갖는 타당한 논증은 있을 수 없으므로, 위의 두 논증의 결론 가운데 어느 하나를 피할 수 있는 유일한 방법은 결론이 연역되어 나온 전제들 가운데 최소한 어느 하나를 거부하는 것뿐이다.

딜레마 논증은 수사학적으로 중요하기 때문에, 이 논증 유형과 관련해서 특별한 어구들이 옛날부터 사용되고 있다. 어떤 사람이 승인하기 싫은 결론이 연역되어 나온 전제들 가운데 어느 것에 대해서도 성공적으로 도전하지 못하면 "딜레마의 뿔에 찔렸다"고 한다. 논쟁자가 첫번째 전제 즉 "또는"을 포함하고 있는 선언 진술을 부정하면 "뿔 사이로 피해 간다"고 한다. 예컨대 이 세계에는 어떠한 악도 없다. 즉 모든 것이 세계 전체의 계획 속에서는 최선의 상태라고 주장하는 사람은 신이 악을 막을 수 없거나 막고 싶어하지 않는다는 진술이 그르다고 주장하는 셈이다. 이렇게 뿔 사이로 피해 가는 일은 논증 f]를 공격하는 한 가지 훌륭한 방책이다.

그러나 이미 짐작하겠지만, 이 방책은 논증 g]처럼 형식 e]로 되어 있는 딜레마 논증에 대해서는 사용할 수 없다. 형식 e]로 되어 있는 딜레마 논증을 성공적으로 공략하려면 조건 진술로 되어 있는 두 전제 가운데 적어도 하나를 거부해야 한다. 이 방책을 쓰면 "뿔을 잡는다"고 한다. 자유 의지에 관한 딜레마 논증은 자유 의지가 비결정론과 양립할 수 없다는 것을 부정하는 사람과 자유 의지가 결정론과 양립할 수 없다는 것을 부정하는 사람의 공격을 받는 일이 흔하다.

그러고 보면 딜레마 논증에 대처할 때 성공할 가망이 전혀 없는 잘못된 대응이 바로 딜레마 논증의 전제들을 승인하면서 결론을 거부하는 응수라 하겠는데, 그 까닭은 다음 절에서 보듯이 딜레마 논법 c]와 e]의 타당성이 쉽게 증명되기 때문이다.

6. 진리치표와 타당성

지금까지 제 3 절에서 제 5 절까지 몇 가지 연역 논증의 형식을 검토하였다. 이 논증 형식들을 사용하는 논증들은 진술들을 구성 성분으로 하여 이루어지며, 이 구성 성분은 그 논증 형식의 타당성이나 부당성을 결정하기 위해 더 이상 분석되어서는 안 된다. 전건 긍정 논법을 예로 들어 살펴보자.

a] 만일 p라면 q다.
p다.
∴ q다.

이 형식은 첫번째 전제가 조건 진술이고, 두 번째 전제가 첫 번째 조건 진술의 전건이며, 결론이 동일한 조건 진술의 후건이기 때문에 타당하다. 이 형식으로 만들어지는 논증은 문자 “p”와 “q” 자리를 어떤 진술이 차지하는가에 관계 없이 타당하다. 이런 논증의 타당성은 그 논증의 구성 성분인 “p”와 “q”를 차지하는 진술의 내부 구조에는 전혀 의존하지 않는다. 이 말은 후건 부정 논법, 귀류 논법, 딜레마 논법에 의해서 만들어지는 논증에도 그대로 적용된다. 이러한 모든 논증은 진리치표 방법(眞理値表 方法, method of truth table)이라는 대단히 효과적인 방법에 의해서 타당성을 증명할 수 있다.

우리말 문장들 가운데에는 예컨대 명령문("담배를 피우지 마시오")과 절규("아야!")와 같이 실제로 옳지도 그르지도 않은 문장이 많이 있다. 지금 우리가 관심을 두고 있는 일은 이런 종류의 문장과는 관계가 없다. 대부분의 서술 문장, 즉 어떤 종류의 정보를 전달하는 일을 주된 기능으로 삼고 있는 문장은 우리가 실제로 옳은지 그른지 모를지라도 옳거나 그르다. 지금까지 진술에 관해서 언급할 때 염두에 두고 있었던 문장은 바로 이런 종류의 문장이다. 서술 문장의 이 진리성(옳음)과 허위성(그름)을 진술의 진리치(眞理値, truth value)라 한다. 개개의 진술은 이 두 가지 진리치 가운데 오직 하나의 진리치만 갖는다. 연역 논증을 분석할 때에는 우리가 진리치를 갖는다고 인정할 수 있는 유형의 문장에만 관심을 갖는 것이 분명한데, 그 이유는 이미 연역 논증의 타당성의 성격을 진리치 개념을 기초로 삼고 만일 전제가 옳다면 결론이 반드시 옳다고 규정하였기 때문이다.

진리치표를 구성하는 일에 기초가 되는 기본 생각은 중합 진술(重合 陳述, compound statement)이 그 구성 성분을 이루는 단순 진술들로 만들어지는 정확한 방법이 있으므로, 중합 진술의 진리치는 구성 성분을 이루는 진술들의 진리치에 의해 완전히 결정된다는 것이다. 이 사실을 보여 주는 가장 쉬운 실례는 어떤 진술에 대한 부정(否定, negation)이다. "제퍼슨은 미국의 초대 대통령이다"라는 진술은 "제퍼슨은 미국의 초대 대통령이 아니다"라는 진술에 의해 부정될 수 있다. 옳은 진술을 부정하면 그 부정 진술은 그른 진술일 것이고, 그른 진술을 부정하면 그 결과는 옳은 진술일 것이다. 부정은 단지 부정되는 진술의 진리치를 반대로 바꾸어 놓을 뿐이다.

부정은 다른 진술을 만들어 내기 위해서 단 하나의 진술에 적용된다. 그런데 두 개의 진술은 그것들로 이루어지는 중합 진술의 진리치가 그 두 구성 성분 진술의 진리치에 의해서 완전히 결정되는 방식으로 결합되는 수가 있다. 예컨대 "링컨은 워싱턴에서 암살당했다, 그리고 케네디는 달라스에서 암살당했다"는 문장은 두 개의 진술이 "그리고"라는 연결사에 의해서 결합되어 이루어진다. 이 중합 진술은 두 개의 옳은 진술의 연언(連言, conjunction)이기 때문에 옳다. 이 경우 중합 진술을 구성하고 있는 두 진술의 내부 구조는 중합 진술의 진리치와 관련이 없다. "p 그리고 q"의 형식으로 되어 있는 모든 중합 진술은 구성 성분을 이루는 두 개의 진술 "p"와 "q"가 둘 다 옳으면 옳은 진술이 된다. 그렇지 않고 구성 성분을 이루는 두 개의 진술이 모두 그르거나 어느 하나가 그르면, 그 중합 진술도 그르게 된다.

그런데 진술들을 결합하는 기능을 가진 다른 연결사들 — 이를테면 "또는," "만일 …라면, (그러면) …이다," "만일 …라면, 그리고 오직 그 경우에만 …이다" — 도 똑같은 식으로 취급될 수 있다. 이런 연결사는 모두 진리 함수 연결사(眞理 函數 連結辭, truth-functional connective)라 하는데, 그 까닭은 이런 연결사에 의해서 구성되는 중합 진술은 모두 그 진리치가 구성 성분을 이루는 두 진술의 진리치에 의해서 완전히 결정되기 때문이다. (달리 말하면 중합 진술의 진리치가 구성 성분을 이루는 두 진술의 진리치의 함수이기 때문이

중합 진술 형식	기호	형식의 이름
p가 아니다.	$\sim p$	부정
p 그리고 q다.	$p \cdot q$	연언
p 또는 q다.	$p \vee q$	선언(포괄)
만일 p라면 q다.	$p \supset q$	함언(실질)
만일 p라면 오직 그 경우에만 q다.	$p \equiv q$	동치(실질)

다). 이 일이 어떻게 이루어지는지 알아보기 위해 몇 가지 표준 기호를 도입하는 일부터 시작하자.

이 연결사 하나 하나의 의미는 아래와 같이 편리한 도표 형식으로 밝힐 수 있다.

〈표 Ⅰ〉

p	$\sim p$
T	F
F	T

〈표 Ⅱ〉

p q	$p \cdot q$	$p \vee q$	$p \supset q$	$p \equiv q$
T T	T	T	T	T
T F	F	T	F	F
F T	F	T	T	F
F F	F	F	T	T
1 2	3	4	5	6

위의 두 표가 진리치표인데, 이 두 표는 진리 함수 연결사들을 정의하고 있다. 이 두 개의 표는 다음과 같이 해석될 수 있다. 〈표 Ⅰ〉은 하나의 진술에 적용되는 연결사의 정의를 보여 주고 있다. (부정은 단 하나의 진술에만 적용됨에도 불구하고 관례에 따라 단항 "연결사"[單項 連結辭, singulary connective]라 부른다). 하나의 진술은 옳거나 그를 수 있지만, 옳은 경우와 그른 경우 둘 다 단지 가능한 경우일 뿐이다. 〈표 Ⅰ〉은 두 경우 각각에 대해서 부정에 의해 이루어지는 결과를 보여 주고 있다. 즉 옳은 진술이 부정되면 그른 진술로 바뀌게 되고, 그른 진술이 부정되면 옳은 진술로 바뀐다는 것을 보여 주고 있다.

〈표 Ⅱ〉는 네 개의 이른바 이항 연결사(二項 連結辭, binary connective), 즉 두 개의 진술을 결합하여 제 삼의 중합 진술을 만들어 내는 연결사들을 정의하고 있다. 그런데 두 가지 진리치를 두 개의 진술에 할당하는 데에는 네 가지 방법이 있다. 〈표 Ⅱ〉의 처음 두 열, 즉 1열과 2열은 이 네 가지 가능성을 보여 주고 있다. 이항 연결사를 정의하기 위해서는 단지 구성 성분을 이루는 두 진술의 진리치들이 만들어 낼 수 있는 조합 하나 하나에 대해서 중합 진술이 갖게 되는 진리치를 언급하기만 하면 된다. 따라서 3열은 중합 진술들 가운데 연언 진술에 대해서 언급할 내용을 간명하게 요약하고 있다. 왜냐하면 연언 진술은 두 개의 구성 성분 진술이 모두 옳을 경우에만 옳고, 그렇지 않은 모든 경우에 그르기 때문이다.

앞의 제 2 절에서 우리는 조건 진술이 다양한 방식으로 표현될 수 있다는 사실을 주목했었는데, 그와 마찬가지로 "그리고" 이외에도 연언 진술을 만들 수 있는 낱말이 상당히 있다. 그 가운데 중요한 예는 "그러나"라는 낱말이다. 어떤 사람이 "링컨은 워싱턴에서 암살당했다, 그러나 케네디는 달러스에서 암살당했다"고 말한다면, "그러나"의 논리적 의미는 "그리고"가 사용되었던 의미, 즉 이 중합 진술이 옳을 수 있으려면 두 개의 연언지(連言肢, conjunct)가 모두 옳아야 한다는 의미와 동일하다. "그러나"라는 낱말은 연언 진술에서 약간의 놀람을 드러내고 있지만, 이러한 놀람은 연언 진술이 지닌 정보 내용의 일부는 아니다. 마찬가지로 "하지만," "그럼에도 불구하고," "그렇지만" 같은 낱말도 "그러나"가 그러하듯이 흔히 연언 진술을 만들어 내면서 두 개의 연언지 사이의 대비를 강화시키는 기능을 발휘한다.

또한 독자는 〈표 II〉의 3열에 정의된 점(· , dot), 즉 진리 함수적 연언 기호가 일상 언어의 "그리고"라는 낱말과 정확하게 일치하지 않는다는 사실을 명확하게 깨달아야 한다. 일상의 대화에서 "제인은 임신하였다, 그리고 제인은 결혼하였다"는 진술과 "제인은 결혼하였다, 그리고 제인은 임신하였다"는 진술은 근본적으로 다른 의미를 가질 것이다. 이 차이는 우리말 "그리고"가 때로 "그 다음에"라는 말이 지닌 힘을 갖는다는 사실 때문에 일어난다. 그러나 이제 위의 중합 진술의 구성 성분인 두 진술, 즉 "제인은 임신하였다"와 "제인은 결혼하였다"가 시간상의 어떠한 가정과도 전혀 관계없이 옳다고 가정해 보자. 이렇게 되면 이 두 진술의 연언은 진리치표의 연언에 대한 정의에 따라 두 진술의 결합 순서에 관계 없이 옳게 된다. 이런 까닭에 흔히 일상적으로 사용되는 "그리고"라는 낱말과 진리 함수 연결사로서의 "그리고" 사이에는 심각한 불일치가 있다. 이 차이의 한 가지 중요한 측면은 "그리고"라는 말의 의미들 가운데 시간적 순서를 띠고 있는 의미는 중합 진술의 진리치를 오직 구성 성분 진술들의 진리치만으로 완전히 결정하지 못하기 때문에 진리 함수적 의미가 아니라는 사실이다. 앞으로 진리 함수적 연언은 진리치표에서 정의한 대로만 사용될 터인데, 그 이유는 진리 함수적 연언이 논리학의 목적들을 위해서 아주 정확하게 일을 해내기 때문이다. 그러나 논리학의 연언(·)과 일상 언어의 "그리고" 사이의 차이를 잊어서는 안 된다.

"또는"("…나," "…거나")이라는 말은 일상 언어에서 분명히 다른 두 가지 의미로 사용된다. 한 가지 의미는 "이것 아니면 다른 것, 그러나 둘 다는 안 된다"는 뜻인데, 이를 배척적 선언이라 한다. 이 의미는 흔히 생선 요리에 곁들일 음식을 청할 적에 쓰도록 메뉴에 적혀 있는 "수프 또는 샐러드"라는 구절 속의 "또는"이란 말이 갖는 의미다. 다른 한 가지 의미는 흔히 "둘 다 아니면 둘 가운데 하나"라는 말로 바꾸어 쓰기도 하는데, 이를 포괄적 선언이라 한다. 이 의미는 "보험 증권 또는 유언서"의 경우처럼 재산에 관한 서류 속에 자주 나타난다. 예컨대 어떤 구인 광고가 "법학사 또는 회계학사"라고 자격을 규정하고 있다면, 이 규정 속의 "또는"이란 말을 배척적 선언으로 해석하여 위의 두 학위를 모두 가진 사람은 자동적으로 자격이 상실된다고 생각할 사람은 아무도 없을 것이다.

〈표 II〉의 4열에 쐐기(∨, wedge)로 기호화된 선언(選言, disjunction)이 포괄적 선언이라는 것은 누구나 한 눈에 알아볼 수 있을 것이다. 왜냐하면 이 중합 진술은 구성 성분을 이루는 두 진술이 둘 다 아니면 둘 가운데 하나만 옳을 경우에 옳고, 두 구성 성분 진술이 둘 다 그를 경우에만 그르기 때문이다. 이 선택은 순전히 편의상의 선택이다. 이 책에서 포괄적 선언을 택한 이유는 포괄적 선언이 논리적 연산에 유용한데다가 배척적 선언이 이 책에서 채택한 다른 기호 — 예컨대 동치(≡)의 부정 — 에 의해서 쉽게 기호화될 수 있기 때문이다.

5열에 정의되어 있는 말굽 모양의 기호(⊃, horseshoe)는 실질 함언(實質 含言, material implication)의 기호다. 이 기호는 조건 진술을 기호화하는 데 사용되며, 대체로 "만일 …라면, …이다"로 읽을 수 있다. 이 연결사는 약간 문제가 되는 점이 있는데, 그 까닭은 이 연결사의 의미가 일상의 담화 속에 나타나는 거의 모든 조건 진술에 사용되고 있는 "만일 …라면, …이다"라는 구절과 현저하게 다르기 때문이다. 이 연결사에 대한 정의를 보면, 이 연결사를 진리 함수성에 의해서 정의할 때 옳은 전건과 옳은 후건을 가진 조건 진술 — 이를테면 "만일 금성이 혹성이라면, 금강석은 탄소로 되어 있다"와 같은 조건 진술 — 은 모두 옳은 진술로 취급하고 있음을 알 수 있을 것이다. 하지만 정상적으로는 이런 조건 진술이 제대로 된 조건 진술로 인정되지 못할 것이다. 전건의 진리성과 후건의 진리성 사이에 아무런 관련이 없는 것으로 보이기 때문이다. 이 점에서 위의 조건 진술은 이 장의 2절에 나왔던 예문 "만일 뉴튼이 물리학자라면, 그는 과학자다"라는 조건 진술과 선명하게 차이를 보이는데, 이 조건 진술은 전건과 후건 사이의 관련을 명백하게 보여 주고 있기 때문이다.

더 나아가 진리치표에 정의된 실질 함언의 의미에 따르면 "만일 화성이 혹성이 아니라면, 석탄은 검다"는 조건 진술과 "만일 화성이 혹성이 아니라면, 석탄은 희다"는 조건 진술은 오직 두 조건 진술이 그른 전건을 가졌다는 사실 때문에 옳은 실질 함언으로 간주해야 한다. 〈표 II〉의 3행과 4행을 살펴보면 그른 전건을 가진 모든 실질 함언이 후건의 진리치에 관계 없이 옳다는 것을 알 수 있을 것이다. 마찬가지로 1행과 3행을 살펴보면, 옳은 후건을 가진 모든 실질 함언이 전건의 진리치와 관계 없이 옳다는 것도 알 수 있다. 그러므로 "만일 고양이가 짖는다면, 2+2=4다"라는 조건 진술과 "만일 베토벤이 작곡가라면, 2+2=4다"라는 조건 진술은 옳은 후건을 가지고 있기 때문에 옳은 실질 함언으로 간주된다. 이처럼 그른 전건을 지닌 실질 함언이 자동적으로 옳다는 사실과 옳은 후건을 지닌 실질 함언이 자동적으로 옳다는 사실은 때로 실질 함언의 역설(paradox of material implication)이라 불리기도 한다.

따라서 독자는 실질 함언이 〈표 II〉 속의 정의에서 확인된 이상한 속성을 지니고 있는 데다가 일상 언어 속의 "만일 …라면, …이다"라는 어구의 의미를 완벽하게 표현하는 일에 아주 부적절한데도 왜 이 연산을 버리지 않는지 궁금할는지 모르겠다. 그 이유는 말굽으로 기호화된 이 연산이 모든 조건 진술의 의미에서 본질적이고 기본적인 하나의 특징, 즉 조건 진술이 옳은 전건과 그른 후건으로 구성되면, 그른 진술이 된다는 특징을 지니고 있기 때문이다. 실질 함언은 진리 함수적 연산이며, 그래서 누구에게나 훨씬 더 익숙한 조건 진술들 속의 전건과 후건을 결합시켜 주는 관계의 의미를 지닐 수 없다. 일상 언어에서 사용되는 "만일 …라면, …이다"라는 구절은 실질 함언보다 더 강한 연결사다. 그럼에도 불구하고 실질 함언은 전건 긍정 논법, 후건 부정 논법, 딜레마 논법 등의 연역 논증의 기초 형식의 타당성을 보증하는 일상적 함의 관계(日常的 含意 關係, implication)가 지니고 있는 바로 그 특징을 지니고 있다. 이제 잠시 후에 실질 함언이라는 연산이 어떻게 작용하는가 보게 될 것이다. 그 때 독자는 실질 함언이 참으로 조건 진술의 논리적 근본 핵심을 지니고 있음을 깨닫게 될 것이다.

실질 동치(實質 同値, material equivalence)의 기호는 3중의 가로줄(≡, triple bar)인데, 〈표 Ⅱ〉의 6열에 정의되어 있다. 이 기호는 쌍조건 진술(雙條件 陳述, biconditional statement)을 구성하기 위해서 사용된다. 이 기호는 대체로 "만일 … 라면, 그리고 오직 그 경우에만 … 이다"라고 읽을 수 있다. 실질 동치는 실질 함언이 지닌 이상스러운 점을 많이 물려받고 있는데, 그 까닭은 실질 동치가 단지 두 실질 함언의 조합으로 해석될 수 있기 때문이다. 다시 말하면 "$p \equiv q$"의 의미는 곧 알게 되는 바와 같이 "$(p \supset q) \cdot (q \supset p)$"의 의미와 같다. 실질 동치 진술은 두 구성 성분 진술의 진리치가 같으면 옳고, 두 진술의 진리치가 다르면 그르다. 따라서 두 개의 옳은 진술은 모두 두 진술의 의미 사이에 이루어지는 표면상의 관계가 어떠한가에 상관 없이 서로 실질적으로 동등하며, 이는 임의의 두 그른 진술의 경우에도 마찬가지다. 그러니까 "만일 바다가 소금을 머금고 있다면, 그리고 오직 그 경우에만 화성은 혹성이다"라는 진술은 옳은 쌍조건 진술이며, 또 "만일 뉴튼이 독일인이라면, 그리고 오직 그 경우에만 달은 스스로 빛을 낸다"는 진술 역시 옳은 쌍조건 진술이다.

이제 진리치표가 논증 형식의 타당성을 검사하기 위해서 어떻게 사용되는가를 살펴보자. 〈표 Ⅲ〉은 〈표 Ⅰ〉과 〈표 Ⅱ〉를 참조하여 구성되었다. 처음 두 열은 단지 두 진술 "p"와 "q"에 할당될 수 있는 T와 F의 네 가지 가능한 조합을 보여 준다. 진리치의 할당은 앞으로도 이와 같이 일정한 순서로 배열하는 방책을 따를 텐데, 이렇게 하지 않으면 누구나 실수를 거의 피할 수 없기 때문이다. 그 다음의 두 열은 처음 두 열에 나타난 진리치형을 뒤집어 놓은 것인데, 이는 "p"와 "q"의 부정의 진리치를 보여 주고 있다. 5열과 6열은 〈표 Ⅱ〉에서 그대로 옮겨 놓았다. 7열은 2열과 4열의 연언으로 만들어졌다. 2열과 4열에는 양쪽이 모두 T인 경우가 없으므로 두 열로부터 만들어지는 연언의 진리치는 모두 F다. 8열은 1열을 전건으로 하고, 7열을 후건으로 하여 만들어진 함언이다. 우리는 이미 〈표 Ⅱ〉의 5열(〈표 Ⅲ〉의 5열과 같음)을 통해서 함언은 옳은 전건과 그른 후건으로 이루어질 때만 그르고, 그 밖의 경우에는 모두 옳다는 것을 알았었다. 이 사실은 8열의 진리치형에 도달하는 일에 사용되고 있다.

전건 긍정 논법의 전제는 "$p \supset q$"와 "p"인데, 이 두 진술의 진리치형은 5열과 1열에 각각 제시되어 있다. 그런데 1행이 두 전제의 진리치가 모두 T인 유일한 경우인데, 이 행에서는 결론 "q"의 진리치 역시 T다. 그렇다면 전건 긍정 논법의 경우에는 두 전제가 옳고

〈표 Ⅲ〉

p	q	$\sim p$	$\sim q$	$p \supset q$	$p \vee q$	$q \cdot \sim q$	$p \supset (q \cdot \sim q)$
T	T	F	F	T	T	F	F
T	F	F	T	F	T	F	F
F	T	T	F	T	T	F	T
F	F	T	T	T	F	F	T
1	2	3	4	5	6	7	8

결론은 그르도록 진리치를 할당할 수 있는 방도가 전혀 없다. 따라서 전건 긍정 논법은 타당한 형식이다. 후건 부정 논법의 타당성도 똑같은 방식으로 쉽게 증명된다. 이 형식의 전제는 "$p \supset q$"와 "$\sim q$"인데, 4행이 두 전제의 진리치가 모두 T인 유일한 경우이다. 그런데 이 행에서 결론 "$\sim p$"의 진리치 역시 T다. 이 경우도 두 전제가 옳고 결론이 그르도록 진리치를 할당할 수 있는 방도가 전혀 없다.

동일한 방법이 제3절에서 설명했던 두 가지 오류, 즉 후건 긍정 오류와 전건 부정 오류를 해명하는 데 사용될 수 있다. 후건 긍정 오류는 "$p \supset q$"와 "q"를 전제로 삼고 있다. 〈표 Ⅲ〉을 보면 이 두 전제가 모두 옳은 행은 1행과 3행인데, 3행에서는 결론 "p"의 진리치가 F다. 그러므로 제3절에서 확인해 보았듯이 두 전제가 모두 옳은데도 결론이 그른 후건 긍정의 논증을 만들어 낼 수 있다. 전건 부정 오류는 "$p \supset q$"와 "$\sim p$"를 전제로 삼고 있다. 이 두 전제가 모두 옳은 행은 〈표 Ⅲ〉의 3행과 4행이다. 이 경우에도 3행에서는 결론 "$\sim q$"의 진리치가 F인데, 이는 이 형식 역시 부당한 형식이라는 것을 보여 준다.

옛날부터 선언 논법(選言 論法, disjunctive syllogism)이라 부르는 또 하나의 단순한 논증 형식이 있는데, 아래의 논증이 선언 논법의 실례다.

b]　당신은 세금을 내거나 양심의 가책을 받는다.
　　당신은 세금을 내지 않았다.
　∴ 당신은 양심의 가책을 받는다.

이 논증의 형식은 다음과 같다.

c]　$p \vee q$

$$\sim p$$
$$\therefore q$$

이 형식의 타당성은 〈표 Ⅲ〉에 의해서 확인할 수 있다. 두 전제에 대한 진리치의 할당은 6열과 3열에 각각 제시되어 있다. 이 두 열을 살펴보면 3행이 두 전제의 진리치가 모두 T인 유일한 경우인데, 이 행에서 결론의 진리치도 T다.

이 형식은 이와 비슷하게 보이면서도 실은 부당한 형식인 아래의 형식과 혼동하지 않도록 주의해야 한다.

d] $p \vee q$

p

$\therefore \sim q$

이 형식은 〈표 Ⅲ〉의 1행을 조사해 보면 밝혀지는 바와 같이 부당한 형식이다. 위에서 예로 들었던 논증 b]를 약간 수정해서 생각해 보면, 비록 당신이 세금을 냈을지라도 양심의 가책을 반드시 받지 않는다는 결론이 나오는 것은 아니다.

8열은 이 장의 제 4 절에서 검토했던 귀류 논법의 한 형식을 평가하는 데 사용될 수 있다. 귀류 논법의 이 형식에 있어서는 전제가 오직 하나뿐이데, "$p \supset (q \cdot \sim q)$"가 바로 그것이다. 이 전제의 진리치는 3행과 4행에서 T이고, 이 두 행에서 결론 "$\sim p$"의 진리치 역시 T이다. 그러므로 이 형식은 타당한 형식이다.

지금까지 진리치표에 의해서 검사해 본 논증 형식들은 구성 성분으로서 다만 서로 다른 두 개의 진술, 즉 "p"와 "q"만을 가지고 있었다. 이제 두 개 이상의 진술을 구성 성분으로 가진 논증에 진리치표 방법을 적용하기 위해서는 진리치표를 확장해야 한다. 그 방법은 간단하다. 아래 논증을 예로 삼아 이 점을 살펴보자.

e] 만일 그 책을 읽는다면, 그 영화의 줄거리를 알 것이다.
만일 이야기 줄거리를 안다면, 그 영화가 지루할 것이다.
∴ 만일 그 책을 읽는다면, 그 영화가 지루할 것이다.

이 논증은 다음과 같은 형식을 지니고 있다.

f] $p \supset q$
$q \supset r$
∴ $p \supset r$

이 형식은 전통적으로 가언 논법(假言 論法, hypothetical syllogism)이라 불리고 있다. 이 논증 형식의 타당성을 평가하기 위해서는 다음과 같은 진리치표를 구성할 필요가 있다.

이번에는 〈표 Ⅳ〉가 보여 주는 바와 같이 진리치가 세 개의 진술에 할당되는 진리치 T와 F의 모든 가능한 조합을 보여 주기 위해 확장되어야 하는데, 이 일에 필요한 행의 수효는 8개다. 〈표 Ⅳ〉의 1, 2, 3열은 "*p*," "*q*," "*r*"에 대한 T와 F의 가능한 할당을 모두 보여 주고 있다. 4열과 5열은 각각 두 전제의 진리치형을 보여 주고 있고, 6열은 결론의 진리치형을 보여 주고 있다. 이렇게 진리치표를 작성해 놓고 보면, 두 전제의 진리치가 모두 T인 행은 제 1, 5, 7, 8행인데, 어느 행에서나 결론의 진리치 역시 T다. 따라서 이 형식은 타당하다.

이 표에서는 4, 5, 6열의 진리치형이 결정되는 방식을 정말 명료하게 이해하는 일이 아주 중요하다. 다시 한번 〈표 Ⅱ〉의 5열에 되돌아가 함언의 정의를 상기해 보면, 함언은 옳은 전건과 그른 후건으로 이루어지면 그르고(2행), 그 밖의 경우에는 모두 옳다. 〈표 Ⅳ〉

〈표 Ⅳ〉

p q r	$p \supset q$	$q \supset r$	$p \supset r$
T T T	T	T	T
T T F	T	F	F
T F T	F	T	T
T F F	F	T	F
F T T	T	T	T
F T F	T	F	T
F F T	T	T	T
F F F	T	T	T
1 2 3	4	5	6

의 6열에 보이는 진리치형은 이 정의에 그대로 따르고 있다. 예컨대 6열은 "$p \supset r$"의 진리치형을 보면 2행과 4행에서 F인데, 이는 이 두 행에서만 "p"의 진리치는 T이고, "r"의 진리치는 F이기 때문이라는 것을 알 수 있을 것이다. 6열의 다른 모든 행에서는 "$p \supset r$"의 진리치가 T이어야 한다는 것은 두말 할 필요도 없을 것이다. 4열 "$p \supset q$"의 진리치형과 5열 "$q \supset r$"의 진리치형도 똑같은 방식으로 결정되었다.

진리치표 방법은 논증 형식의 타당성이 순전히 그 형식의 진리 함수적 구조에만 달려 있는 모든 논증 형식을 시험하는 일에 이론적으로 정확한 방법이다. 이 방법을 네 개 이상의 서로 다른 구성 성분 진술로 이루어지는 형식에 적용하기 위해 확장하는 방법은 아주 간단하다. 그 방법이란 두 진리치 T와 F를 모든 구성 성분 진술에 모든 가능한 방식으로 할당하는 일일 뿐이다. 만일 어떤 논증 형식이 n개의 구성 성분 진술로 이루어져 있다면, 이 형식의 타당성을 검사하기 위해 필요한 진리치표는 2^n개의 행을 갖추어야 한다. 그러니까 진술을 나타내는 문자가 하나 늘어날 때마다 진리치표의 행 수효는 두 배로 늘어나게 되며, 이 때문에 이 방법은 금방 너무 큰 진리치표를 작성하지 않을 수 없게 만든다. 예컨대 이 장의 제5절에서 검토한 형식 b]는 딜레마 논법의 일반 형식인데, 이 형식은 네 개의 다른 구성 성분 진술로 이루어져 있다. 따라서 이 형식의 타당성을 증명하기 위해서는 16행 짜리 진리치표를 작성해야 한다.

7. 논리적 동치

이 장의 앞부분에서 적어도 두 경우에 두 개의 진술 형식이 서로 논리적으로 동등하다고 주장한 적이 있었다. 한 예로 제2절에서는 어떤 조건 진술은 대우 진술과 동등하다고 했었고, 또 하나의 예로는 제6절에서 실질 동치가 두 개의 실질 함언의 연언과 동등하다고 했었다. 이제 진리치표를 이용하여 이러한 동치 관계를 증명하는 방법을 살펴보자. 이 목적을 위해서는 다음과 같은 진리치표를 구성할 필요가 있다.

이 진리치표의 각 열에 나타나 있는 진리치형은 〈표 I〉과 〈표 II〉에 제시되었던 정의들을 기초로 하여 구성되었다. 예컨대 6열은 3행 이외에는 모든 행이 T인데, 3행에서는 전건 "q"의 진리치는 T인데 반해서, 후건 "p"의 진리치는 F이기 때문에 "$q \supset p$"의 진리치가

〈표 V〉

p	q	$\sim p$	$\sim q$	$p \supset q$	$q \supset p$	$(p \supset q) \cdot (q \supset p)$	$p \equiv q$	$\sim q \supset \sim p$
T	T	F	F	T	T	T	T	T
T	F	F	T	F	T	F	F	F
F	T	T	F	T	F	F	F	T
F	F	T	T	T	T	T	T	T
1	2	3	4	5	6	7	8	9

F이게 된다. 7열은 5열과 6열의 연언을 보여 주고 있다. 따라서 5열과 6열의 진리치가 모두 T인 행은 7열의 진리치가 T고, 두 행 가운데 하나라도 F인 행은 7열의 진리치가 F다. 8열은 〈표 II〉에 쌍조건 형식의 정의로 제시되었던 진리치형을 그대로 반복하고 있을 뿐이다. 이 진리치표를 보면 7열과 8열의 진리치형이 똑같다는 것을 알 수 있다.

이처럼 두 진술 형식의 진리치형이 똑같다는 사실은 무엇을 뜻하는가? 이 사실은 두 진술 형식이 진리 함수적으로 동등하다는 것을 의미한다. 이러한 두 진술 형식의 경우에는 한쪽 진술 형식의 문자 "p"·"q"·"r" 등에 진술이 대입되어 옳은 진술이 만들어진다면 바로 그 방식의 대입이 언제나 다른 쪽 진술 형식도 옳은 진술로 만들게 되며, 또 한쪽 진술 형식을 그른 진술로 만드는 대입은 다른 쪽 진술 형식도 그른 진술로 만들게 마련이다. 이 사실은 지극히 중요한 의의를 지니고 있다. 왜냐하면 이 사실은 어떤 진술 형식이 어떤 논증의 어느 곳에 있든 그와 동등한 진술 형식에 의해서 교환될 수 있다는 것과 이러한 교환이 그 논증의 타당성에 아무런 영향도 주지 않는다는 것을 의미하기 때문이다. 이유는 단순하다. 만일 두 진술이 동등한 형식을 갖고 있다면 두 진술은 진리치가 언제나 같아야 하기 때문이다. 풀어 말하면 한쪽은 옳은 진술이 되고, 다른 쪽은 그른 진술이 되도록 구성 성분에 진리치를 할당할 방도가 전혀 없다. 그런데 논증 형식의 타당성은 그 논증 형식에 의해서 옳은 전제와 그른 결론을 갖는 논증이 결코 만들어질 수 없다는 사실에만 의존하므로, 어떤 논증 형식을 그와 동등한 논증 형식으로 교환하는 일이 타당한 논증 형식을 부당한 논증 형식으로 바뀌게 할 수 없는 것이다. 이 일은 물론 부당한 논증 형식을 타당한 논증 형식으로 바뀌게 할 수도 없다.

이 중요한 원리를 간단한 실례를 들어 설명해 보자. 전건 긍정 논법과 후건 부정 논법이 둘 다 타당한 논증 형식이라는 것은 이미 증명되었다. 그런데 어떤 조건 진술과 그 대우 진술이 동등하다는 사실을 활용하면 후건 부정 논법의 타당성이 전건 긍정 논법의 타당성으로부터 곧바로 유도되어 나온다는 것을 깨달을 수 있게 된다. 다음의 두 형식을 살펴보자.

a] $p \supset q$
$\sim q$
$\therefore \sim p$

b] $\sim q \supset \sim p$
$\sim q$
$\therefore \sim p$

"$p \supset q$"는 "$\sim q \supset \sim p$"와 동등하기 때문에 위의 두 논증 형식은 둘 다 타당하거나 아니면 둘 다 부당할 수밖에 없다. 그런데 논증 형식 b]는 아래에 있는 논증 형식 c] 속의 "p" 자리에 "$\sim q$," 그리고 "q" 자리에 "$\sim p$"를 대입해서 만들어진 형식이다.

c] $p \supset q$
p
$\therefore q$

위의 형식은 전건 긍정 논법이고, 이 논증 형식은 이미 타당하다고 증명된 형식이다.

이제 위의 실례를 통해서 얻어진 우리의 이해를 분명하게 확인해 보자. 전건 긍정 논법이 타당한 형식이라는 말은 형식 c] 속의 "p"와 "q"에 진술을 대입할 경우에 ― 물론 한 진술이 "p"의 자리 두 곳에 대입되고, 다른 한 진술이 "q"의 자리 두 곳에 대입된다치고——옳은 전제와 그른 후건을 갖는 논증이 만들어지도록 대입시킬 방도가 없다는 것을 뜻한다. 이 두 개의 빈 자리에 대입되는 진술이 얼마나 단순하고 얼마나 복잡한가는 문제되지 않는다. 특히 지적해 둘 것은 "p"와 "q"의 자리에 대입되는 두 진술이 모두 부정 진술일 수 있다는 사실이다. 이 장의 제3절에 나왔던 논증 h]를 약간 수정해서 예로 사용해 보자.

d] 만일 씨이저가 제위에 오르지 않았다면 그는 야심이 없었다.
씨이저는 제위에 오르지 않았다.
∴ 씨이저는 야심이 없었다.

이 논증은 형식 c]로 이루어졌음을 보여 주고 있는데, 그러면서도 형식 b]도 지니고 있다. 실제로 형식 b]를 지닌 모든 논증은 형식 c]도 지니게 마련이다. (하지만 그 반대는 안 된다. 왜 그럴까?).

지금까지 논증 형식을 가지고 여러 가지 일을 해왔는데, 이제 이것들을 정리해 보는 것이 좋겠다. 첫째, 우리는 타당한 형식에 의해서 만들어지는 논증이 타당하다는 것을 밝히기 위해 타당한 형식 속의 문자에 진술을 대입시켰다. 그리고 이를 충분히 보증하기 위해서 부당한 형식을 사용하여 만들어지는 논증이 부당하다는 것을 때로 확인하였다(이 장의 제1절 참조). 둘째, 우리는 어떤 타당한 논증 형식 속의 문자에 진술 형식을 대입(代入, substitution)시키기도 했는데, 이런 식으로 이루어진 논증 형식이라고 설명될 수 있는 수없이 많은 논증 형식의 타당성이 이 방법에 의해서 밝혀질 수 있다. 이런 식의 대입을 해나갈 때 원래의 타당한 형식 속의 어떤 문자에 얼마만큼 복잡한 진술 형식을 대입할 것인가는 우리의 마음에 달려 있다. 이것이 논증 형식 b]가 타당하다는 것을 증명한 방법이다. 이 증명은 논증 형식 c] 속의 두 문자 "p"와 "q"에 각각 진술 형식 "$\sim q$," "$\sim p$"를 대입함으로써 이루어졌다. 셋째, 우리는 논증 형식에 나타나 있는 어떤 진술 형식을 들어 내고, 그 자리에 그것과 논리적으로 동치인 다른 진술 형식을 대치(代置, replacement)시키는 일을 했었다. 이것이 논증 형식 a]의 타당성을 증명한 방법이다.

선언 논법(제 6 절의 형식 c])의 타당성은 앞에서 후건 부정 논법의 타당성 증명에 사용했던 방법에 의해서 증명할 수 있다. 이제는 독자 스스로 진리치표를 작성하여 아래의 두 진술 형식이 논리적으로 동치임을 증명할 수 있을 것이다.

e]　"$p \vee q$"는 "$\sim p \supset q$"와 동치다.

그리고 이 결과를 이용하여 선언 논법의 첫번째 전제인 "$p \vee q$" 대신에 "$\sim p \supset q$"를 대치할 때 만들어지는 논증 형식이 전건 긍정 논법(이 절의 형식 c])에 적절한 대입을 함으로써 만들어질 수 있는 논증 형식임을 밝힐 수 있을 것이다.

한편 e]의 동치 관계에서 또 하나 흥미 있는 결론을 끌어 낼 수 있는데, 이제 이 점을 살펴보자. 이 장의 제 2 절에서 "… 아닌 한"이란 구절은 "만일 … 아니라면"이라는 구절과 같은 의미를 갖는다고 지적한 적이 있었다. 따라서 다음 f]의 진술과 g]의 진술은 의미가 같다고 할 수 있다.

f]　만일 당신이 국어 시험에 합격하지 못하면 졸업을 할 수 없다.

g]　당신은 국어 시험에 합격하지 못하는 한 졸업을 할 수 없다.

그렇다면 f]와 g]의 두 진술은 e]의 동치 관계에 의해서 아래 h]의 진술과 의미가 같다는 걸 알 수 있을 것이다.

h]　당신은 국어 시험에 합격하거나 졸업을 할 수 없다.

진술 h] 속의 "거나," 즉 "또는"이라는 낱말이 포괄적 선언의 의미를 지니고 있음을 놓치지 않고 깨달아야 한다. 그러므로 "… 아닌 한"이란 구절은 포괄적 선언의 "또는"과 정확하게 같은 의미를 가지고 있다. 평생 우리말을 사용하고 있는 사람들 가운데에도 이 사실을 깨닫고 있는 사람은 그리 많지 않다.

f]와 g] 같은 진술은 필요 조건(必要 條件, necessary condition)을 주장하기 위해서 흔히 사용된다. 이런 경우에는 국어 시험에 합격하는 일이 졸업을 위한 필요 조건이라고 한다. 어떤 조건이 어떤 결과를 위한 필요 조건이라는 말은 그 조건이 충족되지 않으면 그 결과가 일어나지 않을 것이라는 뜻이다. "p"가 "q"를 위한 필요 조건인 경우라면 이 상황을 "$\sim p \supset \sim q$"라고 기호화할 수 있는데, 이미 알고 있는 바와 같이 이 형식은 "$q \supset p$"와 동치다. 한편 제 2 절에서 "오직 … 일 경우에만"이라는 구절의 의미가 "만일 … 라면, … 이다"라는 구절의 의미의 역(逆)이므로 "$q \supset p$"를 "오직 p일 경우에만 q다"로 바꾸어 쓸 수 있다는 것을 확인했었다. 이것은 "p"가 "q"를 위한 필요 조건임을 주장하는 다른 방법이다. 예컨대 오직 당신이 국어 시험에 합격할 경우에만 당신은 졸업을 할 수 있을 것이다.

"p"가 "q"를 위한 충분 조건(充分 條件, sufficient condition)이라고 주장하는 것은 단지 "p"가 갖추어지면 "q"가 이루어진다는 것을 의미한다. 달리 말하면 이 말은 그저 "$p \supset q$"라는 뜻이다.

i]　만일 사람이 참수당한다면, 그는 죽을 것이다.

이 말은 참수가 죽음의 충분 조건이라고 주장하는 것과 같다. 이 조건이 필요 조건이 아니라는 것은 두말 할 필요도 없다. 만일 참수가 죽음의 필요 조건이라면 오직 사람이 참수당할 경우에만 죽을 것이라고 주장할 수 있어야 하는데, 이 주장은 명백히 성립하지 못한다. 사람을 죽음에 이르게 하는 다른 원인이 많이 있기 때문이다. 다른 한편으로 앞에서 말했던 필요 조건의 예로 돌아가 생각해 보아도 국어 시험에 합격하는 일은 졸업을 위한 충분 조건이 못된다는 것은 확실하다. 그 밖의 다른 과목도 많이 합격해야 한다는 것이 뻔하기 때문이다.

이 절의 첫머리에서 실질 동치가 두 개의 실질 함언의 연언과 동치라고 언급한 적이 있었다. 이 말은 격식을 갖추어 다시 말해 보면 다음과 같다.

j] “$p \equiv q$”는 “$(p \supset q) \cdot (q \supset p)$”와 동치다.

위의 “$(p \supset q) \cdot (q \supset p)$”을 보면 첫번째 함언은 “만일 p라면 q다” 라고 주장하고, 두 번째 함언은 “오직 p일 경우에만 q다”라고 주장하고 있다. 그래서 “$(p \supset q) \cdot (q \supset p)$”라는 전체 표현은 “만일 그리고 오직 p일 경우에만 q다,” 또는 좀더 관례적인 어법으로 “만일 p라면, 그리고 오직 p일 경우에만 q다”라고 주장하고 있다. 조금 전에 설명했던 용어법을 다시 사용한다면, 첫번째 함언은 “p”가 “q”를 위한 충분 조건임을 주장하는 데 반해서, 두 번째 함언은 “p”가 “q”를 위한 필요 조건임을 주장한다. 그러므로 동치 즉 쌍조건 함언은 “p”가 “q”를 위한 필요 충분 조건(必要 充分 條件, necessary and sufficient condition)이라고 주장하고 있다. 예컨대 어떤 수가 2로 나머지 없이 나누어진다는 것은 짝수이기 위한 필요 충분 조건이다.

“또는”이란 말의 배척적 의미로 “$p \vee q$”를 주장하는 것은 두 진술 가운데 어느 하나만 옳다는 뜻이다. 이 의미는 다음과 같은 형식문(形式文, formula)으로 기호화할 수 있다.

k]　$(p \vee q) \cdot \sim(p \cdot q)$

이 형식문은 "또는"이란 말을 포괄적 의미로 사용한 "$p \vee q$"에다 "p"와 "q"가 둘 다 옳은 경우는 제외시킨다는 제한을 덧붙인 것이다. 똑같은 의미가 아래의 형식문으로 표현될 수도 있다.

l]　$\sim(p \equiv q)$

이 진술 형식은 실질 동치의 부정이다. 진술 형식 k]와 l]가 동치임을 증명하는 진리치표는 숙달을 위해서 스스로 작성해 보기 바란다.

8. 항진 진술과 항진 형식

지금까지는 주로 논증에 대해서 강조했었다. 그러나 논리학의 진리를 표현하는 진술 형식 — 그 형식에 진술이 대입되면 언제나 옳은 진술이 만들어지는 진술 형식 — 이 많이 있다는 것을 아는 일이 중요하다. 이러한 논리적 진리(論理的 眞理, logical truth)의 한 가지 기본 유형은 진리치표에 의해서 확립될 수 있다. 이 기초 형식들을 항진 형식(恒眞 形式, tautology)이라 하고, 이 항진 형식에 진술이 대입되어 만들어지는 진술들을 항진 진술(恒眞 陳述, tautology)이라 한다. 항진 형식의 고전적 실례들 가운데 하나인 유명한 배중률(排中律, law of excluded middle)을 살펴보자.

a]　$p \vee \sim p$

이 형식의 진리치표는 2행으로 작성된다. 이 형식문의 진리치형은 순전히 T로만 이루어지며, 그래서 이 형식문이 그르게 되도록 유일한 구성 성분인 "p"에 진리치를 할당할 방도가 전혀 없다. 따라서 "$p \vee \sim p$"라는 진술 형식은 "p"에 진술이 대입될 때에는 언제나 옳은 진술로 바뀔 것이다. 이런 까닭에 "뉴튼은 물리학자거나 물리학자가 아니다"라는 진술은 배중률의 형식에 의해 이루어지는 다른 모든 진술과 마찬가지로 필연적으로 옳다.

〈표 Ⅵ〉

p	$\sim p$	$p \vee \sim p$
T	F	T
F	T	T

〈표 Ⅶ〉

p q	$p \supset q$	$q \supset (p \supset q)$	$\sim q \supset \sim p$	$(p \supset q) \equiv (\sim q \supset \sim p)$	$p \cdot (p \supset q)$	$[p \cdot (p \supset q)] \supset q$
T T	T	T	T	T	T	T
T F	F	T	F	T	F	T
F T	T	T	T	T	F	T
F F	T	T	T	T	F	T
1 2	3	4	5	6	7	8

이제 다른 항진 형식을 몇 개 더 살펴보기 위해서 진리치표를 또 하나 만들어 보자. 이 진리치표 4열에서 우리는 항진 형식의 다른 예를 발견할 수 있다. 이 항진 형식은 이른바 "실질 함언의 역설"(85쪽 참조) 가운데 하나를 보여 주고 있다. 요컨대 이 항진 형식은 "만일 'q'가 옳은 진술이라면, 임의의 진술 'p'가 'q'를 실질적으로 함의한다"고 주장하고 있다.

앞의 제 7 절에서 어떤 조건 진술과 그 대우 진술 사이의 동치 관계를 확인한 적이 있었다. 〈표 Ⅶ〉의 3열과 5열의 두 형식에 동일한 진리치형이 반복되고 있는 것은 이 점을 다시 보여 주고 있으며, 6열은 이를 근거로 삼아 이 두 형식을 결합시켜 만든 실질 동치 즉 쌍조건 함언의 진리치형을 산출한 것인데, 이로써 이 실질 동치도 항진 형식이라는 것을 알 수 있다. 이 사실은 하나의 일반 원리, 즉 두 개의 진리 함수적 진술 형식은 그 둘을 결합시켜 이루어지는 쌍조건 함언이 항진 형식이면, 그리고 오직 그 경우에만 논리적으로 동등하다는 원리를 예증하고 있다.

8열은 전건 긍정 논법이라는 논증 형식과 밀접하고도 특별한 관계에 있는 항진 형식을 보여 주고 있다. 이 항진 형식은 전건 긍정 논법의 두 전제인 "p"와 "$p \supset q$"의 연언을 전건으로 하고, 전건 긍정 논법의 결론인 "q"를 후건으로 갖고 있는 함언이다. 이 항진 형식 역시 근본적 일반 원리, 즉 진리 함수적 논증 형식은 그 논증의 전제들을 연언으로 묶어 전건으로 삼고 그 논증의 결론을 후건으로 삼아 이루어지는 조건 진술 형식, 즉 함언이 항진 형식이라면 그리고 오직 그 경우에만 타당하다는 원리를 예증하고 있다.

항진 진술과 항진 형식은 엄격히 한정되어 있긴 하지만 오로지 논리적 고찰에 의해서만 그 진리성이 확립될 수 있는 일군의 기초 진술과 기초 형식이다. 이는 항진 진술과 항진 형식의 진리치형이 순전히 T로만 구성된다는 사실에서 얻어지는 명백한 귀결이다. 앞으로 제 4 장 제 3 절에서 논리적 진리의 본성에 대하여 더 넓은 일반적 관점에서 고찰하게 될 것이다.

9. 정언 진술

지금까지는 논증의 타당성이 논증을 이루고 있는 단순 진술들 — 즉 하나의 문자로 대표된 진술들 — 의 내부 구조에 전혀 의존하지 않고, 단순 진술들을 결합시키는 몇 가지 방식에만 의존하는 진리 함수 논증을 검토했었는데, 이제 논증의 타당성이 단순 진술들의 내부 구조에 의해 결정되는 일군의 기본적 논증을 살펴보고자 한다. 그것은 정언 논증(定言 論證, categorical syllogism)이라는 논증들이다. 그러나 이 논증들을 실제로 검토하는 일은 다음 절로 미루어 놓고, 우선 이 논증들을 검토할 수 있는 방법을 마련하기 위해 정언 진술(定言 陳述, categorical statement)이 어떠한 진술인가부터 알아보자.

정언 진술이라 불리는 진술에는 네 가지 형태가 있다. 따라서 그 네 가지 형태 가운데 어느 하나로 되어 있는 진술은 정언 진술이다. 정언 진술의 네 가지 형태는 전통적으로 라틴어 낱말 affirmo(긍정)와 nego(부정)의 첫번째 모음과 두 번째 모음, 즉 A, I와 E, O의 네 개의 모음을 이용하여 표시한다. 아래에 네 가지 정언 진술의 예를 하나씩 들어 보겠다.

a] A진술　모든 금강석은 보석이다.
　　E진술　모든 금강석은 보석이 아니다.

I진술 약간의 금강석은 보석이다.
O진술 약간의 금강석은 보석이 아니다.

위의 네 진술을 보면 첫번째 진술과 세 번째 진술, 즉 A진술과 I진술은 긍정 진술(肯定 陳述, affirmative statement)이고, 두 번째 진술과 네 번째 진술, 즉 E진술과 O진술은 부정 진술(否定 陳述, negative statement)이다. 처음의 두 진술, 즉 A진술과 E진술은 보편 진술(普遍 陳述, universal statement)이고, 나중의 두 진술, 즉 I진술과 O진술은 특수 진술(特殊 陳述, particular statement)이다. 이 네 가지 정언 진술이 지닌 형식은 각각 다음과 같다.

b] A : 모든 F는 G다.
보편 긍정
E : 모든 F는 G가 아니다.
보편 부정
I : 약간의 F는 G다.
특수 긍정
O : 약간의 F는 G가 아니다.
특수 부정

모든 정언 진술은 두 개의 명사(名辭, term), 즉 주어 명사(主語 名辭, subject term)와 술어 명사(述語 名辭, predicate term)를 갖고 있다. a]의 예들에서 "금강석"은 주어 명사이고, "보석"은 술어 명사다. b]의 형식들에서는 "F"는 주어 명사를 나타내고, "G"는 술어 명사를 나타낸다. 명사는 제각기 이를테면 "금강석"은 금강석들의 집합을 나타내고, "보석"은 보석들의 집합을 나타내는 식으로 사물들의 집합을 나타낸다. 만일 b]의 네 가지 형식 속의 "F"와 "G"에 사물들의 집합을 나타내는 낱말이나 구절이 대입되면, 이 형식들을 사용하는 네 개의 정언 진술이 만들어지게 된다. 정언 진술의 내용(內容, content)은 그 진술 속에 나타나는 두 개의 명사에 의해서 결정된다. 정언 진술의 형식(形式, form)은 두 개의 명사가 형성시키는 집합이 어떤 것인가에 전혀 관계 없이 두 집합 사이의 명확한 관계를 드러내 보여 주는 역할을 한다.

일상의 우리말은 다소 애매하기 때문에 정언 진술들의 의미를 명확하게 확인하지 않으면 안 된다. 정언 진술의 네 가지 형식 가운데 A형식이 가장 논란이 많은 형식이다. "모든 금강석은 보석이다"는 진술은 확실히 보석이 아닌 금강석은 없다는 주장, 달리 말하면 만일 어떤 것이 금강석이라면, 그것은 보석이라는 주장을 함의하고 있다. 더 나아가 이 진술은 금강석이라는 사물이 실제로 있다는 주장을 함의하고 있는 것으로 이해될 수도 있다. 그렇지만 A형식의 진술들은 일상의 용법에서조차도 이 두 번째 존재 의미를 항상 함의하지는 않는다. 예컨대 "모든 탈영병은 사형에 처한다"는 진술은 실제로 탈영병이 있다는 뜻을 함의하고 있지 않다. 실제로는 이 진술이 탈영을 막기 위해서 주장될 수 있다. 이 진술의 참다운 의미는 이 진술을 "만일 어떤 사람이 탈영한다면, 그는 사형당할 것이다"는 조건 진술로 바꾸어 보면 명확해진다. 이 진술은 보편적 조건 진술(普遍的 條件 陳述, universal conditional statement)로 간주될 수 있다. 보편적 조건 진술은 무엇에 대해서나 옳다고 주장되는 조건 진술이다.

앞으로 정언 진술을 취급할 때에는—특히 정언 진술이 정언 논증에 나타날 경우에는— 모든 A진술에 대하여 방금 위에서 설명한 해석을 택할 것이다. "모든 F는 G다"라는 형식을 지닌 진술은 모두 "만일 어떤 것이 F라면, 그것은 G다"라는 의미로 해석하게 될 것이다. 그래서 "모든 금강석은 보석이다"라는 진술은 "만일 어떤 것이 금강석이라면, 그것은 보석이다"를 뜻하는 것으로 취급하게 된다. 그뿐 아니라 이 조건 진술은 실질 함언으로 해석될 터인데(제6절 참조), 이렇게 되면 정언 진술들은 이 장의 서두에서 제8절까지 설명했던 진리 함수 논리의 모든 내용을 갖추고 있는 진술로 볼 수 있다.

그렇지만 A진술의 해석에 실질 함언을 사용하는 일이 가져오는 결과의 중요성을 반드시 깨달을 필요가 있다. 그것은 A진술은 그 속의 주어 명사가 실재하는 사물을 가리킨다는 의미를 함의하고 있지 않다는 것이다. "모든 F는 G다"라는 진술은 F라는 유형에 속하는 어떤 것이 실제로 있다는 주장을 하고 있지 않다. "모든 금강석은 보석이다"라는 진술은 금강석이 실존한다는 뜻을 함의하지 않는다. 우리 모두가 금강석이 존재한다는 것을 알고 있다 할지라도 그렇다. A진술은 주어 명사에 대응하는 어떤 사물이 실존한다는 사실을 주장하지 않는다. 왜냐하면 공허한 주어 명사를 가진 A진술, 예컨대 "모든 19세기 우주 비행사는 남성이다"와 같은 진술이 옳을 수 있기 때문이다. 정말이지 우리가 실질 함언 진술의 의미를 잠깐만 반성해 본다면 공허한 주어 명사를 가진 모든 A진술이 옳아야 한다는 것을 깨달을 수 있다. 실질 함언 진술은 전건이 그르면 후건의 진리치에 관계 없이 옳다. 위의 예문의 경우에 19세기에는 우주 비행사가 없었기 때문에 "만일 어떤 사람이 19세기 우주 비행사라면, 그는 남성이다"라는 진술은 모든 사람에 대해서 옳을 수밖에 없다. 이 진술은 누구에게 이 진술을 적용해도 전건이 그를 것이기 때문이다. 앞에서 언급했던 바와 같이 네 가지 유형의 정언 진술 속의 두 명사는 제각기 집합을 언급하는 명사다. 어떤 특정한 집합은 원소를 가질 수도 있고 갖지 않을 수도 있는데, 원소가 전혀 없는 집합에 대해서 언급하는 일도 완전히 의의 있는 일이다. "탈영병"이란 집합은 원소가 없을 수 있으며, "당신의 호주머니 속에 있는 1억 원짜리 수표"라는 집합은 확실히 원소가 전혀 없을 것이다. A진술의 주어 명사는 그 말이 가리키는 사물이 있어야 할 필요가 없으며, 그러면서도 그 A진술은 옳을 수 있다. A진술은 그 속의 주어 명사가 원소를 가진 집합을 언급한다는 뜻을 함의하고 있지 않다.

E진술을 해석하는 일에는 특별한 곤란이 전혀 없다. I진술과 O진술에 관해서는 한 가지 사실을 밝혀 둘 필요가 있다. 그것은 "약간"이라는 말이 "적어도 하나"라는 의미로 해석된다는 사실이다. 그래서 "약간의 금강석은 보석이다"라는 진술은 "적어도 하나의 금강석은 보석이다"라는 뜻으로 해석된다. I진술과 O진술이 복수의 의미를 지니고 있음에도 불구하고, 이 두 유형의 진술은 하나 이상의 원소를 갖는 것으로 해석되지 않는다.

정언 진술의 네 가지 형식을 이렇게 해석해 놓고 보면, 이 네 가지 형식 사이에 성립하는 명백하고도 중요한 관계가 드러난다. A진술은 동일한 주어 명사와 술어 명사를 갖고 있는 O진술과 모순 관계(矛盾 關係, contradiction)에 있고, E진술은 동일한 주어 명사와 술어 명사를 갖고 있는 I진술과 모순 관계에 있다. 즉 "모든 금강석은 보석이다"라는 진술은 "약간의 금강석은 보석이 아니다"라는 진술과 모순 관계에 있으며, 또 "모든 금강석은 보석이 아니다"라는 진술은 "약간의 금강석은 보석이다"라는 진술과 모순 관계에 있다.[5)]

---

5) 아리스토텔레스(Aristoteles, 384~322 B.C.)의 생각을 추종하는 전통 논리학은 이 관계를 다룰 때, 정언 진술의 네 가지 유형 가운데 서로 모순되는 A진술과 O진술, E진술과 I진술을 A진술은 O진술, E진술은 I진술과 대각선으로 마주 보도록 "대당(對當)의 사각형"(square of opposition)을 만들었다. 이 대당의 사각형은 모순 관계만이 아니라 정언 진술에 대한 전통적 해석에 따를 때 성립하는 여러 가지 다른 관계를 설명하기 위해서 사용되어 왔다. 그러나 정언 진술에 대한 현대 논리학의 해석에 따르면 모순 관계만 성립되므로 종래의 대당의 사각형을 더 이상 사용하지 않는다. 전통 논리학의 대당의 사각형이 지닌 내용에 대해서는 Eaton 교수의 *Gerneral Logic*을 참조하고, 정언 진술에 대한 전통 논리학의 해석과 현대 논리학의 해석을 비교하여

지금까지는 정언 진술이 지니는 네 가지 엄격한 형식을 설명하였다. 그런데 누구나 그러리라고 생각했던 것처럼 지금까지 설명한 네 가지 형식과 겉으로는 다르지만 실제로는 동등한 형식이 많이 있다. 이것은 이 장의 제 2 절에서 조건 진술을 검토할 때 부딪쳤던 것과 비슷한 상황이다. 왜냐하면 실은 A진술이 보편적 조건 진술이므로 조건 진술에 속하는 많은 변형 진술이 A진술의 변형 진술로 간주될 수 있기 때문이다. A진술의 변형 진술의 범위를 보이기 위해서 "모든 고래는 포유류다"라는 진술과 동등한 진술들을 아래에 나열해 보겠다.

c] 개개의 고래 모두가 포유류다.
고래는 어느 것이든 포유류다.
고래는 포유류다.
만일 어떤 것이 고래라면, 그것은 포유류다.
고래인 것은 무엇이든 포유류다.
만일 어떤 것이 포유류가 아니라면, 그것은 고래가 아니다.
포유류가 아닌 것은 모두 고래가 아니다.
어떤 것이든 포유류일 경우에만 고래다.
포유류만이 고래다.
어떤 것도 포유류가 아닌 한 고래가 아니다.
포유류 아닌 고래는 없다.

연구한 내용은 Copi 교수의 *Introduction to Logic*을 참조하기 바란다(Copi 교수의 책 끝에는 아주 충실한 문헌 자료가 제시되어 있다).

정언 논증에 대한 전통 논리학의 해석과 현대 논리학의 해석 사이의 다른 대비는 이 책의 119쪽에 있는 주 6)을 참조하기 바란다.

"자체 모순 진술"(Self-contradictory statement)이라는 개념은 제 4 장 제 3 절에서 설명되고, 두 진술 사이의 모순 관계(relation of contradiction)는 제 4 장 제 4 절에서 더 일반적으로 논의하게 될 터인데, 여기에 이르면 모순 관계가 두 진술 사이의 반대 관계(relation of contrariety)와 뚜렷하게 다르다는 사실이 드러나게 될 것이다.

E진술과 동등한 진술도 많이 있다. E진술이 A진술로 번역될 수 있다는 것을 깨닫기만 하면 E진술과 동등한 진술 대부분이 밝혀진다. 예컨대 “모든 거미는 곤충이 아니다”라는 진술은 “모든 거미는 비곤충이다”라는 진술과 동등하다. 그리고 이 A진술은 방금 위에서 살펴본 A진술의 여러 가지 변형 가운데 어느 하나로 바뀔 수 있다. “모든 거미는 곤충이 아니다”와 동등한 진술들 가운데에는 다음과 같은 진술들이 있다.

d] 어떤 거미도 곤충이 아니다.
모든 거미는 곤충 아닌 것이다.
모든 곤충은 거미 아닌 것이다.
어떤 곤충도 거미가 아니다.
곤충인 어떤 것도 거미가 아니다.
어떤 것도 곤충이 아니지 않은 한 거미가 아니다.
거미 아닌 것만이 곤충이다.
곤충 아닌 것만이 거미다.
만일 어떤 것이 거미라면, 그것은 곤충이 아니다.
만일 어떤 것이 곤충이라면, 그것은 거미가 아니다.

I진술과 O진술은 변형이 그리 많지 않다. 이 두 유형의 정언 진술에 대해서는 약간의 예를 제시할 수 있을 뿐이다. “약간의 식물은 식용물이다”라는 I진술에는 다음과 같은 동등한 진술들이 있다.

e] 약간의 식용물은 식물이다.
식용으로 쓸 수 있는 식물이 있다.
식용의 식물이 있다.
어떤 식물은 식용물이다.
적어도 하나의 식물은 식용물이다.

"약간의 철학자는 논리학자가 아니다"라는 O진술에는 다음과 같은 동등한 진술들이 있다.

f] 논리학자 아닌 철학자가 있다.
모든 철학자가 논리학자인 것은 아니다.

정언 진술과 동등한 진술을 예시한 지금까지의 목록은 결코 완벽한 것은 못되지만, 독자가 실제로 부딪칠 여러 가지 변형을 짐작할 수 있도록 해주었다고 할 수 있겠다. 독자는 이 목록을 주의 깊게 음미해 보아야 할 것이고, 앞으로 필요에 따라서 서로 동등한 진술들을 스스로 확인할 줄 알아야 할 것이다.

정언 진술의 형태에는 한 가지 변형이 더 있는데, 이 종류의 변형 진술이 일상의 언어 사용 맥락에 나타나므로 주의를 하지 않으면 안 된다. 지금까지 제시한 모든 예문은 주어 명사와 술어 명사를 관련짓기 위해서 "이다"라는 표준 어구를 사용했었다. 그러나 때로는 아래의 진술들처럼 다른 형태의 동사가 사용되기도 한다.

g] 약간의 개는 짖는다.
모든 학생이 교과서를 가지고 있다.
날개를 가진 말은 없다.
모든 폭풍은 상처를 남긴다.

그렇지만 위의 진술들은 정언 진술로 해석될 수 있다. 이 진술들을 다음과 같이 표준 형태의 정언 진술로 표현할 수 있기 때문이다.

h] 약간의 개는 짖는 동물이다.
모든 학생은 교과서를 가지고 있는 사람이다.
모든 말은 날개를 가진 동물이 아니다.
모든 폭풍은 상처를 남기는 사건이다.

이런 진술이 정언 논증에 나타날 경우에는 표준 형태의 정언 진술로 번역하는 것이 가장 좋다. 그렇게 해야 낱낱의 정언 진술이 주장하고 있는 두 집합 사이의 관계를 명료하고 애매하지 않게 파악할 수 있게 되는데, 바로 이러한 집합들 사이의 관계가 곧 살펴보게 될 정언 논증의 타당성이나 부당성을 밑받침하고 있는 기초이기 때문이다.

10. 정언 논리

정언 논증(定言 論證, categorical syllogism)은 순전히 정언 진술들로만 구성되는 논증이다. 정언 논증은 모두 두 개의 전제와 하나의 결론으로 이루어진다. 물론 정언 진술 하나 하나는 두 개의 명사, 즉 주어 명사와 술어 명사를 갖고 있지만, 정언 논증 전체에는 각기 다른 세 개의 명사만 나타난다. 이 세 개의 명사 가운데 하나는 두 전제에 한번씩 나타나는데, 이 명사를 매개 명사(媒介 名辭, middle term)라 한다. 다른 두 개의 명사는 각기 두 전제 가운데 어느 한 전제와 결론에 한번씩 나타나는데, 이 두 개의 명사는 종결 명사(終結 名辭, end term)라 한다. 아래의 논증은 세 개의 정언 진술로 구성되어 있으므로 정언 논증의 한 실례다.

a] 모든 개는 포유류다.
모든 포유류는 동물이다.
∴ 모든 개는 동물이다.

"포유류"라는 명사는 두 전제에 한번씩 나타났으므로 매개 명사다. "개"라는 명사는 전제에 한번, 결론에 한번 나타나 있다. 따라서 이 명사는 종결 명사다. "동물"이라는 명사는 결론에 한번, 전제에 한번 나타나 있다. 따라서 이 명사 역시 종결 명사다.

정언 논증이 지니는 형식은 많이 있는데, 그 가운데 어떤 형식은 타당하고 어떤 형식은 부당하다. 다른 모든 연역 논증과 마찬가지로 정언 논증의 타당성도 오직 그 논증의 형식에 의해서만 결정된다. 정언 논증의 형식은 두 가지 사실에 달려 있다. 첫째는 세 개의 정언 진술 하나 하나가 정언 진술의 네 가지 유형 가운데 어느 유형인가 하는 것이고, 둘째는 매개 명사와 종결 명사가 어느 위치를 차지하고 있느냐는 것이다. 위에서 예로 든 논증의 경우에는 두 전제가 모두 A진술이고, 결론도 A진술이다. 두 개의 종결 명사 가운데 하나인 "개"는 첫번째 전제의 주어 명사이면서 결론의 주어 명사다. 또 하나의 종결 명사인 "동물"은 두 번째 전제의 술어 명사이면서 결론의 술어 명사다. 매개 명사인 "포유류"는 첫번째 전제의 술어 명사이면서 두 번째 전제의 주어 명사다. 이제 결론의 주어 명사가 되는 종결 명사를 "S"로, 결론의 술어 명사가 되는 종결 명사를 "P"로, 매개 명사를 "M"으로 나타내기로 하면, a]의 논증이 지닌 형식을 아래와 같이 명백하게 드러낼 수 있다.

b] S A M
M A P
∴ S A P

이 형식에서 각 행의 "A"는 논증을 이루고 있는 세 개의 진술이 보편 긍정 진술이라는 사실을 나타내고 있다.

어떤 정언 논증에 대해서든 그 타당성을 검사하기 위해서 사용될 수 있는 단순한 세 개의 규칙이 있다. 그러나 이 세 규칙을 설명하기 위해서는 주연(周延, distribution)이라는 개념을 도입해야 한다. 어떤 하나의 명사 ── 이를테면 "포유류"라는 명사 ── 는 여러 가지 정언 진술에 나타날 수 있으며, 또 주어 명사로 나타나기도 하고, 술어 명사로 나타나기도 한다. 어떤 명사가 특정한 진술에 나타날 경우에는 그 명사가 그 진술에서 주연될 수도 있고, 주연되지 않을 수도 있다. 어떤 명사가 특정한 진술에서 주연되었는가 주연되지 않았는가는 그 명사가 나타나 있는 진술의 유형과 그 명사가 그 진술에서 주어 명사인가 술어 명사인가에 달려 있다. 어떤 정언 진술에 나타나 있는 명사는 만일 그 진술이 그 명사가 지적하고 있는 집합의 모든 원소 하나 하나에 대해서 어떤 점을 언급하고 있으면, 그 정언 진술에서 주연되어 있다.

"모든 고래는 포유류다"라는 A진술은 개개의 고래 모두에 대해서 어떤 점, 즉 그것이 포유류라는 점을 언급하고 있지만, 개개의 포유류 모두에 대해서는 어떤 점도 주장하고 있지 않다. 그러므로 A진술에서 주어 명사는 주연되고 술어 명사는 주연되지 않는다.

그러나 A진술이 그 속의 술어 명사에 의해 지칭되는 집합에 관해서는 어떤 점을 언급하고 있다는 사실을 주의해야 한다. "모든 고래는 포유류다"라는 진술은 포유류라는 집합이 고래라는 집합을 포함한다는 사실을 주장하고 있다. 하지만 어떤 집합을 집합으로서 대하고 그에 관하여 어떤 진술을 하는 일과, 그 집합을 이루고 있는 모든 원소 하나 하나에 관하여 어떤 진술을 하는 일은 다른 일이다. 집합이란 원소들(entities, 그 자체로서 독립적으로 존재하면서 서로 구별되는 것들)의 집단이다. 우리가 집합 자체에 관하여 말할 경우에는 집합적으로 언급한다고 할 수 있다. 하나의 집단으로서의 어떤 집합에 대해서 옳은 진술은 그 집합에 속해 있는 개체로서의 원소 하나 하나에 대해서는 옳지 못하다. 또한 어떤 집합에 속해 있는 개체로서의 원소 하나 하나에 대해서 옳은 진술은 하나의 집단으로서의 집합에 대해서는 옳지 못하다. 예컨대 하나의 집합으로서의 포유류에 관해서 "포유류는 많다," 즉 "포유류라는 집합은 많은 원소를 가지고 있다"고 말할 수 있다. 그러나 포유류라는 집합의 원소인 한 마리의 고래, 즉 모비 딕에 관해서 "모비 딕은 많다"고 말하는 것은 무의미하다. 마찬가지로 포유류라는 집합의 모든 원소 하나 하나에 대해서 많다고 말하는 것도 무의미하다.

위에서 설명한 집합적 진술과 주연적 진술을 혼동하기 때문에 일어나는 두 가지 오류가 있다. 그 가운데 하나인 분할 오류(分割誤謬, fallacy of division)는 하나의 집합이 (집합으로서) 어떤 성질을 가지고 있다는 것을 전제로 삼고, 그 집합에 속하는 개개의 원소 모두가 (주연적으로) 그 성질을 가지고 있다고 결론을 내릴 경우에 일어난다. 다음의 예를 살펴보자.

c] 미국의 국회는 훌륭한 기관이다.
∴ 개개의 국회의원 모두가 훌륭한 사람이다.

이와 반대 방향으로 일어나는 두 번째 오류는 합성 오류(合成誤謬, fallacy of composition)다. 이 오류는 어떤 집합에 속하는 개개의 원소 모두가 (주연적으로) 어떤 성질을 가지고 있기 때문에 그 집합이 (집합적으로) 그 성질을 가지고 있다고 결론을 내리는 오류다. 아래의 예를 살펴보자.

d] 그 축구단의 개개의 선수 모두가 우수한 선수다.
∴ 그 축구단은 우수한 축구단이다.

만일 이 축구단이 경기중에 조직적 협동 작전을 펴지 못한다면, 결론이 그른 경우에도 논증 d]의 전제는 당연히 옳을 것이다.

모든 정언 진술은 그 속의 명사들이 지적하는 집합 하나 하나에 대해서 무언가를 언급하지만 집합적으로 언급한다. 또한 정언 진술은 반드시 한 집합의 원소 전체에 대해서 주연적으로 언급하는 것이 아니라, 하나의 집합에 속하는 원소들 가운데 일부분에 대해서만 주연적으로 언급하는 수도 있다. 정언 진술은 물론 항상은 아니나 때로는 어떤 집합의 원소 하나 하나에 관해서 주연적으로 언급하는데, 이런 경우 그 집합을 지적하는 명사는 주연되어 있다. 다시 앞에서 예로 든 A진술을 살펴보자. 이 A진술은 집합적으로는 포유류라는 집합이 고래라는 집합을 포함하고, 또 고래라는 집합이 포유류라는 집합에 포함된다고 주장하고 있다. 한편 이 A진술은 주연적으로는 고래라는 집합의 개개의 원소 모두가 포유류라고 주장하고 있다. 그러나 이 A진술은 포유류라는 집합의 개개의 원소 모두에 대해서는 주연적으로 언급하는 진술이 아니다.

E진술의 한 예인 "모든 거미는 곤충이 아니다"라는 진술은 두 개의 주연된 명사를 갖고 있다. 이 진술은 개개의 거미 모두가 곤충이 아니며, 또 개개의 곤충 모두가 거미가 아니라고 주장하고 있다. 한편 이 진술은 집합적으로는 거미라는 집합이 곤충이라는 집합과 전혀 중첩하지 않는다고 주장하고 있다.

"약간의 식물은 식용물이다"라는 I진술은 두 개의 부주연된 명사를 갖고 있다. 이 진술은 개개의 식물 모두에 대해서 무언가를 언급하고 있지 않으며, 개개의 식용물 모두에 대해서도 무언가를 언급하고 있지 않다. 그러나 이 진술은 집합적으로는 식물이라는 집합과 식용물이라는 집합이 일부 중첩한다고 주장하고 있다.

"약간의 철학자는 논리학자가 아니다"라는 O진술은 개개의 철학자 모두에 관해서 아무 것도 주장하는 바가 없으므로 주어 명사는 주연되어 있지 않다. 그런데 놀랍게도 이 진술이 개개의 논리학자 모두에 관해서는 어떤 점을 주장하고 있다. 이 사실을 밝히기 위해서 이와 동등한 다음의 진술, 즉 "논리학자가 아닌 철학자가 적어도 하나는 있다"라는 진술을 살펴보자. 이 진술은 철학자인 사람이 누구인가를 정확하게 알려 주지는 않지만 적어도 한 사람이 있다는 것만은 보증하고 있으므로, 잠시 그 사람이 남자든 여자든 "필"이라 하기로 하자. 그러니까 필은 논리학자가 아닌 철학자다. 그러고 보면 누구라도 위의 O진술이 "개개의 논리학자 모두가 필과는 다른 사람이다"라고 주장하고 있다는 것을 쉽게 깨달을 수 있다. 이 내용은 다음과 같은 방식, 즉 위의 O진술은 개개의 논리학자 모두가 이 진술이 언급하고 있는 철학자와는 다른 사람이라고 주장하고 있다는 식으로 설명할 수도 있다. 따라서 O진술의 술어 명사는 주연되어 있다. 한편 O진술은 집합적으로는 철학자라는 집합이 논리학자라는 집합 속에 완전히 포함되는 것은 아니라고 주장하고 있다.

정언 논증의 타당성을 실제로 검사하는 과정에서는 주연이라는 개념을 이해하는 일은 필요하지 않다. 그저 어떤 명사가 주연되어 있고, 어떤 명사가 주연되어 있지 않는가를 기억하는 일만 필요할 뿐이다. 네 가지 정언 진술 속에 나타나는 명사들의 주연과 부주연에 관한 정보를 요약하면 다음과 같다.

e] A : 보편 긍정 진술
주어 — 주연
술어 — 부주연
E : 보편 부정 진술
주어 — 주연
술어 — 주연
I : 특수 긍정 진술
주어 — 부주연
술어 — 부주연

O : 특수 부정 진술
주어 — 부주연
술어 — 주연

위의 내용은 다음과 같이 더욱 간결하게 요약할 수 있다. 보편 진술에서는 주어 명사가 주연되고, 부정 진술에서는 술어 명사가 주연되며, 그 밖의 명사는 모두 주연되지 않는다. 독자는 USNP(Universal-Subject, Negative-Predicate)를 명사들의 주연과 부주연을 결정하는 공식으로 기억할 수도 있겠고, "Uncle Sam Never Panics" 따위의 문장을 만들어 암기 수단으로 사용할 수도 있을 것이다.

이제 정언 논증의 타당성을 검사할 때 사용하는 세 개의 규칙을 설명할 수 있게 되었다. 타당한 정언 논증의 경우에는 다음과 같은 세 규칙이 성립한다.

Ⅰ. 매개 명사는 한번만 주연되어야 한다.
Ⅱ. 종결 명사는 한번만 주연되어서는 안 된다.
Ⅲ. 부정 전제의 수효는 부정 결론의 수효와 같아야 한다.

이 세 규칙은 꼭 기억해야 한다. 이 세 규칙을 모두 만족시키는 정언 논증은 모두 타당하다. 한편 이 세 규칙 가운데 어느 하나라도 어긴 정언 논증은 모두 부당하다.

규칙 Ⅰ은 매개 명사가 두 전제에서 한번은 주연되고, 한번은 주연되지 않아야 한다는 뜻이다. 매개 명사가 두 번 주연되어 있는 정언 논증은 부당하며, 또 매개 명사가 한번도 주연되어 있지 않는 정언 논증도 부당하다.

규칙 Ⅱ에 따르면 종결 명사가 전제 속에서 주연되었는데 결론에서는 부주연되거나, 결론에서는 주연되었는데 전제 속에서 부주연된 정언 논증은 부당한 논증이다. 정언 논증이 타당하기 위해서는 종결 명사가 한번은 주연되고, 한번은 부주연되어서는 안 된다.

규칙 Ⅲ은 세 경우를 요약해서 말하고 있다. 정언 논증에는 부정 전제가 전혀 없거나, 하나 아니면 두 개의 부정 전제가 있을 수 있다. 정언 논증이 타당하기 위해서는 부정 전제가 전혀 없는데, 부정 결론이 있어서는 안 된다. 다시 말해 정언 논증의 전제가 둘 다 긍정 진술인데 결론이 부정 진술이어서는 안 된다. 정언 논증의 전제가 하나는 부정 진술이고, 다른 하나는 긍정 진술일 경우에는 결론이 부정 진술이지 않으면 타당할 수 없다. 정언 논증의 전제가 둘 다 부정 진술일 경우에는 언제나 타당할 수 없다. 그 까닭은 정언 논증에는 오직 하나의 결론만 있을 수 있다는 정의에 의해서 부정 전제의 수효가 부정 결론의 수효와 같을 수 없기 때문이다.[6]

이제 세 규칙을 논증 a]에 적용해 보자. 이 일을 위해서 앞으로는 명사의 주연과 부주연을 나타내는 기호로 "d"와 "u"를 형식 b]에서 명사를 나타내는 세 문자 밑에 아래와 같이 덧붙여 쓰겠다.

f] S_d A M_u
M_d A P_u
∴ S_d A P_u

두 전제와 결론은 모두 A진술이며, 그래서 주어 명사는 주연

6) 이 세 규칙은 정언 논증에 대한 현대 논리학의 해석을 반영하고 있다. 이 해석은 A진술을 보편적 조건 진술(제2장 제9절)로 간주하기로 한 결정에 따르는 귀결이다. 이 세 규칙은 아래와 같이 (아리스토텔레스식의) 전통적 해석에 맞도록 쉽게 변경될 수 있다.

Ⅰ. 매개 명사는 적어도 한번은 주연되어야 한다.
Ⅱ. 종결 명사가 결론에서 주연되면 전제에서도 반드시 주연되어야 한다.
Ⅲ. 변함이 없음.

첫번째 규칙과 두 번째 규칙은 James T. Culbertson의 *Mathematics and Logic for Digital Devices*(Princeton, N.J. : D. Van Nostrand Company, 1958), 99쪽에 있는 것을 약간 수정한 것이다.

되었다. 그리고 각 진술의 술어 명사는 e]에서 말한 대로 모두 부주연되었다.

규칙 I을 지킴. 매개 명사가 두 번째 전제에서는 주연되었으나,
첫번째 전제에서는 부주연되었다.
규칙 II를 지킴. 종결 명사 S는 두 번 주연되었고,
종결 명사 P는 두 번 다 부주연되었다.
규칙 III을 지킴. 부정 전제가 없고 부정 결론이 없다.

이것으로 논증 a]는 타당한 정언 논증임이 밝혀졌다.

이제 여러 가지 형식으로 이루어진 정언 논증을 좀더 살펴보기로 하자.

g]	모든 논리학자는 수학자다.	P_d A M_u
	약간의 철학자는 수학자가 아니다.	S_u O M_d
∴	약간의 철학자는 논리학자가 아니다.	∴ S_u O P_d

A진술은 보편 진술이므로 주어가 주연되고, 또 긍정 진술이므로 술어가 부주연된다. O진술은 특수 진술이므로 주어가 부주연되고, 또 부정 진술이므로 술어가 주연된다.

규칙 I을 지킴. 매개 명사가 두 번째 전제에서는 주연되었지만,
첫번째 전제에서는 부주연되었다.
규칙 II를 지킴. P는 두 번 주연되었고, S는 두 번 부주연되었다.
규칙 III을 지킴. 부정 전제와 부정 결론이 하나씩 있다.

논증 g]는 세 규칙을 만족시키고 있으므로 타당한 논증이다.

h]	모든 퀘이커교도는 평화주의자이다.	S_d E M_d
	모든 장군은 퀘이커교도가 아니다.	M_d A P_u

∴ 모든 장군은 평화주의자가 아니다. ∴ S_d E P_d

우선 명사들의 주연과 부주연이 올바르게 밝혀졌는지 확인하기 위해서 점검을 해야 한다. 그런 다음에 세 규칙을 적용해야 한다.

규칙 Ⅰ을 어김. 매개 명사가 두 번 주연되었다.

이 사실은 논증 h]가 부당하다는 것을 증명한다. 이 이상 다른 두 규칙을 적용하는 일은 필요하지 않다. 그러나 실례를 이용하여 좀 더 설명하기 위해서 다른 두 규칙을 적용하면 어떻게 되는가를 살펴보자.

규칙 Ⅱ를 어김. P가 결론에서는 주연되어 있으나,
전제에서는 부주연되었다.
규칙 Ⅲ을 지킴. 부정 전제와 부정 결론이 하나씩 있다.

i]	모든 녹색 식물은 엽록소를 갖고 있다.	S_d A M_u
	(모든 녹색 식물은 엽록소를 가진 것이다).	M_u I P_u
	엽록소를 가진 식물 가운데 약간은 식용이다.	∴ S_u I P_u
	∴ 약간의 녹색 식물은 식용이다.	

규칙 Ⅰ을 어김. 매개 명사가 한번도 주연되지 않았다.

이것으로 논증 i]가 부당하다는 것은 증명되었다. 하지만 다시 연습을 위해 다른 두 규칙을 적용해 보자.

규칙 Ⅱ를 어김. S가 전제에서는 주연되었나,
결론에서는 주연되지 않았다.
규칙 Ⅲ을 지킴. 부정 전제가 없고, 부정 결론이 없다.

j] 약간의 신경증 환자는
잘 적응하는 사람이 아니다.
약간의 잘 적응하는 사람은
야망을 가진 사람이 아니다. S_u O M_d
∴ 약간의 신경증 환자는 M_u O P_d
야망을 가진 사람이 아니다. ∴ S_u O P_d

규칙 Ⅰ을 지킴. 매개 명사는 첫번째 전제에서는 주연되었으나, 두 번째 전제에서는 부주연되었다.
규칙 Ⅱ를 지킴. S는 두 번 다 부주연되었고, P는 두 번 다 주연되었다.
규칙 Ⅲ을 어김. 부정 전제가 둘인데, 부정 결론은 하나뿐이다.

따라서 논증 j]는 부당하다. 실제로는 규칙 Ⅲ을 어긴 논증은 한 눈에 알아볼 수 있으며, 이런 경우에는 다른 두 규칙을 적용해 볼 필요조차 없다. 그래서 실은 규칙 Ⅲ을 어겼는가를 제일 먼저 확인하는 것이 훌륭한 방책이 된다. 규칙 Ⅲ을 어겼다면 주연과 부주연을 확인하는 수고를 할 필요가 없기 때문이다.

세 개의 규칙이 어떻게 적용되는가를 설명하기 위해서 지금까지 사용한 예들은 논리적 표준 형식으로 제시되었다. 말할 필요조차 없는 일이지만, 일상의 언어 사용 맥락에서 발견되는 논증은 논리적 표준 형식을 지닌 것이 거의 없다. 앞에서 다른 종류의 논증을 공부할 때 보았던 것처럼 전제가 생략되어 있기도 하고, 전제와 결론의 순서가 바뀌는 수도 있다. 그뿐 아니라 이미 예상하고 있는 바와 같이 앞 절에서 설명했던 네 가지 정언 진술의 변형들에 부딪칠 수도 있다. 따라서 정언 논증 식으로 전개된 논증을 분석할 때 맨 처음 해야 할 일은 그러한 논증을 표준 형태의 완전한 논증으로 바꾸어 정돈하는 일이다. 이 변형 작업은 세 단계를 거치면서 이루어진다.

1. 전제와 결론을 확인한다.
2. 전제와 결론을 정언 진술로 바꾸어 표현한다.
3. 생략된 전제를 보충한다(필요한 경우).

이 세 단계의 작업이 완벽하게 이루어진 후에 정언 논증의 타당성을 검사하기 위해서 세 규칙을 적용할 수 있다.

아래의 예는 우리가 부딪칠 법한 변칙 논증이다.

k] 모든 금강석이 보석인 것은 아니다. 공업용 금강석은 장식 목적에 적합하지 않으니까.

이 말의 맥락이나 어조로 보아 첫번째 진술이 결론이라는 것은 분명한데, 이유는 두 번째 진술이 첫번째 진술을 입증하기 위해서 제시되고 있기 때문이다. 이 결론은 “약간의 금강석은 보석이 아니다”라는 O진술로 바꾸어 표현될 수 있다. 전제도 “약간의 금강석, 즉 공업용 금강석은 장식 목적에 적합하지 않다”라는 O진술로 바꾸어 표현될 수 있다. 그러고 보면 이 정언 논증이 완벽한 논증이 되기 위해서는 “모든 보석은 장식 목적에 적합하다”는 전제가 필요하다는 것을 알 수 있다.

l] 모든 보석은 장식 목적에 적합하다. P_d A M_u
약간의 금강석은 장식 목적에 적합하지 않다. S_u O M_d
∴ 약간의 금강석은 보석이 아니다. ∴ S_u O P_d

위의 논증은 논증 g]의 형식과 같은 형식으로 되어 있는데, 논증 g]의 형식은 그 타당성이 이미 확인된 형식이다.

m] 거미는 곤충일 수 없는데, 이유는 거미가 여덟 개의 다리를 갖고 있기 때문이다.

이 논증의 결론은 "모든 거미는 곤충이 아니다"라는 E진술이다. 이 결론을 입증하기 위해 제시되어 있는 전제는 "모든 거미는 여덟 개의 다리를 갖고 있다"는 A진술이다. 여기에다 생략되어 있는 전제를 보충하면 아래와 같은 논증이 된다.

n] 모든 거미는 여덟 개의 다리를 갖고 있다. S_d A M_u
모든 곤충은 여덟 개의 다리를 갖고 있지 않다. P_d E M_d
∴ 모든 거미는 곤충이 아니다. ∴ S_d E P_d

규칙 Ⅰ을 지킴. 매개 명사는 두 번째 전제에서 주연되었으나, 첫번째 전제에서는 주연되지 않았다.
규칙 Ⅱ를 지킴. 종결 명사 S와 P는 각기 두 번씩 주연되었다.
규칙 Ⅲ을 지킴. 부정 전제와 부정 결론이 각각 하나씩 있다.

따라서 논증 n]은 타당하다.

o] 많은 사람이 추상화는 우리에게 친숙한 사물을 사실 그대로 표현하지 않기 때문에 가치가 없다고 생각한다. 이런 사람들은 어떤 작품의 미적 가치가 현실과 어느 정도 비슷한가에 따라 결정된다고 믿고 있다. 이 원리는 완전히 그른 원리다. 우리는 예술적 가치가 현실의 재현에 좌우되는 것이 아니라는 것을 분명히 깨달아야 한다. 예술적 가치는 오히려 구조와 형식에 의해서 결정되는 문제다. 오직 형식에 대한 순수한 추구만이 진정한 예술적 가치를 지닌다. 이것이야말로 근본 원리다. 그러므로 그림은 추상적이지 않는 한 진정한 예술적 가치를 지니지 못한다고 보아야 한다. 왜냐하면 형식에 대해 순수하게 추구하면서 추상적이지 않은 것은 없기 때문이다.

위의 구절 속에서 우리는 아래와 같은 논증을 찾아낼 수 있다.

p] 형식을 순수하게 추구하는 것들만이 진정한 예술적 가치를 지닌다.
형식을 순수하게 추구하지 않는 것치고 추상적인 것은 없다.
∴ 그림은 추상적이지 않는 한 진정한 예술적 가치를 지니지 못한다.

위의 진술들을 다시 정언 진술로 바꾸어 표현하면, 다음과 같은 정언 논증을 확인하게 된다.

q] 진정한 예술적 가치를 지닌 모든 그림은 형식을 순수하게 추구한다. 　 $S_d\ A\ M_u$
모든 추상화는 형식을 순수하게 추구한다. 　 $P_d\ A\ M_u$
∴ 진정한 예술적 가치를 지닌 모든 그림은 추상화다. 　 ∴ $S_d\ A\ P_u$

누구나 잠깐만 생각해 보아도 이 정언 논증이 부당하다는 것을 알 수 있을 것이다. 왜냐하면 이 정언 논증은 규칙 Ⅰ과 Ⅱ를 어기고 있기 때문이다.

r] 존 스튜어트 밀(John Stuart Mill, 1806~1873)은 유명한 〈자유론〉에서 "사회가 개인에게 합법적으로 행사할 수 있는 힘의 본질과 한계"를 논하였다. 밀은 일반 원리를 확립하려고 노력하고 있다. "…다른 사람의 행동의 자유와 충돌이 일어나는 경우에 모든 사람이 —개인적으로든 집단적으로든— 보장받고자 하는 유일한 목표는 자기 방어다. 어떤 사람이 한 행동들 가운데 사회적 책임을 져야 할 부분이 조금이라도 있다면, 그건 다른 사람과 관련 있는 부분이게 마련이다. 따라서 순전히 자기 자신에게 관련 있는 영역에서만 개인적 행위가 절대

> 적으로 정당하다고 할 수 있다." 그 다음에 밀은 자신이 이 원리를 정립할 때 사용한 방법을 설명한다. "내가 공리성(功利性, utility)과 전혀 관계없는 추상적 권리라는 생각을 전제로 설정하고, 거기서 내 주장을 유도할 수 있는 편한 논증 방법을 사용하지 않은 것은 적절하다고 생각된다. 나는 공리성이 모든 윤리적 문제의 궁극적 핵심이라고 생각한다. 하지만 그것은 가장 넓은 의미의 공리성, 즉 진보하는 존재로서의 인간에게 주어질 영구적 이익에 기초를 둔 공리성이어야 한다. 나는 이러한 이익이 개인의 자발적 행위가 다른 사람의 이익에 관련되어 있는 한에서만 개인의 자발적 행위를 제어할 수 있는 권한을 외부의 통제력에 부여한다고 주장하는 바이다." 한편 밀은 공리의 원리에 대해서는 〈공리주의〉라는 다른 책에서 설명하면서 옹호하고 있다. 공리의 원리에 따르면, 사람의 행동은 일반 이익(一般 利益, general interest)에 기여하는 만큼만 정당하다. 다시 말하면 일반 이익을 증진시키는 모든 행동 그리고 오직 그런 행동들만 정당한 행동이다.

밀이 사용하는 순전히 개인적인 행위라는 말을 행위를 하는 사람 이외의 다른 사람의 이익에 영향을 미치지 않는 행위라고 이해한다면, 위의 구절 속에서 다음과 같은 논증을 확인하게 된다.

s] 모든 올바른 행위는 일반 이익을 증진시키는 행위다.
순전히 개인적인 행위를 방해하는 모든 행위는
일반 이익을 증진시키는 행위가 아니다. P_d A M_u
∴ 순전히 개인적인 행위를 방해하는 모든 행위는 S_d E M_d
올바르지 못한 행위다. ∴ S_d E P_d

이 정언 논증이 세 개의 규칙을 지키고 있는가는 독자 스스로 검사해 보기 바란다. 실제로 검사해 보면 세 개의 규칙을 지키고 있으므로 이 논증은 타당하다. 그런데 첫번째 전제로 "일반 이익을 증진시키는 모든 행동은 올바르다"는 진술을 택하면 부당한 정언 논증으로 바뀔 수 있다는 점을 주의해야 한다. 밀은 〈자유론〉의 나머지 부분에서 두 번째 전제가 옳다는 것을 증명하는 일에 열중하고 있다.

정언 논증에 대해 설명하고 있는 이 절을 끝내기 전에 검토하고 넘어 가야 할 한 가지 특별한 유형의 논증이 있다. 이 유형의 논증을 의사 정언 논증(擬似 定言 論證, quasi-syllogism)이라 부르겠다. 엄격하게 말하면 의사 정언 논증은 정언 논증이 아님에도 불구하고, 이 유형의 논증이 정언 논증과 매우 흡사해서 흔히 정언 논증으로 취급되고 있다. 이 책에서는 이 의사 정언 논증에 더 잘 맞는다고 판단되는 다른 설명 방식을 채용하고자 한다. 아래의 고전적 예를 검토해 보자.

t] 모든 사람은 죽는다.
소크라테스는 사람이다.
∴ 소크라테스는 죽는다.

이 논증은 확실히 타당하다. 하지만 두 번째 전제와 결론이 정언 진술이 아니기 때문에 실제로는 정언 논증이 아니다. "소크라테스"라는 이름은 집합 명사가 아니다. "소크라테스"는 한 사람의 이름이지 어떤 것들의 집합의 이름이 아니기 때문이다. 따라서 "모든 소크라테스는 죽는다"거나 "약간의 소크라테스는 죽는다"는 진술은 전혀 무의미한 소리일 것이다. 두 번째 전제와 결론은 억지로 꾸며 맞추기로 작정하면 정언 진술로 바꾸어 표현할 수 있겠지만, 이 책에서는 그런 식으로 처리하지 않겠다. 그 대신에 첫번째 전제가 A 진술이므로 보편적 조건 진술, 즉 "만일 어떤 것이 사람이라면 그

것은 죽는다"와 동등하다는 점에 주목하기로 하자. 모든 것에 관해서 옳은 진술이라면, 그 주장이 무엇이건 소크라테스에 대해서도 옳을 수밖에 없다. 그러므로 우리는 첫번째 전제에서 "만일 소크라테스가 사람이라면 소크라테스는 죽는다"라는 결론을 끌어 낼 수 있다. 이 진술은 논증 t]의 두 번째 전제와 더불어 다음과 같은 논증을 이루게 된다.

u] 만일 소크라테스가 사람이라면, 소크라테스는 죽는다.
소크라테스는 사람이다.
∴ 소크라테스는 죽는다.

이 논증은 전건 긍정 논법의 한 예임을 금방 알 수 있다(제3절 참조).

이제 다른 예를 하나 더 살펴보기로 하자.

v] 아무개는 동성애를 하는 사람임에 틀림없다. 왜냐하면 그는 성적 선호를 이유로 한 고용 차별을 금지하는 법률에 찬성하기 때문이다.

이 논증은 전제가 하나 생략되어 있다. 이 논증은 생략되어 있는 전제를 보충하면 아래와 같은 논증이 될 것이다.

w] 성적 선호를 이유로 한 고용 차별을 금지하는 법률에 찬성하는 모든 사람은 동성애를 하는 사람이다.
아무개는 성적 선호를 이유로 한 고용 차별을 금지하는 법률에 찬성한다.
∴ 아무개는 동성애를 하는 사람이다.

이 논증은 앞에서 논증 t]에 적용한 방법을 사용하여 타당한 논증임을 밝힐 수 있다. 그런데 우리가 보충한 전제가 명백히 그른 진술이라는 사실에 문제가 있다. 그렇다고 해서 이 진술보다 옳을 가능성이 상당히 더 큰 전제를 보충하면, 다음과 같이 부당한 논증이 만들어지는 것을 볼 수 있다.

x] 동성애를 하는 모든 사람은 성적 선호를 이유로 한 고용 차별을 금지하는 법률에 찬성할 것이다.
아무개는 성적 선호를 이유로 한 고용 차별을 금지하는 법률에 찬성한다.
∴ 아무개는 동성애를 하는 사람이다.

이 논증에 앞에서 사용했던 방법을 적용하면, 이 논증이 "후건 긍정 오류"(제3절 참조)를 범하고 있는 논증임을 밝힐 수 있다.

y] 만일 아무개가 동성애를 하는 사람이라면, 그는 성적 선호를 이유로 한 고용 차별을 금지하는 법률에 찬성할 것이다.
아무개는 성적 선호를 이유로 한 고용 차별을 금지하는 법률에 찬성한다.
∴ 아무개는 동성애를 하는 사람이다.

위의 논증은 이 장의 제3절에서 예로 들었던 논증 z]과 똑같은 상황에 처해 있는 예인 셈인데, 우리는 정언 진술을 보충하는 첫 번째 단계를 거치지 않고 곧바로 조건 진술을 보충하여 위와 동일한 방식으로 논증 v]를 처리할 수도 있다. 그렇지만 이런 종류의 논증을 의사 정언 논증으로 취급하는 입장도 인정받을 만한 상당한 근거를 갖고 있다. 그것은 일반적으로 "만일 아무개가 성적 선호를 이유로 한 고용 차별을 금지하는 법률에 찬성한다면, 그는 동성애를 하는 사람이다"와 같은 조건 진술을 주장할 수 있게 해주는 유일한 근거는 이 조건 진술이 그에 상응하는 보편적 조건 진술을 근거로 삼고 만들어진다는 것이다. 이런 이유 때문에 논증 v]를 의사 정언 논증으로 번역하는 일도 인정할 만하다고 하겠다.

11. 벤 도법과 집합 논리

앞 절에서 정언 논증의 타당성을 검사하는 데 쓰도록 제시된 세 규칙은 누구나 기억하고 활용하기가 매우 쉽다 할지라도 정언 논증에 대하여 교묘한 재간을 부리는 듯한 느낌을 준다. 그 세 규칙이 정언 논증의 타당성 여부를 가리는 데 잘 들어맞긴 하지만, 왜 그런지 이유를 알기는 쉽지 않았다. 이 절에서는 벤 도법(Venn 圖法, Venn diagram)을 소개하고자 한다.[7] 벤 도법은 탁월한 직관적 명료성을 지니고 있다(이 때문에 독자는 정언 논증의 타당성을 검사하는 세 규칙보다 벤 도법을 더 좋아할는지 모르겠다). 더욱이 벤 도법은 정언 논증뿐만 아니라 다른 유형의 논증에도 적용될 수 있다는 이점을 갖고 있다.

앞 절에서 지적했던 것처럼 정언 진술 속의 주어 명사와 술어 명사는 집합에 대하여 언급하는 것으로 해석될 수 있다. 그래서 정언 진술 자체는 두 집합 사이의 관계에 관한 진술로 해석될 수 있다. 이렇게 생각하면 "모든 고래는 포유류다"라는 A진술은 고래라는 집합이 포유류라는 집합에 포함된다는 것을 주장하고 있다고 하겠다. 마찬가지로 "모든 거미는 곤충이 아니다"라는 E진술은 거미

7) 이 이름은 19세기 영국의 논리학자인 벤(John Venn, 1834~1923)의 이름을 따서 만들어졌다.

라는 집합이 곤충이라는 집합에서 완전히 배척된다는 것을 주장하고 있다. "약간의 금강석은 비싸다"라는 I진술은 금강석이라는 집합과 비싼 물건이라는 집합이 서로 중첩한다는 것, 즉 두 집합이 적어도 하나의 원소는 공유하고 있다는 것을 주장하고 있다. 마지막으로 "약간의 동물은 육식 동물이 아니다"라는 O진술은 동물이란 집합이 육식 동물이라는 집합에 완전히 포함되지는 않는다는 것, 즉 적어도 하나의 동물은 육식 동물이라는 집합의 밖에 있다는 것을 주장하고 있다.

이 관계들은 모두 '사각형 안에서 일부분이 중첩하는 두 개의 원'(하나의 원은 하나의 집합)으로 그려지는 이원 기본도(二圓 基本圖, 〈그림 1〉)를 이용하여 그림으로 표현할 수 있다.

다음의 그림 속의 숫자들은 네 개로 나누어진 영역 하나 하나에 대해서 언급하기 쉽도록 임시로 붙여 놓은 것이므로 이원 기본도의 내용이 아니다. 이제 왼쪽 원의 내부가 집합 F를 나타내고, 오른쪽 원의 내부가 집합 G를 나타낸다고 하자. 그렇다면 두 원이 중첩한 부분(영역 1)은 두 집합 모두에 속하는 원소들을 나타낸다. 왼쪽 원의 내부 가운데서 오른쪽 원의 밖에 있는 부분(영역 2)은

〈그림 1〉

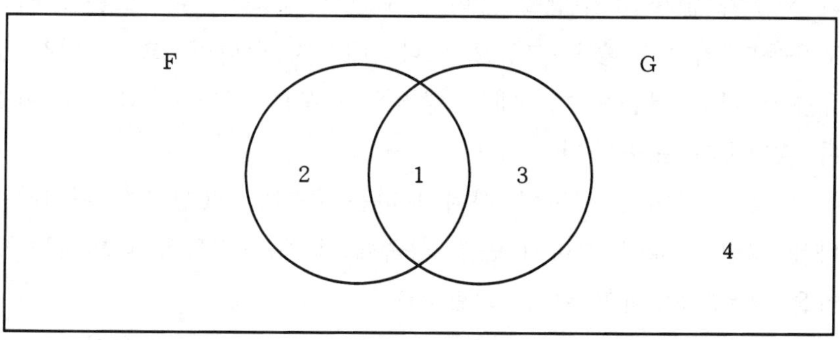

집합 F에는 속하지만, 집합 G에는 속하지 않는 원소들을 나타낸다. 오른쪽 원의 내부 가운데서 왼쪽 원의 밖에 있는 부분(영역 3)은 집합 G에는 속하지만 F에는 속하지 않는 원소들을 나타낸다. 만일 F가 학생이란 집합이고 G가 여성이라는 집합이라면, 영역 1은 여학생, 영역 2는 여성 아닌 학생, 영역 3은 학생 아닌 여성을 나타낸다. 사각형의 나머지 부분, 즉 두 원의 밖에 있는 부분(영역 4)은 학생도 여성도 아닌 사람들을 나타낸다. 사각형 전체는 논의 대상의 세계(universe of discourse), 즉 우리가 언급하고 있는 것들 전체를 나타내는데, 위의 경우에는 사람들 전체를 나타낸다.

〈그림 1〉이 보여 주고 있는 이원 기본도는 두 개의 원으로 표시된 두 집합의 원소가 실제로 있는가 없는가에 대해서는 아무런 주장도 하지 않는다. 이원 기본도는 여성, 학생, 학생 아닌 여성, 여성 아닌 학생, 여성도 학생도 아닌 사람이 실제로 있는가 없는가에 관해서는 전혀 언급하는 바가 없다.

이원 기본도는 단지 우리가 두 집합 사이의 포함·배척·중첩에 관한 정보를 기록해 넣는 표준적 출발점일 뿐이다. 따라서 우리가 어떤 집합이 전혀 원소를 갖고 있지 않다고 주장하고자 한다면, 이원 기본도 속에서 그 집합을 나타내는 영역을 지움으로 그 집합의 원소가 없다는 주장을 표현할 수 있다. 그러므로 “모든 고래는 포유류다”라는 진술을 그림으로 나타내고자 한다면, 고래이면서 포유류가 아닌 것들을 나타내는 영역을 지우면 된다(〈그림 2〉). 이것이 ‘A진술의 표준도’다.

“모든 거미는 곤충이 아니다”라는 주장을 표현하기 위해서는 다음 그림과 같이 거미와 곤충 양쪽에 속하는 것들을 나타내는 영역을 지우기만 하면 된다(〈그림 3〉).

〈그림 3〉은 ‘E진술의 표준도’다. 위의 A진술과 E진술의 표준도

〈그림 2〉

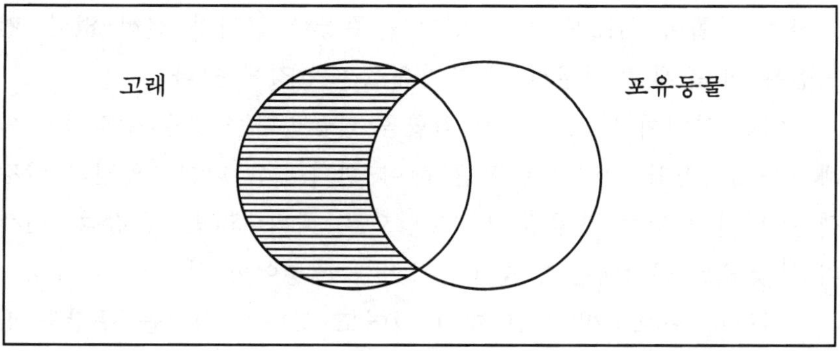

〈그림 3〉

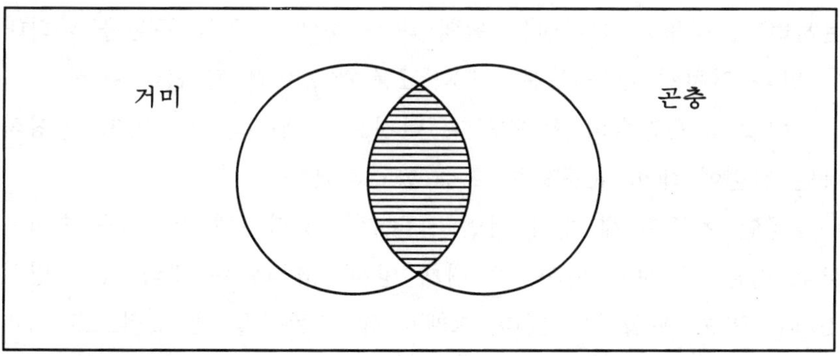

는 동일한 이원 기본도에서 출발하여 어떤 영역이 원소 없는 집합, 즉 공집합임을 나타낸다는 것을 주장하고 있음을 주의해야 한다.[8] 이 말은 지워지지 않은 영역들이 원소를 갖고 있다는 것을 뜻하지 않는다. 따라서 벤 도법의 작성 방식은 A진술을 보편적 실질 함언

8) A진술에 대한 벤 도법을 작성할 때 술어 명사를 나타내는 원 속에다 주어 명사를 나타내는 원을 그려 넣고 시작해서는 안 된다. 마찬가지로 E진술에 대한 벤 도법을 작성할 때 서로 중첩하는 영역이 전혀 없도록 완전히 분리된 두 원을 그리고 시작해서도 안 된다. 벤 도법의 작성은 언제나 적절한 영역을 지워서 포함과 배척을 나타낼 수 있는 똑같은 이원 기본도를 가지고 시작해야 한다. 이처럼 표준 기본도의 중요성을 역설하는 이유는 표준 기본도가 정언 논증을 검사하는 일을 더 쉽고 더 정확하게 할 수 있도록 해주기 때문이다.

으로 보는 해석에 따르고 있다. 부정 진술 속에는 주어 명사가 언급하는 집합이 원소를 갖고 있다고 주장할 근거가 전혀 없다. 벤 도법은 이 문제를 완전히 떠나 자유로운 입장에 있다.

어떤 영역이 원소를 가진 집합을 언급한다는 것을 주장하기 위해서는 그 영역 안에 "×"표를 해야 한다. 그러니까 "약간의 금강석은 비싸다"라는 진술을 벤 도법으로 나타내려면, 금강석이면서 비싼 것들을 나타내는 영역에 "×"표를 써넣어야 한다(〈그림 4〉).

이렇게 함으로써 그런 것이 적어도 하나는 있다는 주장을 벤 도법으로 표현하게 되는데, 이것이 'I진술의 표준도'다.

"약간의 동물은 육식 동물이 아니다"는 진술을 벤 도법으로 표현하려면, 동물을 나타내는 원의 내부 중에서 육식 동물을 나타내는 원과 겹치지 않는 부분에 "×"표를 써넣으면 된다(〈그림 5〉).

이것이 'O진술의 표준도'다. 이것으로 우리는 네 가지 유형의 정언 진술에 대한 표준도를 모두 확인하였다.

정언 논증은 세 개의 정언 진술로 구성되는데, 이 논증 속에는 서로 다른 세 개의 명사, 즉 매개 명사 "M"과 두 개의 종결 명사 "S"와 "P"가 포함되어 있다. 그래서 정언 논증을 벤 도법으로 처리

〈그림 4〉

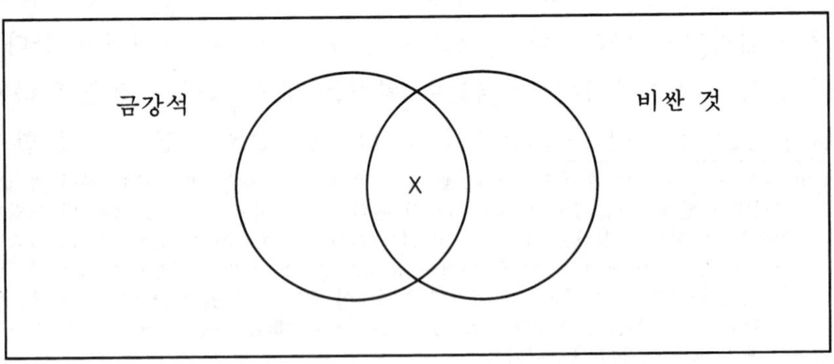

〈그림 5〉

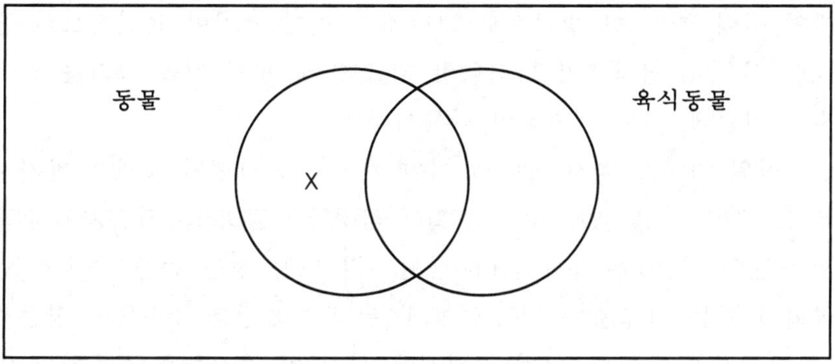

〈그림 6〉

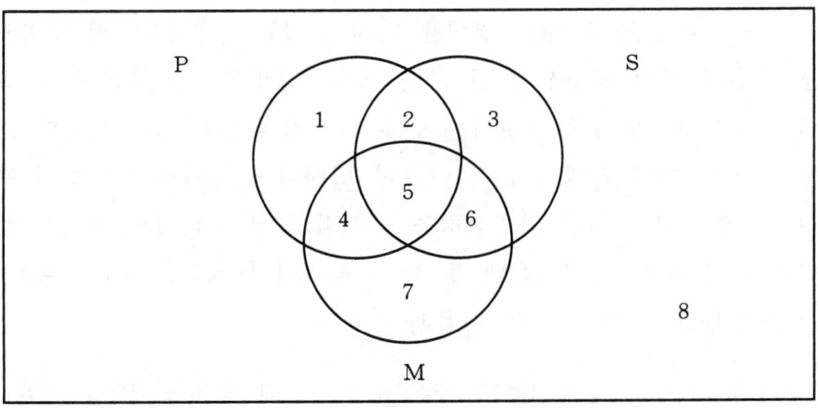

하기 위해서는 '일부분씩 중첩하는 세 개의 원'으로 그려지는 삼원 기본도(三圓 基本圖, 〈그림 6〉)를 작성해야 한다.

이 삼원 기본도의 경우에도 세 개의 원을 그리는 방식이 세 원으로 각기 표현된 세 개의 집합이 서로 포함·배척·중첩하여 이룰 수 있는 모든 관계를 표현할 수 있게 해준다. 〈그림 6〉이 삼원 기본도를 보여 주고 있다(이 경우에도 숫자들은 나누어진 영역 하나 하나를 언급하기 위해 잠시 써넣은 것이다). 이 삼원 기본도를 보면, 세 개의 원이 여덟 개의 서로 다른 영역을 만들도록 그려져 있다. 세 개의 원이 항상 이 방식으로 그려져야 한다는 것이 본질적으로 중요한 점이다. 영역 5가 나타나지 않도록 세 개의 원을 그리는 일이 흔히 있는데, 이는 치명적인 잘못이다.

삼원 기본도 역시 앞에서 이원 기본도가 그랬던 것과 마찬가지로 그 속에 나타나 있는 어떤 집합이 공허한가 공허하지 않은가에 대해서는 전혀 언급하는 바가 없다. 삼원 기본도는 정언 논증 속에서 언급되어 있는 세 집합 사이에 이루어지는 관계에 관한 주장들을 정돈하는 기본적인 틀이다. 그런데 관계에 관한 이 주장들을 정돈하는 일이 실은 정언 논증의 타당성을 검사하는 일 바로 그것이다.

정언 논증은 두 개의 전제를 가지고 있는 논증이다. 벤 도법으로 정언 논증의 타당성을 검사하는 일은 전제로서 제시된 두 진술의 주장을 벤 도법에 표현하는 일로부터 시작한다. 그런 다음에 이미 그려진 그림 속에 결론의 내용이 나타나 있는가를 살펴보면 된다. 이 일반적 절차를 밑받침하는 논리적 근거는 타당한 연역이 지니는 근본적 특징들 가운데 두 번째 특징이다(제1장 제4절 참조). 그 특징을 다시 적어 보면 다음과 같다.

> 결론 속의 정보나 사실적 내용은 모두 이미 전제 속에 — 적어도 암암리에 — 포함되어 있다.

이제 삼원 기본도를 이용하여 관계에 관한 주장들을 정돈하는 일이 어떻게 진행되는가를 알아보기 위해서 제2장 제10절에서 예로 사용했던 논증 n]을 다시 검토해 보자.

a] 모든 거미는 여덟 개의 다리를 갖고 있다. S A M
모든 곤충은 여덟 개의 다리를 갖고 있지 않다. P E M

∴ 모든 거미는 곤충이 아니다. ∴ S E P

벤 도법에서는 명사들의 주연 관계는 잊어버려도 괜찮다. 왜냐하면 벤 도법이 이 문제를 자동적으로 처리하기 때문이다. 맨 처음에 첫번째 전제를 벤 도법에 그려 넣는 일로부터 시작하자(〈그림 7〉). 이 전제는 집합 S와 집합 M 사이의 관계를 주장하고 있기 때문에 이 두 개의 집합에만 주의를 기울이고, 집합 P를 나타내는 원은 잊어버려도 무방하다. 이 전제는 모든 S가 M이라고 주장하고 있으므로 원 S와 M이 겹치지 않는 부분, 즉 삼원 기본도의 영역 2와 3을 지운다.

그 다음에 두 번째 전제의 내용을 삼원 기본도에 그려 넣는다(〈그림 8〉).

두 번째 전제는 모든 P가 M이 아니라고 주장하고 있으므로 원 P와 M이 서로 겹치는 부분, 즉 삼원 기본도의 영역 4와 5를 지운다. 이 둘째 단계에서는 원 S를 무시하고 원 P와 M에만 주의를 기울이면 그만인데, 그 까닭은 집합 S가 두 번째 전제에서는 전혀

〈그림 7〉

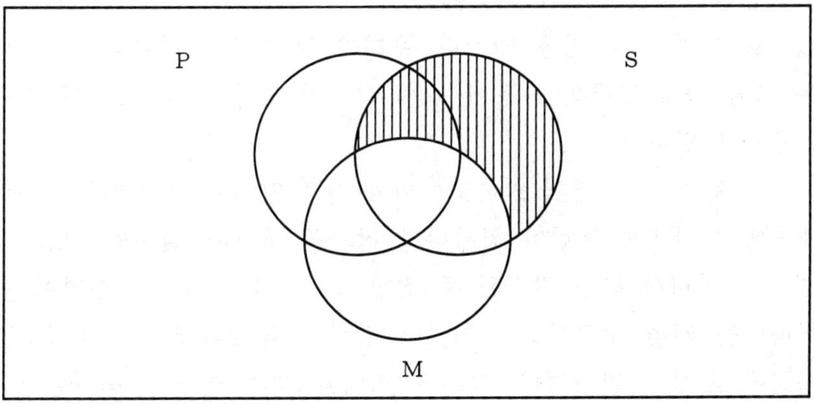

〈그림 8〉

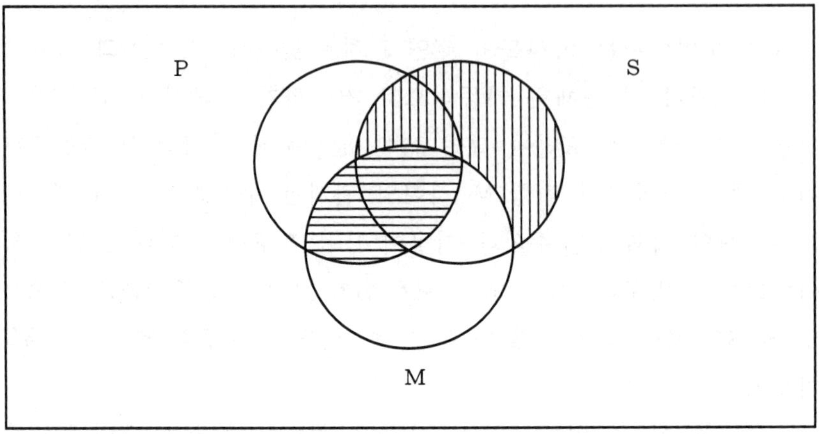

언급되지 않았기 때문이다.

이제 우리는 예로 든 논증의 두 전제가 제공하는 모든 정보를 삼원 기본도에 그려 넣었으므로, 결론의 내용이 이미 그려진 그림 속에 들어 있는지 어떤지 알아보기 위해서는 단지 이 그림을 잘 살펴보기만 하면 된다. 결론은 모든 S가 P가 아니라고 주장하고 있는데, 이 말은 원 S와 P가 겹치는 영역, 즉 삼원 기본도의 영역 2와 5가 공허하다는 뜻이다. 〈그림 8〉을 살펴보면 이 두 영역이 지워져 있음을 발견할 수 있을 것이다. 우리가 두 전제의 내용을 그려 넣은 그림 속에 결론의 내용이 벌써 그려져 있다. 그러므로 이 정언 논증은 타당하다.

〈그림 8〉에서 영역 2와 5 이외의 다른 영역이 지워졌다는 사실 때문에 독자에게 혼란이 일어나지 않기를 바란다. 결론인 "모든 S는 P가 아니다"라는 진술은 두 집합 S와 P가 중첩하는 영역이 공허하다는 것을 주장하고 있고, 이 점은 영역 2와 5가 지워졌다는 사실에 의해서 밝혀졌다. 결론은 절대로 다른 영역의 공허함이나

공허하지 않음에 관해서는 아무런 주장도 하고 있지 않으며, 이 점은 두 전제의 정보를 그려 넣는 과정에서 지워진 영역 3과 4에 대해서도 마찬가지다. 영역 3과 4에 일어난 일은 결론과 아무런 관계가 없다. 독자는 E진술의 표준도(〈그림 3〉)를 다시 살펴보기 바란다. 〈그림 3〉을 보면 두 원이 겹치는 영역은 지워졌지만, 나머지 영역은 아무런 표시가 없음을 알 수 있다. E진술은 나머지 영역들에 관해서는 아무런 주장도 하지 않기 때문에 나머지 영역들 가운데 일부가 현재 검토되고 있는 삼원 기본도에서 지워졌다는 사실은 이 논증의 타당성에 전혀 영향을 미치지 않는다.

위에서 예로 사용한 논증은 두 개의 전제가 모두 보편 진술이었다. 이번에는 전제에 특수 진술을 포함하고 있는 논증(제 2 장 제 10절의 논증 g])을 검토해 보자.

b]	모든 논리학자는 수학자다.	P A M
	약간의 철학자는 수학자가 아니다.	S O M
∴	약간의 철학자는 논리학자가 아니다.	∴ S O P

〈그림 9〉

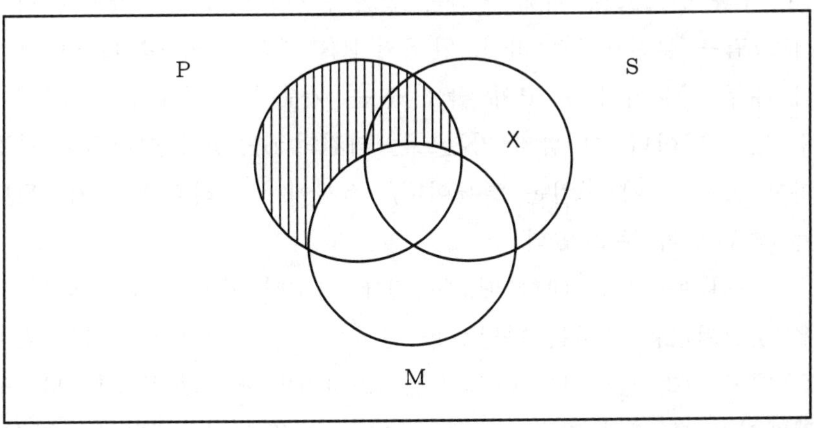

언제나 그렇듯이 삼원 기본도(〈그림 6〉)를 마련하는 일로부터 시작하여 거기에다 두 전제의 내용을 그려 넣어야 한다(〈그림 9〉). 첫번째 전제는 모든 P가 M이라고 주장하므로, 원 S는 잠시 무시하고 원 P의 내부 중에서 원 M의 밖에 있는 부분을 전부 지운다. 다음에는 약간의 S는 M이 아니라고 주장하고 있는 두 번째 전제를 그려 넣는다.

이 일은 원 S의 내부 가운데서 원 M과 중첩하지 않는 부분에 "×"표를 하면 끝난다. 그런데 이 "×"표는 삼원 기본도의 영역 3에 표시해야 한다. 이미 지워진 영역에 "×"표를 할 수 없다는 것은 분명하다. 왜냐하면 지우는 일은 그 영역이 공허하다는 것을 뜻하는 반면에, "×"표를 표시하는 일은 그 영역이 공허하지 않다는 것을 주장하는 일이기 때문이다. 동일한 영역이 공허하면서 공허하지 않다고 주장하는 것은 명백한 모순이다. 따라서 "×"표는 영역 2에 표시될 수 없다. 한편 "×"표를 영역 5나 6에 표시해서도 안 된다. 두 번째 전제가 주장하는 것은 약간의 S가 M이 아니라는 것인데, 이 두 영역은 원 M의 내부에 있기 때문이다.

첫번째 전제에 따라서 지운 다음에 두 번째 전제에 따라서 "×"표를 했으므로, 이제 원하는 결론이 나오는가를 알아보기 위해서 그림을 살펴보기로 하자. 원 S와 P를 주의 깊게 살펴보면 원 S의 내부 가운데서 원 P의 밖에 있는 부분에 "×"표가 있음을 볼 수 있을 것이다. 이 삼원 기본도는 약간의 S는 P가 아니라고 주장하고 있는데, 이 사실은 결론이 두 전제에서 논리적으로 귀결된다는 것을 보여 주고 있다.

정언 논증은 도해할 때, 두 전제 가운데 어떤 전제를 먼저 넣을 것인가라는 순서는 타당성을 검사한다는 관점에서는 어느 전제를 먼저 그려 넣더라도 상관이 없다. 하지만 편의를 도모한다는 관점에서는 두 전제 가운데 어느 하나를 먼저 그려 넣는다는 순서가 참으로 문제가 되는 경우가 때로 있다. 그래서 정언 논증이 보편 전제와 특수 전제를 각기 하나씩 가지고 있으면 항상 보편 전제를 먼저 그려 넣는 순서가 바람직하다. 앞에서 예로 사용한 논증 b]를 벤도로 검사할 때 특수 전제를 먼저 그려 넣으려고 했었다면, 어떤 일이 일어났을 것인가를 생각해 보자. 두 전제를 그려 넣는 순서가 이랬다면, 어떤 영역도 지워져 있지 않았을 것이기 때문에 "×"표를 영역 2와 영역 3 가운데 어느 쪽에 표시해야 할 것인가를 알 수 없었을 것이다.

우리는 이 문제를 "유동적인 ×표"—즉 영역 2와 영역 3 양쪽에다 "×"를 쓰고, 이 두 "×"를 점선으로 이은 다음, 그 점선 위에 물음표를 붙인 표—를 이용하여 처리할 수는 있다(〈그림 10〉 참조).

이렇게 "유동적인 ×"표를 표시한 다음에 보편 전제를 그려 넣게 되면 영역 2가 지워지기 때문에 결국 "×"표는 영역 3에 표시되어야 한다는 것을 알게 될 것이다. 그렇긴 하지만 보편 전제를 먼저 그려 넣는 순서를 택하는 편이 훨씬 간편하고 혼란에 빠질 가능성도 크게 줄일 수 있다.

독자들 중에는 혹시 정언 논증의 두 전제가 모두 특수 진술인

〈그림 10〉

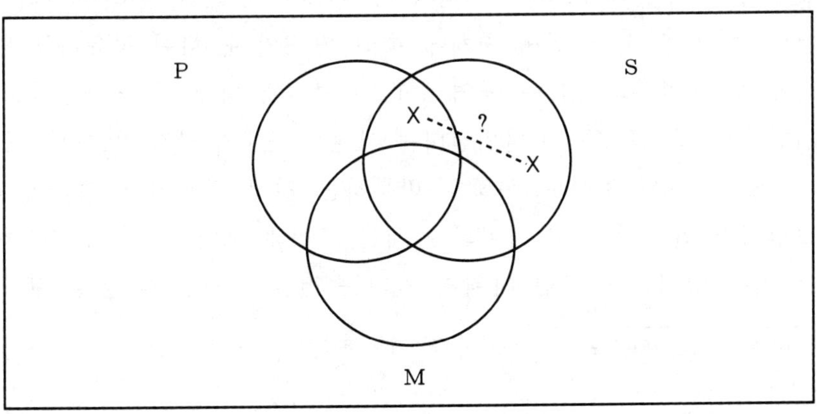

경우에는 어떻게 될 것인가 하고 궁금해 하는 사람이 있을는지 모르겠다. 이런 경우에도 "유동적인 ×"표를 사용하여 두 전제의 내용을 모두 벤도에 그려 넣을 수는 있지만, 이런 식의 정언 논증이 부당하다는 것을 항상 발견하게 될 것이다. 정언 논증의 두 전제 가운데 삼원 기본도의 어떤 영역들을 지우도록 함으로써 "×"표가 표시될 정확한 영역을 결정해 주는 보편 전제가 없으면 타당한 결론을 끌어 낼 수 있는 가능성은 전혀 없다. 실제로 전제가 둘 다 특수 진술인 정언 논증은 모두 타당한 논증일 수 없다.[9] 이러한 정언 논증을 처리하는 가장 쉬운 방법은 이 사실을 기억하고 있는 것이지만, 혹시 독자가 이러한 정언 논증을 벤 도법으로 검사해 본다면 그 이유를 정확하게 깨닫게 될 것이다.

지금까지의 예는 둘 다 타당한 정언 논증이었다. 이제는 부당한 정언 논증을 몇 개 살펴보기로 하자.

c]	모든 로큰롤 가수의 머리는 변색 머리다.	M A P
	모든 은행장은 로큰롤 가수가 아니다.	S E M
	∴ 모든 은행장의 머리는 변색 머리가 아니다.	∴ S E P

먼저 삼원 기본도를 마련해 놓고, 원 M의 내부 가운데서 원 P의 밖에 있는 부분을 지운다(〈그림 11〉). 이로써 첫번째 전제는 처리되었다. 그 다음에 두 번째 전제에 따라 원 S와 원 M이 공유하는 영역을 모두 지운다. 이 때 영역 6이 두 전제에 의해 각기 한번씩 지워진다는 것, 즉 두 번 지워진다는 사실은 문제가 되지 않는다. 이는 그 영역이 공허하다는 주장을 반복하는 것에 불과하기 때문이다. 그렇지만 원 S와 원 P 사이의 관계를 조사해 보면, 두 원이 중첩하고 있는 영역의 일부만 지워져 있다는 것을 확인할 수 있을 텐데,

9) 이 규칙은 제10절에서 사용한 세 규칙에서 유도해 낼 수 있다.

〈그림 11〉

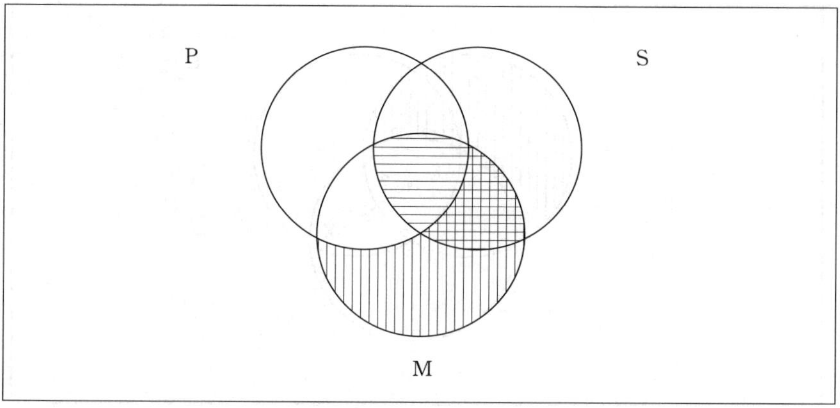

이것은 문제 거리다. 그러므로 이 벤도에서는 “모든 S는 P가 아니다”라는 결론이 타당하게 나올 수 없다.

다른 예를 또 하나 살펴보자.

d]	약간의 고소득자는 빈틈없는 투자가다.	M I S
	모든 직업 운동 선수는 고소득자다.	P A M
∴	약간의 빈틈없는 투자가는 직업 운동 선수다.	∴ S I P

보편 전제가 두 번째 전제로 나와 있긴 하지만, 앞에서 확인했던 지침에 따라서 이 보편 전제를 먼저 벤도에 그려 넣기로 하자. 그러면 원 P의 내부 가운데서 원 M의 밖에 있는 부분이 지워진다(〈그림 12〉). 그 다음에 우리는 원 S와 M이 중첩하는 영역에 “×”표를 표시하려고 하겠지만, “×”표를 표시할 수 있는 영역이 두 곳, 즉 삼원 기본도의 영역 5와 6이 있기 때문에 난감해질 것이다.

이 경우 우리의 의심을 표현하기 위해서는 “유동적인 ×표”를 사용하면 된다. 이렇게 한 다음에 이 벤도에서 결론을 읽어 내려고 시도할 때, 우리는 “×”표가 원 S와 P가 공유하는 영역에 있을 수

〈그림 12〉

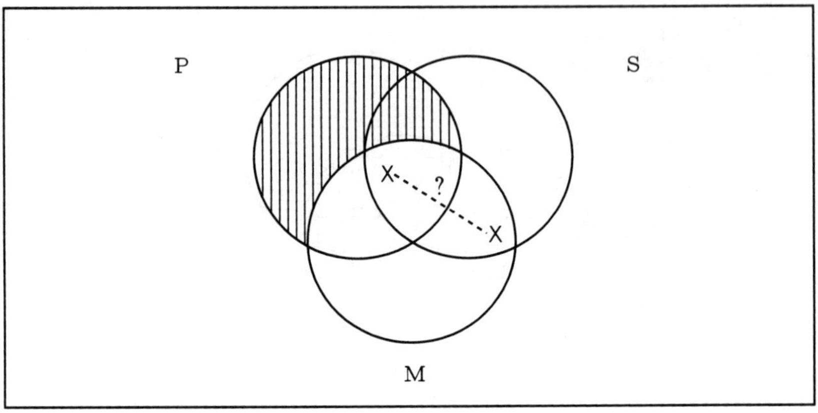

있다는 것을 알게 된다. 그러나 "×"표는 원 S의 내부 중에서 원 P의 밖에 있는 부분에도 있을 수 있다. 이 말은 약간의 S가 P라는 주장이 옳을 수도 있고, 옳지 않을 수도 있음을 뜻한다. 결론이 두 전제에 의해서 필연적으로 수반되는 진술이 아니기 때문이다. 따라서 이 논증은 연역 논증이 지녀야 하는 특징 I(제1장 제4절 참조)에 의해서 타당할 수 없다.

여기까지 공부함으로써 우리는 정언 논증의 타당성을 검사하는 두 가지 별개의 방법을 알게 되었다. 어느 방법이 더 적절할까? 이는 정언 논증의 타당성 검사와는 관련이 없는 물음이다. 이 두 가지 방법 가운데 하나를 선택하는 일은 개인적 선호의 문제다. 벤 도법은 강한 직관적 호소력이 있으므로 일단 벤 도법의 요령을 터득한 사람에게는 앞서 배운 세 규칙은 벤 도법에 비해 엄밀성이 부족한 것으로 보일 것이다. 그럼에도 불구하고 나는 규칙쪽을 더 좋아 한다. 그 까닭은 머리 속에 단순한 세 규칙을 외우고 다니는 편이 호주머니 속에 벤 다이어그램을 그릴 연필과 노트를 가지고 다니는 것보다 편하기 때문이다.

그렇지만 벤 도법을 제쳐놓기 전에 이 절의 처음에 언급했던 사실, 즉 벤 도법이 정언 논증이 아닌 논증들을 처리할 수 있다는 사실을 설명하고 넘어가야 하겠다. 다음의 논증을 살펴보기로 하자.

e] 음모로 유죄 판결을 받은 사람은 누구든지 투옥되거나 벌금을 내게 될 것이다.
음모로 유죄 판결을 받은 사람들 가운데 약간은 벌금을 내게 될 것이다.
누구도 투옥도 당하고 벌금도 내지는 않을 것이다.
∴ 음모로 유죄 판결을 받은 사람 모두가 투옥되지는 않을 것이다.

이 논증은 분명히 정언 논증이 아니다. 왜냐하면 이 논증은 정언 논증보다 전제를 하나 더 갖고 있는 데다가 첫번째 전제가 정언 진술이 아니기 때문이다. 그럼에도 불구하고 벤 도법을 이용하면 이 논증의 타당성을 쉽게 검사할 수 있다.

위의 논증은 세 집합, 즉 음모로 유죄 판결을 받은 사람들, 투옥되는 사람들, 벌금을 내는 사람들을 포함하고 있으므로, 우리는 삼원 기본도를 이용할 수 있다. 첫번째 전제를 삼원 기본도에 그려 넣기 위해서는 원 C의 내부 가운데서 원 I와 F의 밖에 있는 부분을 지우면 된다(〈그림 13〉).

이 일에 세 개의 원이 모두 관련이 있는 이유는 첫번째 전제가 세 개의 집합 모두에 대해 언급하고 있기 때문이다. 앞에서 배웠던 방침을 기억하고 있다면, (특수 진술인) 두 번째 전제를 건너 뛰어 (보편 진술인) 세 번째 전제를 먼저 그려 넣어야 할 것이다. 세 번째 전제를 그려 넣으면 원 I와 F가 겹치는 영역 전체가 지워지게 된다. 그 다음에 두 번째 전제에 따라 원 C와 F가 공유하는 두 개의 영역 가운데 아직 지워지지 않은 부분에 “×”표를 표시하면, 세

〈그림 13〉

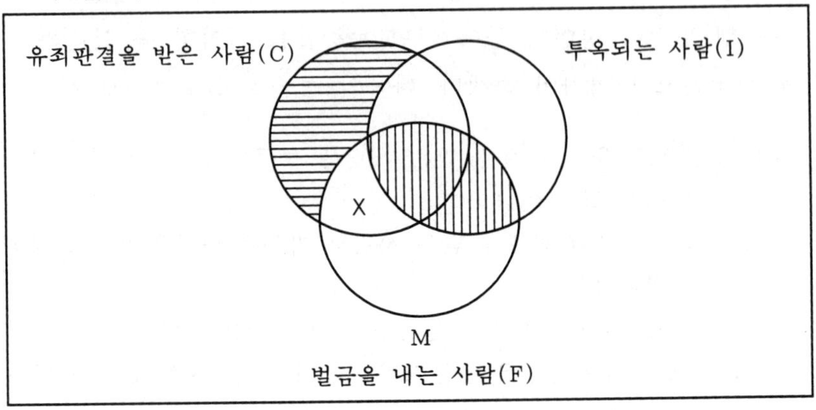

전제의 주장 내용을 삼원 기본도에 그려 넣는 일이 끝난다. 이제 남은 일은 결론을 확인하는 일인데, 이 그림을 살펴보면 이 그림이 음모로 유죄 판결을 받은 사람들 가운데 약간은 투옥되지 않을 것이라고 주장하는 결론을 승인하고 있음을 알 수 있다.

이 예는 벤 도법의 능력과 한계를 암시하고 있다. 벤 도법은 정언 논증을 검사하는 세 규칙보다 훨씬 더 넓은 범위에 걸쳐 응용될 수 있다. 벤 도법은 정언 논증의 논리보다 훨씬 더 일반적이고 중요한 논리인 집합 논리 전반에 걸쳐 적용될 수 있다. 벤 도법이 부딪치는 중요한 한계는 벤 도법에 등장하는 기본 집합의 수효와 관련이 있다. 이미 살펴본 바와 같이 벤 도법은 두 개나 세 개의 집합만 포함하고 있는 논증을 감탄할 만하게 처리해 낸다. 그러나 벤 도법은 네 개의 집합을 처리하기 위해서는 상당히 복잡하게 되며(집합을 타원으로 그려야 함), 다섯 개 이상의 집합에 대해서는 확실히 사용하기 힘든 상태가 되어버린다. 그렇다고 해서 이 사실이 논리학자들의 도구들 가운데 아주 뛰어나게 유용한 도구인 벤 도법의 격위에 손상을 입히는 것은 아니다.

12. 관계 논리

지금까지 정언 논리와 단순한 집합 논리를 설명하면서 필요에 따라 사물과 속성에 관한 진술, 예컨대 "성질 F를 지닌 모든 것은 성질 H도 지니고 있다"거나 "성질 F와 G를 둘 다 지닌 사물이 적어도 하나는 있다"와 같은 진술을 자세히 살펴보았다. 이 설명 과정에서 가끔 속성 F와 G 대신에 집합 F와 G에 대해서 언급한 사실은 별다른 문제를 일으키지 않는다. 왜냐하면 그러한 속성 하나 하나가 하나의 집합, 즉 그 성질을 지닌 것들의 집합, 이를테면 "이지적이다"라는 성질이 "이지적인 사람들"이라는 집합을 결정하기 때문이다. 개개의 성질이 참으로 하나의 집합을 결정한다고 보아야 하는가에 관해서 진지한 검토가 필요하게 되는 상황은 논리학의 연구가 매우 미묘한 영역에 이르러야 일어나는 일이다.

사물들은 속성을 갖고 있을 뿐만 아니라 서로 관계를 유지하고 있다. 우리말 속에는 "존은 제인을 사랑한다," "이 자동차는 저 자동차보다 비싸다," "제1차 세계 대전은 제2차 세계 대전보다 먼저 일어났다" 등의 예가 보여 주듯이 관계를 나타내는 표현으로 가득 차 있다. 관계는 속성들의 단순한 조합이 아니다. 잭은 짐보다 작을 수 있지만, 두 사람 다 7피트가 넘는 농구 선수라서 둘 가운데 누구도 작은 키라고 할 수 없는 수도 있다. 존과 제인이 둘 다 결혼

한 사람일지라도 그들의 소득을 합산해서 세금 공제를 받으려 한다면, 부부인가 아닌가가 결정적 문제일 것이다. 이처럼 여러 가지 중요한 일이 관계와 관련이 있기 때문에 관계 논리를 간략하게라도 살펴볼 필요가 있다.

앞의 예들은 모두 두 대상 사이의 관계, 즉 2항 관계를 포함하고 있는데, 이보다 더 많은 대상 사이의 관계도 있을 수 있다. 예컨대 "사이"라는 낱말은 "애리조나주는 캘리포니아주와 뉴멕시코주 사이에 있다"는 진술 속에서 세 사물 사이의 관계, 즉 3항 관계를 언급하고 있으며, 이는 "주다"라는 낱말이 "빌은 델마에게 약혼 반지를 주었다"는 진술 속에서 하고 있는 일과 똑같은 일이다. "봅은 자기 자동차를 헬에게 삼 백 달러에 팔았다"는 진술은 네 가지 것들 사이의 관계, 즉 4항 관계를 포함하고 있다. 원리상으로 5항, 6항, … n항 관계도 있을 수 있다. 하지만 이처럼 더욱 복잡한 관계가 있을 수 있다는 것을 인정하면서도 이 책에서는 2항 관계만 살펴보고자 한다.

2항 관계가 지닌 몇 가지 특징을 설명하기는 쉬운 일이지만, 간단한 기호 표현 체계(記號 表現 體系, symbolism)를 도입해야 편리하다. 앞으로 어떤 관계 R이 두 대상 a와 b 사이에 성립한다고 주장하고자 할 경우에는 단순히 "aRb"라고 쓰겠다. 한 예로 만일 "a"가 해리, "b"가 피터, "R"이 …의 아버지다라는 관계를 나타낸다면, "aRb"는 "해리 씨는 피터의 아버지다"로 읽는다.

관계 R의 역관계(逆關係, converse relation)는 $\breve{R}$로 표현하는데, 이 관계는 R이라는 관계가 a에서 b쪽으로 성립할 경우에는 언제나 b에서 a쪽으로 성립하는 관계이므로(순서에 주의), "aRb"라는 관계 진술이 옳을 때는 언제나 "$b\breve{R}a$"도 옳은 관계 진술이 된다. 그러니까 …보다 적다는 …보다 많다의 역관계이고, …의 아버지다는 …의 자식이다의 역관계이며, 사랑받는다는 사랑한다의 역관계이다. 그러나 …의 아버지다가 …의 아들이다의 역관계는 아니다. 왜 그럴까?

어떤 관계는 두 관계항 사이에 대칭성(對稱性, symmetricity)이 성립하는데, 이런 관계는 대칭 관계(對稱關係, symmetrical relation)라 부른다. 대칭 관계는 두 대상 *a*와 *b* 사이에 *a*에서 *b*쪽으로 성립하는 바로 그 관계가 언제나 *b*에서 *a*쪽으로도 성립하는 관계다. 동기간(同氣間)이다라는 관계는 대칭 관계인데, 만일 빌이 제인의 동기라면 제인은 빌의 동기이어야 하기 때문이다. 대칭 관계들 가운데서 잘 알려져 있는 예를 몇 개 든다면 동시다(수잔은 딕이 시험을 끝내는 것과 동시에 시험을 끝냈다), 같다(논리학을 수강하는 학생 수효는 논리학을 수강하는 여학생 수효와 같다), 결혼하다(존은 제인과 결혼했다)를 들 수 있겠다. 그러니까 이런 관계는 대칭 관계와 그 역관계가 동일하다. 한편 …의 아버지다라는 관계는 반대칭 관계(反對稱 關係, asymmetrical relation)다. 만일 해리 씨가 피터의 아버지라면 피터는 해리 씨의 아버지일 수 없기 때문이다. 그런데 …의 남자 형제다라는 관계는 위의 두 특징을 하나도 갖고 있지 않다. 만일 케인즈가 스코트의 남자 형제라면, 스코트는 (남자인지 여자인지에 따라) 케인즈의 남자 형제일 수도 있고 아닐 수도 있기 때문이다. 이러한 관계는 비대칭 관계(非對稱 關係, nonsymmetrical relation)라 부른다. 사랑한다라는 관계는 애석하게도 비대칭 관계다.

여기서 임의의 대상을 나타낼 수 있는 변항으로 "*x*" · "*y*" · "*z*"을 이용하기로 하고 앞 절에서 사용했던 진리 함수 연결사를 도입하면, 위의 세 가지 관계는 다음과 같이 정의할 수 있다.

a]　만일 $xRy \supset yRx$라면 R은 대칭 관계다.
　　만일 $xRy \supset \sim(yRx)$라면 R은 반대칭 관계다.
　　만일 R이 대칭 관계도 아니고 반대칭 관계도 아니라면, R은 비대칭 관계다.

어떤 관계가 반사성(反射性, reflexivity), 즉 어떤 대상이 항상 제 자신에 대해서 그 관계를 성립시키는 성질을 지니고 있으면 반사 관계(反射 關係, reflexive relation)라고 한다. 예컨대 어떤 수든 제 자신과 같고, 어떤 삼각형이든 제 자신과 합동이며, 어떤 사람이든 제 자신만큼 이지적이다. 한편 어떤 것이 제 자신에 대해서 결코 성립시킬 수 없는 관계는 반반사 관계(反反射 關係, irreflexive relation)라 한다. 예컨대 …보다 크다라는 관계는 어떤 것도 제 자신보다 클 수 없으므로 반반사 관계다. 어떤 관계가 반사관계도 아니고 반반사관계도 아니면 비반사 관계(非反射 關係, nonreflexive relation)라 한다. 사랑한다라는 관계는 이 점에서 보면 비반사 관계이기도 하다. 어떤 사람은 제 자신을 사랑하고, 다른 어떤 사람은 그렇지 않기 때문이다. 이 세 가지 관계 개념도 아래와 같이 형식적으로 정의할 수 있다.

b] 만일 xRx라면 R은 반사 관계다.
만일 $\sim(xRx)$라면 R은 반반사 관계다.
만일 R이 반사 관계도 아니고 반반사 관계도 아니라면, R은 비반사 관계다.

반대칭 관계가 반사 관계일 수 없다는 사실은 귀류 논법에 의해 쉽게 증명할 수 있다. 어떤 관계 R이 반대칭 관계라고 가정해 보자. 그러면 아래와 같이 진술할 수 있다.

$$xRy \supset \sim(yRx)$$

그런데 위의 진술 형식은 임의의 y에 대하여, 즉 y가 x를 나타내는 경우에도 옳아야 하므로, 다음과 같은 대입도 가능해야 한다.

$$xRx \supset \sim (xRx)$$

그러나 이 진술은 R이 반사 관계라고 가정하면, R이 반사 관계가 아니라는 결론에 도달한다는 것을 보여 주고 있다.

관계가 지닌 또 하나 중요한 특징은 이행성(移行性, transitivity)이다. 예를 들어 …보다 나이가 많다라는 관계를 살펴보자. 만일 아가타 숙모가 마틸다 숙모보다 나이가 많고 마틸다 숙모가 조카 넬리보다 나이가 많다면, 아가타 숙모는 조카 넬리보다 나이가 많아야 한다. 어떤 관계가 …보다 나이가 많다라는 관계처럼 어떤 것과 다른 것 사이에 성립하고 또 이 두 번째 것과 다른 세 번째 것 사이에 성립할 때는 언제나 그 관계가 첫번째 것과 세 번째 것 사이에도 성립한다면, 이 관계는 이행 관계(移行 關係, transitive relation)다. (이 정의를 일부러 "x" · "y" · "z" 등의 변항을 이용하지 않고 진술해 본 이유는 일상 언어에 의한 정식화가 얼마나 힘겹고 부자연스럽게 이루어지는가를 보여 주기 위해서다. 앞으로는 변항과 기호를 이용하여 간단하고 명료하게 표현할 것이다. 그리고 변항에 관한 말이 나온 김에 일상 언어에 의한 정식화에서는 명료하지 않은 한 가지 사실을 말해 두고 싶은데, 그건 변항 "x" · "y" · "z" 등이 제각기 다른 것을 언급할 필요가 없다는 것이다. 독자는 다음 문단에서 "x"와 "z"이 동일한 사람을 언급하는 예를 볼 것이다).

…의 어머니다라는 관계는 반이행 관계(反移行 關係, intransitive relation)다. 만일 x가 y의 어머니이고, y가 z의 어머니라면 x는 z의 어머니일 수 없기 때문이다. 한편 …의 친구다라는 관계는 비이행 관계(非移行 關係, nontransitive relation)이다. 가령 x가 y의 친구이고 y가 z의 친구라 하더라도 x는 z의 친구일 수도 있고, 아닐 수도 있기 때문이다. 또한 …의 형제다라는 관계도 비이행 관계이다. 만일 잭

이 짐의 형제고 짐이 조의 형제라면, 잭은 조의 형제다. 그러나 설사 잭이 짐의 형제고 짐은 잭의 형제라 할지라도 이로부터 잭이 제 자신의 형제라는 결론을 끌어 낼 수 없기 때문이다. 위의 세 가지 관계 개념도 아래와 같이 형식적으로 정의할 수 있다.

c] 만일 $(xRy \cdot yRz) \supset xRz$라면 R은 이행 관계다.
만일 $(xRy \cdot yRz) \supset \sim xRz$라면 R은 반이행 관계다.
만일 R이 이행 관계도 아니고 반이행 관계도 아니라면, R은 비이행 관계다.

이행성은 지극히 중요한 두 가지 유형의 관계를 정의하는 데 사용된다. 그 가운데 첫번째 유형의 관계인 순서 관계(順序 關係, ordering relation) —— 예컨대 …보다 크다, …보다 이르다, …보다 이지적이다 등의 관계 —— 는 이행 관계이면서 반대칭 관계이며, 게다가 이미 살펴본 바와 같이 반드시 반반사 관계다. 더 나아가 어떤 것들의 집합 속에서 서로 구별되는 두 개의 것 x와 y를 취하는 모든 경우에 xRy나 yRx의 관계가 이루어지고, 이 관계 R이 이행 관계이면서 반반사 관계라면 이 관계 R은 그 원소들 사이의 단순 순서를 정립한다. 이런 순서 관계는 …보다 크다라는 관계에 의해 수들 사이에 성립하는 순서 관계와 같다.

두 번째 유형의 동등 관계(同等 關係, equivalence relation)는 이행 관계이면서 대칭 관계다. (하지만 활용의 가치가 거의 없어서 예외적 동등 관계라고 할 수 있는 반사 관계는 제쳐 두고 생각하기 바란다). 유클리드 기하학에서 배우는 삼각형들 사이의 합동이라는 관계는 동등 관계다. 임의의 삼각형 *abc*는 우선 제 자신과 합동이다. 만일 삼각형 *abc*가 삼각형 *def*와 합동이면, 삼각형 *def*는 삼각형 *abc*와 합동이다. 또 삼각형 *abc*가 삼각형 *def*와 합동이고 삼각형 *def*가 삼각형

*ghi*와 합동이면, 삼각형 *abc*는 삼각형 *ghi*와 합동이다. 서로 합동하는 삼각형들의 집합들은 기본 삼각형의 모양과 크기가 다르기 때문에 동등 관계가 성립하지 못한다. 서로 합동하는 모든 삼각형은 하나의 동등 집합(同等 集合, equivalence class)을 이루며, 그 모든 삼각형은 합동한다는 동등 관계의 관점에서 동등하다. 그러나 서로 합동하지 않는 삼각형들은 제각기 다른 동등 집합에 속해 있다. 이처럼 합동 관계에 의해 정의된 동등 집합들 가운데 어느 한 집합에 속해 있는 모든 삼각형은 모양과 크기가 서로 같다.

또 하나 잘 알려져 있는 동등 집합의 예는 같은 수효의 원소를 가지고 있다는 관계인데, 이 관계는 집합들 사이에 성립한다. 이 관계의 관점에서 보면, 두 개의 원소를 가진 모든 집합 ― 한 켤레의 신발, 쌍두마차의 두 마리 말, 한 쌍의 부부, 한 쌍의 쌍둥이 등 ― 은 서로 동등하다. 그리고 이 집합은 세 개, 네 개, … 등의 원소를 가진 집합과는 동등하지 않다. 이러한 동등 집합들이 집합들의 집합이라는 사실에 마음을 쓸 필요는 없다. 집합들의 집합은 완전히 집합에 대한 정의에 맞는 집합이며, 더욱이 이러한 집합에 관해서 언급하는 일이 때로는 매우 유익하기 때문이다.

이제 앞에서 예로 사용했던 "동기간이다"라는 낱말의 정의를 어떤 사람이 제 자신의 동기일 수 있도록 약간 고친다면, 이 관계는 같은 부모를 가진다는 동등 관계가 된다. 이 관계에 의해서 이루어지는 동등 집합은 알고 보면 동일한 부모에서 태어난 일군의 아들과 딸이다.

순서 관계와 동등 관계를 효과적으로 결합시키면 양적 측정(量的 測定, quantitative measurement)의 기초를 마련할 수 있다. 예를 들어 무게를 측정하는 방법을 마련하고자 한다면, 처음에 양쪽 접시까지의 길이가 똑같은 천칭을 측정의 기초 기구로 삼고 시작할 수 있다. 이 천칭을 이용하면 그 양쪽 접시에 놓여 정확하게 수평을 이루는 두 물체 사이에 같은 무게를 가지고 있다는 동등 관계가 성립함을 확인할 수 있겠는데, 이 관계에 의해 무게가 같은 물체들의 동등 집합을 정의할 수 있다는 것은 누구나 금방 알 수 있을 것이다. 그 다음에는 …보다 무겁다라는 순서 관계를 도입하게 되는데, 이 관계는 무게가 다른 두 개의 물체 즉 천칭의 양쪽의 접시에 놓였을 때 한쪽은 올라가고 한쪽은 내려가는 두 개의 물체에 적용한다. 이 순서 관계는 측정의 대상이 되어 있는 모든 물체의 순서를 완벽하게 결정하지는 못하지만 ── 무게가 똑같은 물체들의 순서는 결정하지 못하니까 ── 같은 무게를 가지고 있다는 동등 관계에 의해서 정의되었던 동등 집합들 사이의 단순 순서를 정립할 수 있다. 이처럼 두 가지 관계를 적용하여 일단 동등 관계들 사이의 순서 관계가 정립되기만 하면, 그 다음에 해야 할 일은 무게의 표준 단위로 삼을 물체를 선택하는 일뿐인데, 이 선택이 이루어지면 무게를 수량적으로 측정하는 완벽한 척도가 모습을 드러내게 된다.(위에서 "무게가 같다"와 "…보다 무겁다"는 어구에 대하여 사용한 정의 방식은 제 4 장 제 2 절에서 조작적 정의(操作的 定義[operational definition〉)라는 이름으로 자세히 설명하겠다).

지금까지 설명한 관계의 세 가지 속성, 즉 대칭성 · 반대칭성 · 이행성은 논증에서 흔히 사용되는데, 통상 전제가 생략된 형태로 사용된다. 하지만 이 사실은 거의 대부분의 경우에 전혀 문제를 일으키지 않는다. 예를 들어 살펴보자.

d]　엘리스 여사는 남편 윌리암 씨보다 많은 돈을 번다.
　∴ 윌리암 씨는 아내 엘리스 여사보다 많은 돈을 벌지 못한다.

이 논증 속의 …보다 많은 돈을 번다는 관계가 반대칭 관계라는 사실을 아는 사람이라면 누구나 위의 논증에서 생략되어 있는 전제를 드러내어 진술한 아래의 논증이 연역적으로 타당하다는 것을 알 수 있을 것이다.

e] 엘리스 여사는 남편 윌리암 씨보다 많은 돈을 번다.
만일 x가 y보다 많은 돈을 번다면 y는 x보다 많은 돈을 벌지 못한다(관계에 대한 정의 a]에 의함).
∴ 윌리암 씨는 아내 엘리스 여사보다 많은 돈을 벌지 못한다.

이 논증의 타당성은 거의 설명이 필요 없을 정도로 명백하다. 그런데 이번에는 윌리암 씨가 상대적으로 적은 수입 때문에 아내 엘리스 여사에게 열등감을 느끼고 있다고 가정해 놓고 생각해 보자. 상당히 많은 사람이 금방 엘리스 여사는 남편인 윌리암 씨에게 열등감을 느끼지 않는다고 결론을 내릴 것이며, 더 나아가 확실히 어떤 사람들은 엘리스 여사가 남편인 윌리암 씨에게 우월감을 느낀다고 결론을 내릴 것이다.

그러나 이런 추리는 두 가지 과오를 범하고 있다. 첫번째 과오는 다음의 논증을 살펴보면 알 수 있다.

f] 윌리암 씨는 엘리스 여사에게 열등감을 느끼고 있다.
만일 x가 y에게 열등감을 느낀다면, y는 x에게 열등감을 느끼지 않는다(…에게 열등감을 느낀다라는 관계는 반대칭 관계다).
∴ 엘리스 여사는 윌리암 씨에게 열등감을 느끼지 않는다.

이 논증은 연역적으로 타당한 논증이긴 하지만 두 전제 가운데 하나가 그른 진술이다. 왜냐하면 …에게 열등감을 느낀다라는 관계가 반대칭 관계가 아니기 때문이다. 두 사람이 서로 상대방에게 열등감을 느끼는 일이 가능하다는 것은 두말 할 필요가 없으며, 현실적으로도 그런 일이 두 사람 사이에 자주 일어난다고 보아야 할 것이다. 그러나 이런 사실에 대한 연구는 심리학의 일이지 논리학의 일이 아니다.

두 번째 과오는 역관계에 대한 오해로 인해서 일어난다. 이 과오는 다음과 같은 식으로 일어난다고 설명할 수 있다.

g]　월리암 씨는 엘리스 여사에게 열등감을 느끼고 있다.
　우월하다라는 관계는 열등하다라는 관계의 역관계다.
∴ 엘리스 여사는 월리암 씨에게 우월감을 느끼고 있다.

이 논증의 문제점은 첫번째 전제가 …보다 열등하다라는 관계가 아니라 …에게 열등감을 느낀다라는 관계를 포함하고 있다는 사실에 있다. 실은 …에게 열등감을 느낀다는 관계의 역관계는 …에 의해 자기 자신보다 우월하다고 여겨지고 있다는 관계다. 따라서 첫번째 전제로부터 끌어 낼 수 있는 유일한 결론은 엘리스 여사가 월리암 씨에 의해 자기 자신보다 우월하다고 여겨지고 있다는 진술이다. 결국 …에 의해 자기 자신보다 우월하다고 여겨지고 있다는 관계가 …에게 우월감을 느낀다는 관계와 전혀 다르므로 논증 g]는 타당한 논증으로 판정될 수 있는 방도가 없다.

다시 훨씬 평이한 논증을 하나 더 살펴보자.

h]　아놀드는 브루스보다 힘이 세다.
　브루스는 찰스보다 힘이 세다.
∴ 아놀드는 찰스보다 힘이 세다.

이 논증을 살펴보면 …보다 힘이 세다라는 관계가 이행 관계라는 사실에 타당성의 기대를 걸고 있음을 알 수 있다. 이 논증을 완전한 논증으로 명확하게 진술하면 아래와 같다.

i] 아놀드는 브루스보다 힘이 세다.
브루스는 찰스보다 힘이 세다.
만일 x가 y보다 힘이 세고, y가 z보다 힘이 세다면, x는 z보다 힘이 세다(관계에 대한 정의 c]에 의함.)
∴ 아놀드는 찰스보다 힘이 세다.

그러고 보면 논증 h]에서 …보다 힘이 세다라는 관계가 이행 관계라고 상정했던 것은 잘못이 없었던 셈이다.

그러나 상당히 종잡기 어려운 경우도 있을 수 있다. 1982년도 윔블던 테니스 대회와 관련 있는 아래의 논증이 그런 예일 것이다.

j] 킹은 테니스 경기에서 오스틴을 이겼다.
로이드는 테니스 경기에서 킹을 이겼다.
∴ 세 선수가 리그전을 벌이면 로이드가 오스틴을 이길 것이다.

테니스의 개인 경기나 단체 경기의 승패를 웬만큼 경험해 본 사람은 논증 j]가 강한 논증이라고 여기지는 않을 것이다. 운동 경기에서 …를 이긴다라는 관계가 이행 관계가 아니라는 것이 너무나 명백하기 때문이다. 훌륭한 선수가 자기보다 못하는 선수에게 지는 경우도 있고, 강한 팀이 약한 팀에게 지는 경우도 있는 것이 현실이다. 그렇긴 하지만 논증은 아래와 같이 구성해 볼 수 있다.

k] 킹은 테니스 경기에서 오스틴을 이긴다.
로이드는 테니스 경기에서 킹을 이긴다.
테니스 경기에서 만일 x가 y를 이기고 y가 z을 이긴다면, x는 z을 이긴다.
∴ 로이드는 테니스 경기에서 오스틴을 이긴다.

위의 논증은 타당한 연역 논증이지만, 이 논증의 세 번째 전제가 실제로 옳을 가망이 없다는 것이 문제다. 예 f]의 …에게 열등감을 느낀다라는 관계가 반대칭 관계인가 아닌가, 예 k]의 테니스 경기에서 …를 이긴다라는 관계가 이행 관계인가 아닌가라는 물음은 사실에 관한 물음이지 논리에 관한 물음이 아니다. 그래도 논리학은 지금까지 살펴본 관계를 포함하고 있는 논증에 관련이 있다. 논리학이 관계의 대칭성과 이행성 같은 개념에 대한 정확한 정의를 마련해 주고, 이러한 논증이 연역적으로 타당하기 위해서는 어떠한 전제가 필요한가를 명료하게 알려 주어야 하기 때문이다.

관계의 이행성에 관한 모든 물음이 위에서 살펴본 운동 경기의 승패에 관한 물음처럼 간단히 답할 수 있는 물음인 것은 아니다. 실제로는 관계의 이행성에 대해서 잘못된 생각을 하기 쉽기 때문이다. 이제 상당히 중요한 결과와 관련이 있는 두 개의 예를 살펴보면서 관계에 관한 논의를 마무리짓기로 하겠다.

l]　당신 앞에 페인트가 한 통 있는데, 이 페인트와 색깔을 구별할 수 없는 다른 한 통의 페인트를 섞는다고 가정하자. 그리고 나서 두 번째 페인트와 색깔을 구별할 수 없는 세 번째 페인트를 한 통 다시 섞는다고 하자. 이런 경우 누구나 세 번째 페인트와 첫번째 페인트의 색깔도 구별할 수 없을 것이라고 추정하기 쉽다. 하지만 경험을 통해서 보면 기대와는 달리 색깔을 배합하는 관계는 이행 관계가 아니다. 첫번째 견본의 색깔과 두 번째 견본의 색깔이 거의 비슷하고, 두 번째 견본의 색깔과 세 번째 견본의 색깔이 거의 비슷한 데도 첫번째 견본의 색깔과 세 번째 견본의 색깔은 상당한 차이가 있을 수 있기 때문이다. 만일 당신이 세 통의 페인트를 섞어서 원래 원하던 색깔과 눈에 띄게 다른 색깔이 만들어지는 것을 피하려면, 세 통의 페인트를 각기 둘씩 배합해 보아야 안심할 수

있을 것이다. 그런데 이는 육안으로 색깔을 배합하는 일에 이행성을 가정해서는 안 된다는 것을 뜻한다.

이 예가 보여 준 지각으로 구별할 수 없다는 관계는 여러 가지 경험의 대상들 사이에 성립할 수 있지만, 언제나 비이행 관계로 밝혀지게 마련이다. 그리고 이 비이행성 때문에 지각으로 구별할 수 없다는 관계는 진정한 동등 관계를 만들어 내지 못한다. 이런 까닭에 앞에서 나왔던 무게의 동등성에 관한 예는 실은 무게가 다른 물체들을 완벽하게 식별해 내는 이상 천칭(ideal balance)을 가정으로 사용했던 것이다. 정말이지 사람이 만든 현실 천칭(real balance)을 사용하는 한 우리는 언제나 색깔의 배합의 경우에 부딪쳤던 문제와 똑같은 문제에 부딪치게 될 것이다.

관계의 이행성이 때로 성립하지 않는 또 하나의 중요한 영역은 개인의 선택(選擇, choice)과 선호(選好, preference)의 영역이다.

m] 누구나 선호 관계가 이행적 순서 관계, 즉 어떤 사람이 x를 y보다 더 좋아하고 y를 z보다 더 좋아한다면, 그 사람이 분명히 x를 z보다 더 좋아할 것이라고 생각하기 쉽다. 그러나 이 가정은 항상 옳지는 않다. 예컨대 존은 어떤 책을 갖는 일과 오페라를 감상하는 일 가운데서 선택해야 한다면, 오페라를 감상하는 쪽을 택할 수 있다. 한편 오페라를 감상하는 일과 훌륭한 식당에서 저녁 식사를 하는 일 가운데서 선택해야 한다면, 존은 맛있는 식사를 하는 쪽을 택할 수 있다. 그렇지만 존이 책을 갖는 일과 저녁 식사를 즐기는 일 가운데서 선택할 경우에는 오히려 책을 갖는 편을 택할 수 있는 것이다. 이 말은 선호가 비이행적으로 결정되어야 합리적이라는 뜻이 아니라, 선호가 비이행적으로 결정될 수 있다는 뜻이다.

그래도 혹시 존이 그의 선호의 비이행성을 잘 알고 있는 사기꾼에게 잘못 걸리면, 실제로 존에게 곤란한 일이 일어날 수 있다는 점을 주의해야 한다. 가령 존은 책을 가지고 있고, 나는 존이 그 책보다 더 좋아하는 오페라 입장권을 가지고 있다고 해 보자. 존은 실제로 그 책에다 웃돈 1달러를 얹어 주면서 오페라 입장권과 바꾸자고 할 것이다. (만일 존이 참으로 오페라 입장권을 그 책보다 더 좋아한다면, 그는 책과 입장권을 바꾸기 위해 무언가를 더 지불하려고 할 것이다). 게다가 내가 소지자에게 최고급의 식사를 제공하도록 되어 있는 식권을 가지고 있는데, 이번에는 존이 오페라 입장권보다 이 식권을 더 좋아한다고 가정해 보자. 다시 존은 실제로 오페라 입장권에다 1달러의 웃돈을 얹어 주면서 그 식권과 바꾸자고 할 것이다. 이제 (조금 전에 바꾸었던) 그 책과 이 식권 중에서 선택할 차례인데, 존의 선호의 비이행성이 사실이라면, 이번에는 존이 식권에다 1달러의 웃돈을 얹어 주면서 책과 바꿀 것이다. 이 교환 과정의 정확한 결과는 무얼까? 존은 단지 원래 갖고 있던 자기의 책을 갖고 있는 데 반해서, 나는 처음에 갖고 있던 오페라 입장권과 식권에 더해서 교환이 시작되기 전에는 없었던 3달러의 돈을 갖게 된다는 것이다. 누구도 이런 뻔한 속임수에 넘어가 당하는 경우는 있을 것 같지 않지만, 그래도 실제로 사람들의 선호가 비이행적으로 이루어지는 경우가 있는 것이 사실이며, 따라서 위의 상상의 교환은 우리의 선호에 참으로 비합리적인 면이 있다는 것을 보여 주는 예라고 하겠다.

13. 양화사 — 전칭 오류

앞의 제 9 절에서 A진술을 분석할 때, "모든 고래는 포유류다"라는 진술을 "만일 어떤 것이 고래라면 그것은 포유류다"라는 진술로 바꾸어 표현할 수 있다고 했던 말을 독자는 기억할 것이다. 우리는 이 해석을 인정해 왔으므로, 다시 이 조건 진술을 분석해서 "모든 x에 대하여 만일 x가 고래라면 x는 포유류다"라는 진술로 표현할 수 있겠는데, 이 새로운 진술에 사용된 문자 "x"는 보편적 실질 조건 진술을 표현하기 위해 도입된 변항이다. 이렇게 되면 논리학의 표준 표기법으로 사용하기 위해 "임의의 대상 x에 대하여"라는 어구를 "(x)"로 압축하여 표현할 수 있는데, 이 기호를 보편 양화사(普遍 量化辭, universal quantifier)라 한다. 이제 "x는 고래다"라는 진술을 "Wx"로, "x는 포유류다"라는 진술을 "Mx"로 압축하여 표현하기로 하고, 실질 함언의 기호 "⊃"을 이용하면, 우리는 A진술을 다음과 같이 기호화할 수 있다.

a] $(x)[Wx \supset Mx]$

그렇다면 "모든 거미는 곤충이 아니다"라는 E진술은 아래와 같이 기호화할 수 있다.

b] $(x)[Sx \supset \sim Ix]$

앞에서 정언 논증을 다룰 때에는 이러한 표기법을 도입하지 않았는데, 그 이유는 정언 논증에 관해서는 이러한 표기법을 도입해도 별다른 이익이 없기 때문이었다. 정언 논증을 다룰 때에는 일상언어의 표현을 약간 압축시킨 표현만으로 충분하다.

그러나 바로 앞의 제12절에서는 "x"·"y"·"z" 등의 변항을 도입하는 것이 사실상 필수 불가결한 일이었으며, 특히 서로 관계를 유지하고 있는 여러 가지 다른 것을 기억하는 목적을 위해서 반드시 필요한 일이라는 것을 알 수 있었다. 이 때문에 앞 절에서는 관계의 반사성·대칭성·이행성이라는 개념을 정의하기 위해 진리 함수 연결사들과 약간의 변항을 사용하였다. 이제 보편 양화사를 추가하면, 이행성은 다음과 같이 정의할 수 있다.

c]　관계 R은 이행 관계다 =정의 $(x)(y)(z)[(xRy \cdot yRz) \supset xRz]$

보편 양화사와 더불어 또 하나의 양화사, 즉 특수 양화사(特殊量化辭, existential quantifier, 존재 양화사라고도 함)를 도입하는 것이 편리한데, 이 양화사는 I진술을 기호화하는 데 사용할 수 있다. 의미가 한 눈에 명백하게 파악되는 압축 표현을 사용함으로써 "약간의 금강석은 비싸다"라는 진술은 다음과 같이 적을 수 있다.

d]　$(\exists x)[Dx \cdot Ex]$

위의 표현에 사용된 특수 양화사 "$(\exists x)$"는 "…한 대상 x가 적어도 하나 있다"로 읽거나 "약간의 대상 x에 대하여"로 읽는다. 한편 O진술인 "약간의 동물은 육식하지 않는다"라는 진술은 아래와 같이 기호화할 수 있다.

e]　$(\exists x)[Ax \cdot \sim Cx]$

여기까지의 작업을 통하여 네 가지 유형의 정언 진술을 기호 표기법에 따라 바꾼 번역문을 확인한 셈이다.

그런데 앞의 제 9 절에서 네 가지 정언 진술 사이의 관계를 언급할 때, A진술과 O진술은 서로 모순 관계에 있다고 지적한 적이 있었다. 그러니까 O진술은 그와 짝을 이루는 A진술의 부정 진술과 동등하다. 다시 말하면 "약간의 동물은 육식하지 않는다"라는 O진술은 "모든 동물이 육식하는 것은 아니다"라는 진술과 같다. 따라서 문장 e]는 다음 문장과 같아야 한다.

f] $\sim(x)[Ax \supset Cx]$

독자는 진리치표를 작성하여 "$Ax \cdot \sim Cx$"가 "$\sim(Ax \supset Cx)$"와 동등하다는 것을 증명할 수 있을 것이고, 다시 그 진리치표에 의거해서 문장 e]와 f] 둘 다 아래 문장과 같다는 것을 증명할 수 있을 것이다.

g] $(\exists x)\sim[Ax \supset Cx]$

그러고 보면 "$\sim(x)$"라는 기호가 "$(\exists x)\sim$"라는 기호와 같은 의미를 갖고 있음을 알 수 있다. 이번에는 A진술과 그와 짝을 이루는 O진술의 부정 진술의 동등성에서 시작하여 이와 똑같은 방식의 논증을 통해 "$\sim(\exists x)$"라는 기호와 "$(x)\sim$"라는 기호가 같은 의미를 갖는다는 것을 증명할 수 있을 것이다.

양화사의 사용을 형식주의에 빠졌다는 말을 들을 정도로 고집하는 것은 정언 논리와 단순한 집합 논리를 다루는 경우에는 오히려 적절하지 못한데, 그 이유는 단 하나의 변항만으로도 이 두 영역에 속하는 논증을 형식화하기 위해 필요한 모든 일을 충분히 할 수 있기 때문이다. 양화사가 참으로 유용한 경우는 오직 관계 논리를 다룰 때뿐이다. 관계 논리를 다루는 경우에는 여러 가지 변항을 계속 추적해야 하기 때문이다. 이 점은 아주 단순한 관계 진술을 몇 개 예로 들어 증명할 수 있다.

h] $(x)(y)xLy$ 개개의 사람 모두가 개개의 사람 모두를 사랑한다.

i] $(\exists x)(\exists y)xLy$ 누군가가 누군가를 사랑한다.

위의 두 진술은 그 뜻이 매우 선명하다. 그러나 하나의 진술 속에 보편 양화사와 특수 양화사가 함께 사용된 경우에는 사정이 약간 복잡하게 된다. 아래의 두 진술을 살펴보자.

j] $(\exists x)(y)xLy$ 누군가가 개개의 사람 모두를 사랑한다.

k] $(y)(\exists x)xLy$ 개개의 사람 모두가 누군가의 사랑을 받는다.

위의 두 진술은 겉으로는 양화사의 순서만 다르지만, 의미는 근본적으로 다르다. 진술 j]는 모든 사람 — 즉 화자 자신을 포함하는 모든 사람 — 을 사랑하는 어떤 사람(이를테면 슈바이쳐 같은 사람)이 하나 있다고 주장하고 있다. 이와 달리 진술 k]는 사람은 누구나 어떤 사람(이를테면 어머니)의 사랑을 받지만, 사람마다 그 사람을 사랑해 주는 사람이 다르다고 주장하고 있다. 진술 k]는 어떤 방식으로도 어느 한 사람이 모든 사람을 사랑한다는 주장으로 해석될 수 없다. 다음의 두 진술에 대해서도 위와 비슷한 점을 지적할 수 있다.

l] $(\exists y)(x)xLy$ 누군가가 개개의 사람 모두의 사랑을 받는다.

m] $(x)(\exists y)xLy$ 개개의 사람 모두가 누군가를 사랑한다.

진술 l]은 모든 사람의 사랑을 받는 사람이 하나 있다고 주장하고 있는 반면에, 진술 m]은 단지 사람은 누구나 누군가를 사랑한다고 주장할 뿐이지 모든 사람의 사랑을 받는 사람이 누군가 하나 있다는 뜻을 함의하고 있지 않다.

그러고 보면 h]에서 m]까지 여섯 개의 진술은 각기 의미가 다르다. 게다가 j]에서 m]까지 네 개의 진술은 매우 중요한 점을 예증하고 있다. 그것은 보편 양화사와 특수 양화사가 섞여 사용된 진술의 경우에는 양화사들의 순서가 의미의 본질적 요소라는 것이다. 이 원리를 잊으면 아주 일상적 오류에 떨어지는 수가 있는데, 이 오류는 아마 전칭 오류(全稱 誤謬, fallacy of “every” and “all”)라고 부르는 것이 적절할 것이다.

진술 l]의 형식 문장(形式 文章, fomulea), 즉 $(\exists y)(x)xLy$는 우리말의 훌륭한 일상어 문장인 “누군가가 모든 사람의 사랑을 받는다”로 바꿀 수 있고, 진술 m]의 형식 문장, 즉 $(x)(\exists y)xLy$의 경우에는 “개개의 사람 모두가 누군가를 사랑한다”로 바꿀 수 있을 것이다. 그리고 이 두 진술을 살펴보면 진술 m]으로부터 진술 l]을 논리적으로 끌어 낼 수 없다는 것은 아주 명백하다. 왜냐하면 진술 m]은 개개의 사람 모두의 사랑을 받는 사람이 모든 경우에 동일인이라고 주장하지 않고 있는 데 반해서, 진술 l]은 개개의 사람 모두의 사랑을 받는 사람이 어느 경우에나 동일인이라고 정확하게 주장하고 있기 때문이다. 일반적으로 말하면 “개개의 모두”에서 “모든”으로 건너가는 추리는 오류다. 이 오류는 구체적 사물을 대상으로 하여 추리를 하는 사람에게는 쉽게 일어나지 않는다. 예컨대 우리가 어떤 컨트리 클럽의 개개의 회원 모두가 스포츠카를 타고 다닌다는 말을 들었다 해도 그 클럽의 모든 회원이 동일한 스포츠카를 타고 다닌다고 생각할 사람은 없을 것이기 때문이다. 이 그릇된 논증을 명확하게 적어 보자.

n] 컨트리 클럽의 개개의 회원 모두가 스포츠카를 타고 다닌다.
∴ 컨트리 클럽의 모든 회원이 타고 다니는 스포츠카가 있다.

이 논증의 전제는 어떤 관계, 즉 타고 다닌다라는 관계가 두 개의 집합 ── 컨트리 클럽 회원이라는 집합과 스포츠카라는 집합 ── 사이에 성립한다고 주장하고 있다. 이는 첫번째 집합의 개개의 회원 모두가 두 번째 집합의 원소들 가운데 어느 원소와 그 관계를 유지하고 있다는 주장이다. 그런데 결론은 첫번째 집합의 개개의 회원 모두가 두 번째 집합 속의 동일한 원소와 그 관계를 유지한다고 주장하고 있다. 이는 그 관계가 첫번째 집합의 모든 원소와 두 번째 집합의 어떤 하나의 원소 사이에 성립한다는 주장이다. 이 논증의 형식을 정리하면 다음과 같다.

o] 개개의 F 모두가 *R*이란 관계를 맺고 있는 G가 있다.
∴ 모든 F가 *R*이란 관계를 맺고 있는 G가 있다.[10)]

이 형식을 그림으로 나타낸 것이 다음 〈그림 14〉다. 그림 속의 *x*는 집합 F에 속하는 원소들이고, *y*는 집합 G에 속하는 원소들이다. 하나의 "*x*"와 하나의 "*y*"를 연결하는 선은 집합 F의 그 원소와 집합 G의 그 원소 사이에 성립하는 관계 R을 나타낸다. 이 그림에서 전제는 집합 G에 속하는 개개의 원소 모두가 집합 F에 속하는 어떤 원소와 관계를 맺어야 한다는 것을 요구하지 않을 뿐더러, 집합 G에 속하는 어느 원소가 집합 F에 속하는 하나 이상의 원소와 관계를 맺을 수 있는 가능성도 배제하지 않는다는 사실을 주목하기 바란다. 따라서 형식 o]가 부당하다는 것은 명백하다. 전제를 나타내는 그림은 결론을 나타내는 그림과 아무런 관계 없이 성립할 수

10) 사랑한다는 관계를 다룬 예에서는 집합 F와 G가 모두 사람들의 집합이어야 할 것이다.

〈그림 14〉

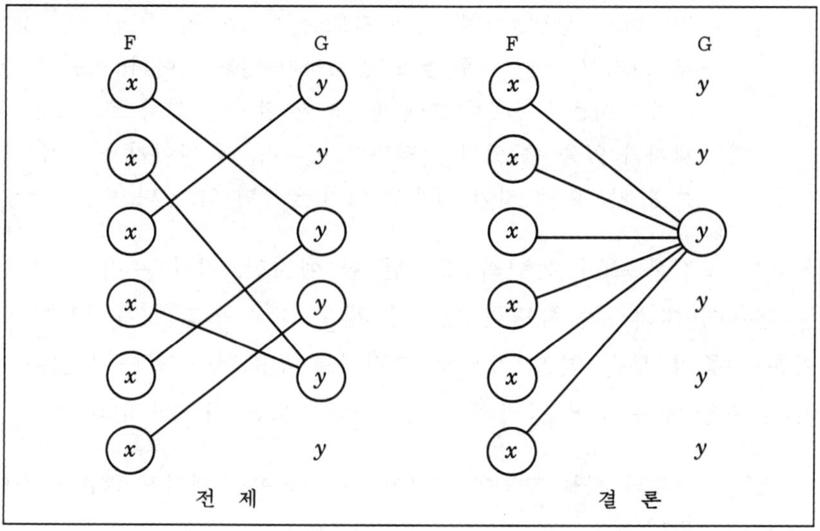

있기 때문이다.

이제 토마스 아퀴나스(Thomas Aquinas, 1225?~1274)가 신이 실제로 있음을 증명하기 위해 제시한 세 번째 증명을 검토해 보자.

p] 세 번째 증명은 가능성과 필연성을 근거로 삼아 다음과 같이 이루어진다. 우리는 자연 속에서 존재할 수도 있고, 존재하지 않을 수도 있는 사물들을 대하며 살고 있다. 이는 원래 사물들이 생성되고 소멸하도록 이루어져 있어서 존재할 수도 있고, 존재하지 않을 수도 있기 때문이다. 그러나 이런 사물들이 영원히 존재한다는 것은 불가능하다. 그 까닭은 어느 땐가 존재하지 않도록 되어 있는 것은 바로 그 시간에는 존재하지 않을 것이기 때문이다. 그러므로 만일 개개의 사물 모두가 존재하지 않을 수 있다면, 한때 아무 것도 존재하지 않았을 것이다. 만일 이것이 사실이라면 지금 아무 것도 존재하지 않아야 할 것이다. 왜냐하면 존재하게 되는 것은 이미 존재하는 어떤 것에

> 의해서만 존재하게 되기 때문이다. 그러므로 한때 아무 것도 존재하지 않았었다면, 아무 것도 존재하게 될 수 없었을 것이다. 그래서 지금 아무 것도 존재하지 않을 것이다. 이는 (지금 수많은 사물이 존재하니까) 불합리한 말이다. 그러므로 모든 존재자가 있을 수 있다는 것뿐만 아니라, 더 나아가 필연적으로 존재하는 어떤 것이 실제로 있지 않으면 안 된다.[11]

이 구절은 귀류 논법의 훌륭한 한 예지만, 지금 우리는 이 논증 전체에 대해서는 특별한 관심이 없다. 지금 우리의 관심사는 이 귀류 논증의 부속 연역 가운데 고딕체로 인쇄되어 있는 부분이다. 이 부분을 뽑아 내어 명확하게 다시 적어 보면 다음과 같다.

q] 개개의 사물 모두에 대하여, 그 사물이 존재하지 않는 시간이 있다.
∴ 모든 사물이 존재하지 않는 시간이 있다.

논증 q]가 형식 o]를 지니고 있음은 분명하다. 논증 q]에 포함되어 있는 두 집합은 사물들의 집합과 시간들의 집합이고, 관계는 하나의 사물이 어떤 시간에 존재하지 않는다라는 관계다.

이와 똑같은 과오가 때로 근본적 실체(實體, substance)가 실제로 있다는 것을 증명하기 위해 고안된 철학적 논증에서 일어나고 있다. 실체는 흔히 변화의 과정 속에서 언제나 동일하게 남아 있는 어떤 것으로 여겨지고 있다. 이런 식의 실체가 실제로 있다는 논증은 아래와 같이 전개된다.

r] 변화라는 개념은 상대적 개념이다. 변화라는 개념은 개개의

11) *The "Summa Theologia" of St. Thomas Aquinas,* Part I, trans. Fathers of the English Dominican Province, 2nd and rev. ed.(London : Burns Oates & Washbourne Ltd., New York : Benziger Brothers, 1920), p. 25f. 허가를 얻어 인용했다. 고딕체는 역자가 사용하였다.

> 변화가 이루어지는 처음부터 끝까지 변하지 않고 남아 있는 어떤 것이 존재해야 한다는 것을 필요로 한다. 그렇지 않으면 변하는 하나의 사물에 관하여 언급하는 일이 정당화되지 못할 것이다. 왜냐하면 완전히 별개의 사물이라 해야 할 두 개의 사물이 존재하게 될 뿐이기 때문이다. 예컨대 한 사람은 유아로부터 성인으로 성장함에 따라 여러 가지 방식으로 변하면서도 무언가는 항구적이고 변하지 않는 것이 있어야 한다. 그렇지 않으면 그 어린이와 어른을 동일한 사람으로 간주할 근거가 전혀 없기 때문이다. 세계는 언제나 변화로 가득 차 있다. **개개의 변화 모두가 항구적이고 변하지 않는 어떤 것을 필요로 하기 때문에, 모든 변화를 통하여 변하지 않는 어떤 것이 존재해야 한다.** 이것이 바로 실체다.

위의 구절 가운데 고딕체로 쓰인 부분 앞까지의 진술은 마지막에 제시되어 있는 논증의 전제에 대한 정당화를 시도하고 있다. 우리가 관심을 가지고 있는 논증(고딕체 부분)은 다음과 같이 바꾸어 쓸 수 있다.

s] 개개의 변화 모두에는 그 과정에서 변하지 않는 어떤 것이 있다.
∴ 모든 변화에는 그 과정에서 변하지 않는 것, 즉 실체가 있다.

이 논증 역시 형식 o]로 되어 있다. 이 논증 속의 두 집합은 변화들의 집합과 사물들의 집합이고, 관계는 **…하는 과정에서 변하지 않고 남아 있다**라는 관계다.

14. 연역 논리학

현대 연역 논리학은 흔히 기호 논리학(記號 論理學, symbolic logic)이나 수학적 논리학(數學的 論理學, mathematical logic)이라 불리는데, 그 까닭은 수학에서 사용하는 것과 매우 비슷한 기호 장치(記號 裝置, symbolic apparatus)를 사용하고 있기 때문이다. 앞에서 논증의 기초 유형들을 살펴볼 때, 우리는 약간의 특수한 기호를 도입하는 것이 편리하다는 것을 깨달았었다. 우리가 지금까지 사용해온 표기법은 약간의 변형이 있기는 하지만 매우 표준적인 표기법이다. 저자에 따라서는 연언의 기호를 "·" 대신에 "&"를 사용하고, 실질 함언의 기호로서 "⊃" 대신에 "→"를 사용하며, 또 실질 동치의 기호로서 "≡" 대신에 "↔"를 사용하기도 한다. 이러한 차이는 사소한 것이라서 쉽게 조정할 수 있다.[12)]

12) 이보다 훨씬 더 큰 차이를 보여 주는 기호 표기법은 이른바 폴랜드 학파의 표기법이다. 이 학파에서는 "$\sim p$"는 "*Np*"로, "$p \cdot q$"는 "*Kpq*"로, "$p \vee q$"는 "*Apq*"로, "$p \supset q$"는 "*Cpq*"로, "$p \equiv q$"는 "*Epq*"로 표기한다. 예컨대 "$[p \cdot (p \supset q)] \supset q$"라는 형식문은 "*CKpCpqq*"로 적는다. 이 표기법은 "*Cpq*"로 적힌 가장 안쪽의 실질 함언에서 출발해서 여기에다 "*p*"를 결합하여 "*KpCpq*"라고 쓰고, 다시 이 전체를 전건으로 삼고 다시 함언을 구성하면 "*CKpCpqq*"라는 최종 형식 문장이 만들어진다. 이 기호 표기법은 특별한 기호의 키를 만들어 끼우지 않고서도 모든 표준형 타자기로 칠 수 있으며, 형식문의 부분들을 묶기 위한 (,) · [,] 등의 괄호가 전혀 필요하지 않다는 이점이 있다. 그렇긴 해도 이 책에서 채택한 표기법은 가장 널리 사용되고 있으며, 역자가 보기로는 (어쩌면 논리학을 처음 배울 때 이 표기법으로 훈련을 받았기 때문에 얻어진 생각에 지나지 않는지 모르지만) 형식 문장들이 지닌 논리적 구조를 더욱 분명하게 드러내 보여 준다고 생각된다.

고등학교에서 기초 대수학 정도만이라도 배운 사람은 누구나 특수한 기호 장치의 진정한 가치를 인정할 것이다. 그대로는 상당히 다루기 힘든 "이야기식 문제"가 변항들을 나타내는 문자와 몇 가지 연산 기호를 사용하게 되면 쉽게 처리할 수 있는 등식으로 바뀔 수 있고, 여기에다 분명한 말로 자세히 설명되어 있는 연산 규칙들을 적용하면 쉽게 풀 수 있다는 경험을 누구나 해보았을 텐데, 그래서 기초 대수학의 경우와 마찬가지로 연역 논리학에서 가장 어려운 대목이 일상의 언어로 구성되어 있는 문제를 연역 논리학의 언어로 바꾸어 표현하는 일이라는 사실을 흔히 깨닫게 된다. 이 때문에 우리는 일상 언어에 나타나는 여러 가지 진술(한 예로 조건 진술)을 형식 문장으로 표현하는 몇 가지 다른 방법을 고안하는 일에 상당히 많은 수고를 해야 했었다.

연역 논리학에서 특별한 기호를 사용하여 얻는 한 가지 이점은 간결성(簡潔性, brevity)이다. 이 점은 "$\exists x$"라는 표현이 "…한 대상 x가 적어도 하나 있다"라는 표현보다 훨씬 더 간결하다는 사실이 보여 준다. 그러나 이보다 더 큰 이점은 정확성(正確性, precision)이다. "또는"이란 말의 포괄적 의미와 배척적 의미를 정확하게 구별하는 일이 결정적으로 중요하다는 것이 한 예일 것이다. "그리고"와 "그러나"라는 말이 지닌 심리적 차이뿐만 아니라 논리적 유사성

어떤 전자 계산기에는 일련의 연산 처리를 단순하게 처리하기 위해 이와 비슷한 착상이 사용되고 있다. 이 방법은 "폴랜드 학파 표기법의 역순"(Reverse Polish Notation)으로 진행되기 때문에 "RPN"이라 불리고 있다. 예컨대 두 개의 수를 더하거나 곱하려 한다고 해보자. 이 방법은 처음에 하나의 수를 입력하고 다음에 연산을 입력하고 나서 두 번째 수를 입력하는 대신에, 처음에 두 수를 입력하고 나서 연산을 입력한다. 이 순서는 바로 폴랜드 학파 표기법의 역순인 셈인데, 폴랜드 학파의 표기법은 먼저 연산을 입력한 다음에 그 연산이 적용될 두 개의 진술을 입력하기 때문이다. 이제 "A"를 "더하기 연산"의 기호로, "M"을 "곱하기 연산"의 기호로 사용하기로 하고, x와 y를 더한 값을 z으로 곱하려 한다고 해보자. 이 방법에 의하여 전자 계산기에 "$xyAzM$"을 입력하면, 모니터 화면에는 "$(x+y)\times z$"라고 계산되어 나온다.

을 정확하게 이해하는 것도 반드시 필요한 일이다. 마찬가지로 "그리고"라는 말이 지닌 진리 함수적 의미를 이 말의 시간적 의미, 즉 "그리고 나서"라는 의미와 구별하지 않으면 안 된다. 일상의 언어에서는 낱말들이 애매하고 막연하게 사용되지만, 논리학의 목적을 위해서는 정확한 언어가 필요하다.

기호 언어(記號 言語, symbolic language)가 발휘하는 한층 더 의의 있는 이점은 명석성(明晳性, perspicuity)에 있다. 기호 언어를 마련하는 일은 한갓 속기법을 개발하는 일이 아니며, 또 단지 일상 언어를 더 정확하게 개선하는 일도 아니다. 이 일을 통해 우리는 진술들과 논증들의 논리적 구조를 명확하게 드러내려고 노력하고 있는 것이다. 그런 예들 가운데서도 중요한 실례가 A진술을 보편적 실질 조건 진술로 해석하는 경우인데, 이 해석에 따른 형식 문장이 다른 해석에 따른 형식 문장보다 더 간결하거나 정확하지 않을지라도 A진술을 보편적 실질 조건 진술로 해석해야 한다는 것을 깨닫는 것이 중요하다. 앞에서 진리 함수적 실질 함언을 정의할 때 우리가 조건 진술들의 논리적 핵심을 구체화시키는 연산을 확립하기 위해서 "만일 …라면 …이다"라는 어구의 일상적 용법을 의도적으로 벗어났던 것은 바로 이 때문이었다.

기호 표현 체계가 지닌 단연코 가장 큰 이점은 이 체계가 약간의 간명하게 정식화시킨 규칙에 따라서 정교하게 부릴 수 있는 비교적 적은 수효의 엄격하게 정의된 기호를 사용하고 있다는 사실에 있다. 전건 긍정 논법은 아주 훌륭한 예다. 이 논증 형식은 누구나 어떤 형태의 진술들(즉 어떤 조건 진술과 그 전건 진술)을 전제로 확보한 경우에는 언제나 다른 형태의 진술(즉 그 조건 진술의 후건 진술)을 주장할 수 있다는 것을 알려 주고 있다. 이 밖에도 대입 규칙과 일반화 규칙 같은 다른 규칙을 예로 들 수도 있지만, 이 책에서 자세히 논할 수는 없겠다. 혹시 독자가 논리학 체계의 완벽한 모습과 정교한 구조를 알고 싶다면, 이 책의 끝에 있는 "더 읽어야 할 책들"을 읽으면 좋을 것이다.

이 책에서 사용한 기호 장치는 논리학의 완벽한 기초 체계를 세우는 일에 놀라울 정도로 정확하게 들어맞는다. 앞으로 논리학을 더 공부하다 보면 개체들을 나타내는 변항뿐만 아니라, 고유 명칭들이 필요한 날도 올 것이다. 그 때에는 아마 두 개의 개체가 서로 별개의 것임을 그것들의 동일성을 부정함으로써 주장하기 위해 논리적 동일성이라는 개념을 필요로 할 것이다. 더 나아가 언젠가는 3항 관계, 4항 관계 등의 관계를 표현하는 관계 기호의 필요성도 확실히 느끼게 될 것이다. 그러나 이러한 보충 작업은 지금까지의 내용을 공부한 일에 비해서 별로 어려운 일이 아니다. 우리는 지금까지 공부한 논리학의 기초 체계들, 즉 일차 질서 논리학(一次 秩序 論理學, first-order logic)[13]만 이용해도 이제까지 다룬 모든 예들보다 깜짝 놀랄 만큼 복잡하고 미묘한 논증들을 분석하고 평가할 수 있다.[14]

---

13) 지금까지 공부한 논리 체계들은 일차 질서를 대상으로 하고 있는데, 그 이유는 이 논리 체계들이 개체들을 언급하는 기호와 개체의 속성들을 언급하는 기호, 그리고 개체들에 적용되는 양화사만 포함하고 있기 때문이다. 이 논리 체계들은 개체의 속성들의 속성을 언급하는 기호도, 개체의 속성들에 적용되는 양화사도 갖추고 있지 않다. 우리는 이 일차 질서 논리학을 가지고 "모든 보이 스카웃 단원은 믿음직스럽다," "모든 보이 스카웃 단원은 성실하다," "모든 보이 스카웃 단원은 유능하다" 등의 진술은 쉽사리 다룰 수 있지만, "모든 보이 스카웃 단원은 전혀 결점(좋지 못한 속성)이 없다"는 진술은 보이 스카웃 단원들의 모든 속성에 대하여 언급하고 있기 때문에 형식 문장으로 번역할 수 없다. 이 진술은 어떤 보이 스카웃 단원들의 어떤 속성도 결점이 아니라고 말하고 있기 때문이다.

14) 지금까지 제 2 장에서 해온 바와 같이 타당한 연역 논증 형식들 가운데 비교적 단순하고 익숙한 연역 논증 형식들[〈연구편〉에 소개한 추리 규칙 9개, 대치 규칙 10개, 양화 규칙 4개]을 이용하여 다른 모든 연역 논증 형식의 타당성과 부당성을 증명하는 연역 논리학 체계를 "자연 연역"(natural deduction) 또는 "자연 연역 체계"(natural deduction system)라 한다. 이 용어는 "공리 연역 체계"(axiomatic deduction system)와 대칭을 이루는 말이다.

제 3 장

귀 납

귀 납

귀납 논증은 연역 논증과 달리 전제의 내용을 넘어선 새로운 내용을 주장하는 결론을 내세운다. 귀납 논증이 유익하게 쓰이는 것은 바로 이 특성 때문이긴 하지만, 그와 동시에 이 특성은 귀납적 입증이라는 개념을 분석하는 과정에 지극히 어려운 철학적 문제들을 일으킨다. 그러나 이런 어려움이 있다 하더라도 — 철학적으로 아주 미묘한 사항에는 얽히지 않으면서 — 귀납 논증의 여러 가지 중요한 형식과 흔히 부딪치는 약간의 귀납적 오류를 명확하게 설명하고 검사할 수 있다. 이 장에서는 귀납 논증들 가운데 가장 단순한 유형인 귀납적 일반화 논증에서 시작하여 유비 논증, 인과 추론, 과학적 가설을 확증하는 논증과 함께 여러 가지 다른 유형의 귀납 논증을 살펴보고자 한다. 이런 여러 가지 귀납 논증은 가장 기초적 수준의 지식이랄 수 있는 상식에서부터 학문의 매우 복잡한 영역에 이르기까지 거의 모든 지식의 토대를 이루고 있다.

I. 귀납의 정당성

우리가 논증을 만드는 근본 목적은 귀납 논증이건 연역 논증이건 옳은 전제를 근거로 삼아 옳은 결론을 확립하는 것이다. 사람은 누구나 자신이 만들어 내세우는 논증이 옳은 전제를 갖추고 있다면 결론도 옳기를 바란다. 독자가 이미 잘 알고 있는 바와 같이 연역 논증은 반드시 이 특징을 지니고 있다. 그러나 귀납 논증은 또 하나의 다른 목적을 갖고 있다. 귀납 논증은 전제의 내용을 넘어선 새로운 내용을 지닌 결론을 확립하려는 의도를 갖고 있다. 이 일을 이루기 위해서 귀납 논증은 연역 논증이 지니고 있는 필연성을 희생시키지 않을 수 없다. 논리적으로 올바른 귀납 논증은 타당한 연역 논증과 달리 옳은 전제와 그른 결론을 갖는 수도 있다. 그렇지만 귀납 논증의 전제가 옳다는 사실이 결론이 옳다는 것을 보증할 수는 없을지라도, 올바른 귀납 논증의 전제는 여전히 결론을 입증하거나 결론의 신뢰도를 높여 준다. 달리 말하면 이미 제1장 제4절에서 지적했던 바와 같이 타당한 연역 논증의 경우에는 전제가 옳으면 결론이 반드시 옳아야 하는 데 반해서, 올바른 귀납 논증의 경우에는 전제가 옳다 하더라도 결론에 대하여 할 수 있는 최선의 말은 "아마 옳을 것이다"라는 말뿐이다.

역시 제1장 제4절에서 지적했던 사실이지만, 연역 논증은 완전히 타당하거나 아니면 전적으로 부당하다. 다시 말해서 연역 논증에는 어느 정도 타당하다고 말할 수 있도록 해주는 타당성의 정도가 전혀 없다. 이 때문에 "타당하다"(valid)라는 용어는 오직 연역 논증에만 사용하기로 하고, 귀납 논증을 평가하기 위해서는 "올바르다"(correct)라는 용어를 계속해서 사용하기로 하겠다. 그러나 귀납 논증을 아예 절대적으로 쓸모 없게 만들어버리기도 하고, 실제적으로 쓸모 없게 만들어버리기도 하는 분명한 과오가 없는 것은 아니다. 이러한 과오를 귀납적 오류(歸納的 誤謬, inductive fallacy)라고 부른다. 그러니까 어떤 귀납 논증이 오류 논증, 즉 그릇된 논증이라면, 그 논증의 전제는 결론을 입증하지 못한다. 한편 올바른 귀납 논증에는 입증의 강도나 힘에 정도나 등급이 있다. 올바른 귀납 논증의 전제는 결론을 아주 확실하거나, 상당히 확실하거나, 약간 확실한 진술로 여기게 할 수 있다. 따라서 올바른 귀납 논증의 전제는 ―― 물론 옳은 경우에만 ―― 결론을 승인하는 근거로서 어느 정도의 힘을 발휘하게 된다.

귀납 논증과 연역 논증에는 지금까지 언급한 내용과 밀접한 관련이 있는 또 하나의 차이점이 있다. 앞에서 우리는 어떤 논증이 일단 타당한 연역 논증으로 판정되고 나면, 이 논증의 타당성을 파괴하지 않으면서 전제를 필요한 만큼 덧붙일 수 있었다. 이 사실은 한 눈에 명백하다. 타당한 연역 논증은 만일 전제가 옳다면 결론이 옳을 수밖에 없는 논증이므로, 원래의 전제가 그대로 유지되고 있는 한 아무리 많은 전제가 추가되어도 이 특성은 변하지 않기 때문이다. 이와 달리 귀납 논증의 전제가 결론을 입증하는 힘의 정도는 추가되는 전제가 새로운 증거를 제공함에 따라서 증가할 수도 있고 감소할 수도 있다. 귀납 논증의 결론은 전제가 옳을지라도 그를 수 있기 때문에, 결론과 관련 있는 추가 증거는 결론이 참으로 옳은가 그른가를 좀더 확실하게 판정하게 해줄 수 있다. 이와 같이 추가 증거가 결론이 입증되는 정도에 관여할 수 있다는 것은 오직 귀납 논증에서만 발견되는 일반적 특성이며, 연역 논증에서는 전혀 찾아볼 수 없다. 귀납 논증이 개입되어 있는 문제에서는 추가 증거가 결정적으로 중요한 역할을 하는 수가 있다.

이제 다음 절부터 귀납 논증의 여러 가지 올바른 유형과 몇 가지 귀납적 오류를 고찰하고자 한다. 그러나 이 논의를 시작하기 전에 귀납의 정당성(inductive correctness)에 관한 근본적 문제에 대하여 언급하고 나아가는 것이 좋을 것 같다. 영국의 철학자 휴움(D. Hume, 1711~1776)은 〈인성론〉(人性論, A Treatise of Human Nature)과 〈지성론〉(知性論, An Enquiry Concerning Human Understanding)에서 귀납의 정당성을 증명하려고 할 때 일어나는 지극히 어려운 문제점을 지적하였다. 이 문제는 통상 "귀납의 정당화에 관한 문제"라 불리는데, 지금까지도 철학계에서 주목할 만한 논쟁이 진행되고 있다. 전문 철학자들 사이에서도 귀납의 정당성은 과연 성립할 수 있는가, 휴움이 제기한 문제 자체는 참다운 문제인가, 특정한 유형의 귀납 논증이 올바르다는 것을 증명하는 방법은 어떠해야 하는가에 대하여 크게 의견의 불일치를 보이고 있다.[1] 이런 논쟁이 진행되고 있음에도 불구하고, 어떤 유형의 귀납 논증이 올바른 귀납 논증인가에 대해서는 모든 철학자가 도달한 합리적 결론이라고 해도 좋을 만큼 의견의 일치를 보고 있다. 그러므로 앞으로의 논의에서

---

1) 저자가 대화체로 쓴 "An Encounter with David Hume"이라는 글이 Joel Feinberg가 편집한 *Reason and Responsibility*(3rd. ed.)(New York : Wadsworth Publishing Co., 1975)에 실려 있는데, 이 글은 귀납의 정당화에 관한 휴움의 문제를 쉬운 용어로 설명하면서도 현대 철학의 맥락 속에서 이해할 수 있도록 해주고 있다. 귀납의 정당화에 관한 문제와 귀납 논리의 기초에 관한 다른 문제들에 대한 논의는 저자의 *Foundations of Scientific Inference*(Pittsburgh. Pa. : University of Pittsburgh Press, 1967)를 참고로 읽어 보기 바란다.

는 귀납의 정당화에 관한 문제는 건드리지 않고, 모든 철학자가 분명하게 의견의 일치를 보고 있는 귀납 논증의 여러 가지 유형이 지닌 특징을 검토하고자 한다.

2. 매거 논증

귀납 논증의 유형들 가운데 가장 단순한 유형은 매거 논증(枚擧에 의한 歸納 論證, induction by enumeration)이다. 이 유형에 속하는 귀납 논증은 어떤 집합의 일부 원소에서 관찰된 사실을 보고하는 전제를 근거로 삼고, 그 집합에 속하는 모든 원소에 관한 결론을 주장한다. 예를 하나 살펴보기로 하자.

a] 지금 우리 앞에 커피 열매 한 통이 있다고 하자. 그 통 속의 열매들을 뒤섞은 뒤에 여기 저기서 표본을 취하여 검사해 보니 표본으로 취한 모든 커피 열매가 A등급이었다. 우리는 이를 근거로 삼고 그 통 속의 모든 커피 열매가 A등급이라고 결론을 내린다.

이 논증은 다음과 같이 간추릴 수 있다.

b] 표본으로 관찰된 모든 커피 열매가 A등급이다.
∴ 이 통 속의 모든 커피 열매가 A등급이다.

전제는 '통 속의 커피 열매'라는 집합에 속하는 관찰된 원소에 관한 정보를 진술하고 있는 데 반해서, 결론은 그 집합에 속하는 모든 원소에 관한 진술이다. 이러한 추리 과정을 표본에 대한 관찰을 근거로 한 일반화(一般化, generalization)라고 한다.

그런데 결론이 "모든 F는 G다"라는 형식을 취한다는 것은 매거 논증의 본질적 특징은 아니다. 매거에 의한 귀납 논증의 결론이 "어떤 비율의 F는 G다"라는 형식으로 진술되는 경우가 아주 흔하다. 아래의 예를 검토해 보자.

c] 이제 우리 앞에 또 한 통의 커피 열매가 있는데, 예 a]의 경우와 마찬가지로 표본을 취해서 조사한다고 하자. 이번에는 표본으로 취한 커피 열매들 가운데 75%가 A등급임을 확인하였다. 우리는 이를 근거로 삼고 그 통 속에 있는 모든 커피 열매의 75%가 A등급이라고 결론을 내린다.

이 논증을 다음과 같이 간추려 적으면 논증 b]와 비슷하다.

d] 표본으로 관찰된 커피 열매들 가운데 75%가 A등급이다.
∴ 이 통 속의 모든 커피 열매의 75%가 A등급이다.

논증 b]와 d]는 동일한 형식을 취하고 있다. 그런데 "모든"이라는 말은 "100%"를 뜻하므로, 두 논증에 공통하는 형식은 아래와 같이 추상할 수 있다.

e] F의 관찰된 원소들 가운데 Z%가 G다.
∴ Z%의 F가 G이다.

이 형식이 매거 논증의 일반 형식(一般 形式, general form)이다. 이 논증 형식의 결론이 "100%의 F가 G다"(즉 "모든 F는 G다")라는 형식이나 "0%의 F가 G다"(즉 "모든 F는 G가 아니다")라는 형식을 취하면, 그 결론은 보편적 일반 진술(普遍的 一般 陳述, universal generalization)이고, z의 값이 100도 0도 아니면 그 결론은 통계적 일반 진술(統計的 一般 陳述, statistical generalization)이다.

이제 매거 논증의 예를 몇 개 더 살펴보자.

f] 어떤 여론 조사가가 5,000명의 미국인에게 임신 중절을 금지하고 있는 헌법 조문의 개정이 바람직한가에 대한 의견을 알아보기 위해서 질문 조사를 하였다. 그 결과는 이 질문 조사에 응한 사람들 가운데 62%가 반대한다는 것이었다. 이 여론 조사가는 전체 미국인 가운데 대략 62%가 그러한 헌법 개정에 반대하고 있다고 결론을 내린다.

g] 어떤 공장에 통조림 따개를 만들어 내는 기계가 가동하고 있다. 그 공장의 품질 검사원이 이 기계가 만들어 낸 통조림 따개 전체 가운데 10분의 1을 조사하여 이 표본들 가운데 2%가 결함이 있음을 발견하였다. 이 공장의 경영자는 이 정보를 근거로 하여 이 기계가 만들어 낸 통조림 따개 전체 가운데 (대략) 2%가 결함이 있다고 결론을 내린다.

h] 경험을 통해 배우는 헤아릴 수 없이 많은 일상적 상식은 매거에 의한 귀납을 사용하고 있다. 누구나 지금까지 관찰한 불이 매번 뜨거웠다는 사실을 근거로 하여 모든 불이 뜨겁다고 결론을 내리고 있다. 누구나 이제까지 목이 마를 때 물을 마시면 언제나 갈증이 풀렸으므로, 앞으로도 목마를 때 물을 마시면 갈증이 풀릴 것이라고 믿고 있다. 누구나 지금까지 먹어 본 레몬의 맛이 시큼했으니 앞으로 먹는 레몬의 맛도 시큼할 것이라고 여기고 산다.

매거 논증이 옳은 전제로부터 그른 결론에 도달하기 쉽다는 것은 아주 분명하다. 아래의 예가 바로 그런 경우다.

i] 유럽 사람들은 오스트레일리아 대륙이 발견되기 전 여러 세기에 걸쳐 수없이 많은 고니(백조)를 관찰하면서 살아 왔는데, 그들이 본 고니는 모두 흰색이었다. 따라서 그들은 —매우 합

> 리적으로—모든 고니는 희다고 결론을 내렸다. 그렇지만 이 귀납적 일반 진술은 나중에 그른 진술이라고 밝혀졌는데, 이유는 오스트레일리아에서 검은 고니가 발견되었기 때문이다.

매거 논증이 때로 이런 실수를 일으킨다는 사실은 전혀 놀랄 일이 못된다고 하겠는데, 바로 이 가능성이야말로 모든 유형의 귀납 논증이 지니고 있는 특성이기 때문이다. 이에 대해서 우리가 할 수 있는 최선의 일은 옳은 전제로부터 그른 결론에 도달하는 경우를 최소한으로 줄일 수 있는 방식으로 귀납 논증을 구성하려고 노력하는 것이다. 그렇다 하더라고 특별히 매거에 의한 귀납을 시도할 때 과오에 떨어질 가능성을 줄일 수 있는 두 가지 구체적 방법이 있다. 이 두 가지 방법은 실은 매거에 의한 귀납을 시도할 때 반드시 피해야 할 두 가지 귀납적 오류를 피하는 것이다. 이 두 가지 귀납적 오류에 대해서는 다음의 두 절에서 차례로 설명하겠다.

3. 불충분한 통계

불충분 통계 오류(不充分 統計 誤謬, fallacy of insufficient statistics)는 일반화를 보증할 정도로 충분한 자료가 모아지기 전에 귀납적 일반화를 시도할 때 일어나는 오류다. 이 오류는 "결론으로 비약하는 오류"라 불리기도 하는데, 이것도 합당한 이름이라 하겠다.

a] 앞 절의 예 a]와 c]의 경우에 관찰된 표본들이 각기 네 알의 커피 열매였다고 가정해 보자. 이 표본이 믿을 만한 일반 진술을 만들어 내기에 충분한 자료일 수 없다는 것은 확실하다고 하겠다. 이와 반대로 수천 개의 커피 열매를 하나의 표본으로 삼은 자료라면, 훨씬 더 신뢰할 만한 일반 진술을 밑받침하기에 충분할 것이다.

b] 어떤 여론 조사가가 단지 열 사람만을 면접했다면, 그 나라 사람들이 지닌 여론의 일반적인 경향에 대해 결론을 내리기에 충분한 자료를 모았다고 도저히 말할 수 없을 것이다.

c] 어떤 사람이 자기가 아는 사람들 가운데 어떤 자동차 회사의 불량 제품을 가지고 있는 것을 알기 때문에 그 회사의 자동차를 사지 않으려고 한다면, 이 사람은 문제의 회사가 결함 있는 자동차를 만들어 내는 빈도에 대하여 대단히 빈약한 증거를 근거로 삼고 일반적 결론을 내렸다고 보아야 할 것이다.

d] 소수 급진주의자 · 소수 종파 · 소수 민족에 대해서 쉽게 편견에 빠지는 사람들은 흔히 그 집단에 대한 두세 번의 관찰을 근거로 삼고, 그 집단의 모든 구성원에 관한 전면적 일반 진술을 결론으로 주장한다.

위의 예들은 사람들이 일상 생활에서 너나 없이 저지르는 오류들 가운데서도 지극히 전형적인 오류라는 것을 금방 깨달았을 것이다. 불충분 통계 오류는 정말이지 누구나 범하기 쉬운 오류다. 이 오류는 선후 관계를 인과 관계로 보는 오류(제3장 제11절)와 밀접한 관련이 있다.

따라서 만일 우리가 일반화에 필요한 실례의 수효를 명확하게 정할 수 있어서, 이 수효 이상의 실례가 모아지는 경우에는 언제나 일반화에 충분한 자료가 모아졌다고 인정받을 수 있으면 매우 편리할 것이다. 하지만 유감스럽게도 이런 일은 이루어질 수 없다. 충분한 통계로 인정받을 만한 실례의 수효는 일반화를 시도하는 경우마다, 그리고 탐구의 영역마다 각기 다르다. 어떤 경우에는 두세 개의 실례로 충분하기도 하지만, 어떤 경우에는 수백만 개의 실례가 필요할 수도 있다. 얼마나 많은 실례가 모아져야 충분한가라는 문제는 그 문제가 속해 있는 탐구 분야에서 실제로 널리 경험을 쌓아야 알 수 있는 법이다.

귀납적 일반화를 시도하기 위해서는 얼마나 많은 실례가 필요한가라는 문제에 영향을 미치는 요인이 또 하나 있다. 일반화를 위한 실례는 실은 그 수효가 얼마든 간에 부분적 증거일 수밖에 없다. 그러므로 문제의 초점은 우리가 결론을 끌어 내기에 충분한 근거를 갖추었냐 아니냐는 것이다. 이 문제는 우리가 결론에 대해 원하는 확실성의 정도가 어느 정도인가에 따라서 얼마쯤 영향을 받는다. 만일 결론의 옳음이나 그름에 좌우되는 일이 아주 적다면, 즉 추론이 올바르지 못할지라도 별로 문제가 되지 않는다면, 비교적 적은 양의 자료를 근거로 삼고도 마음놓고 일반화를 시도할 수 있을 것이다. 하지만 결론에 관련 있는 문제가 굉장히 많다면, 누구나 훨씬 더 많은 증거를 요구하게 될 것이다.

4. 편향된 통계

귀납적 일반화에는 충분히 많은 실례를 모으는 것만이 아니라, 결론이 편견에 빠지게 하는 방식으로 표본을 선택하는 것을 피하는 일도 중요하다. 귀납적 일반화가 신뢰를 받을 수 있으려면 참으로 대표적 표본에 근거를 두지 않으면 안 된다. 그런데 불행히도 우리는 자신이 모은 표본들이 정말로 대표적 표본인가에 대해 확신을 갖기 어렵다. 따라서 일반화를 시도하는 사람은 대표적 표본일 수 없는 표본을 피하는 일에 최선을 다 해야 하는데, 이 일은 우리가 할 수 있는 일이다. 만일 대표적 표본일 수 없다고 알려져 있는 표본이나 대표적 표본일 수 없다고 믿어도 좋을 만한 이유가 있는 표본을 근거로 삼고 귀납적 일반화를 시도하면 편향 통계 오류(偏向統計 誤謬, fallacy of biased statistics)를 범하게 된다.

a] 제2절에서 사용했던 예 a]를 다시 살펴보자. 이 경우에는 표본을 취하기 전에 통 속의 커피 열매들을 뒤섞는 일이 중요하다. 그렇지 않으면 대표적 표본일 수 없는 표본을 취할 위험이 있다. 어떤 사람이 그 통을 저질의 커피 열매로 거의 다 채우고 맨위의 몇 켜만 양질의 커피 열매로 덮어놓을 가능성도 충분히 있기 때문이다. 그러고 보면 우리는 통 속의 커피 열매들을 철저히 뒤섞음으로써 방금 가정해 본 것과 비

슷한 속임수에 걸려서 대표적 표본일 수 없는 표본을 취하는 위험을 극복한 셈이었다.

b] 많은 사람이 일기 예보가 정확하지 못하다고 일기 예보관의 능력을 헐뜯는다. 그러나 일기 예보관이 "내가 맞춘 경우는 전혀 기억하지 않는 사람들이 내가 틀린 경우는 결코 잊어버리질 않는단 말야!" 하고 말한다면, 이는 당연한 불평일 것이다.

c] 소수 급진주의자나 소수 종파나 소수 민족에 대한 편견은 흔히 편향된 통계에 의해서 강화된다. 이런 편견은 우선 어떤 바람직하지 못한 특성을 문제의 소수 집단이 지니고 있다고 둘러씌운 다음, 그 집단에 속하는 사람이 이 특성을 보이는 경우는 모두 주의 깊게 살피고 기억하는 반면에, 그 집단에 속하는 사람이 그 바람직하지 못한 특성을 보이지 않는 경우는 모두 완전히 무시해버림으로써 강화된다.

d] 프랜시스 베이컨(Francis Bacon, 1561~1626)은 아래에 인용하는 구절 속에서 편향된 통계의 매우 인상적인 예를 제시하고 있다.

"인간의 이해력은 어떤 의견을—그게 공인되고 있는 것이기 때문이건 순전히 자기 마음에 들기 때문이건—일단 채택한 다음에는 다른 모든 사물이 그 의견을 지지하고 그 의견에 일치한다고 끌어다 댄다. 그뿐 아니라 이런 사람은 그 의견에 반대되는 실례가 수효도 더 많고 신뢰도도 더 높은 데도 불구하고, 이 반대 사례들을 별 것 아니라고 소홀히 여기거나, 어떤 특징을 핑계삼아 쓸모 없다고 거부해버린다. 이런 일은 처음부터 고집하기로 작정되어 있는 완고하고 치명적인 선입견에 따라 내려진 결론의 권위를 바로 그 선입견에 의거해서 굳게 지키기 위해 하는 짓이다. 그러므로 광신자들이 한 사람을 신전에 끌고 가 목에 교수용 밧줄을 걸어 놓고, 파선을 모면했기 때문에 신에의 헌신을 맹세한 사람들의 그림을 보이면서 지금 신의 위력을 인정하는가 않는가를 대답하라고 강요했을 때, 그가 "그럼요, 인정하구 말구요, 그런데 맹세를 하고도 바다에 빠져 죽은 사람들은 어디에 그려져 있지요?"라고 응수한 것은 훌륭한 대답이었던 셈이다. 모든 미신 즉 점성술, 해몽, 운명점, 신의 처벌 등은 어느 것이나 다 이런 식이다. 이런 헛된 일에서 즐거움을 느끼는 사람들은 어떤 점에서 저들을 충족시켜 주는 사건은 기록하지만, 저들을 충족시켜 주지 않는 사건은 설사 그런 사건이 훨씬 더 빈번히 일어난다 할지라도 아예 무시해버리거나 모른 채 해버린다."[2)]

베이컨이 벌써 여러 세기 전에 지적했던 과오가 오늘날에도 빈번히 일어나고 있음을 다음의 예가 보여 주고 있다.

e] 1982년 5월 22일자 피츠버그 포스트 가제트는 일면 머리에 펜실바니아 복권에서 거액의 상금을 탄 부부의 이야기를 싣고 있다.

"토마스 부인은 미국에서 복권을 실시한 이래 최대의 상금인 5백 5십만 달러가 일등에 걸린 지난 주의 펜실바니아 로또게임(숫자 맞추기 복권)에서 당첨되기도 전에 자기네 부부가 일등에 당첨되리라는 것을 알았다고 한다."

"토마스 부인은 당첨 숫자를 완전히 점성술에 의해서 선택했다."

"저는 네 아이, 남편, 내 생일의 숫자를 써넣었습니다."

"궁금한 독자를 위해 적어 보면, 그 점괘는 두 마갈궁에 쌍자궁 · 천칭궁 · 금우궁 · 처녀궁이 각기 한 번씩 어울리는 괘였다. … **이로써 점성술과 성점을 치는 사람들에 대한 악평은 일소되었다고 하겠다**"(마지막 문장은 강조를 위해 고딕체로 바꾸었음).

2) Francis Bacon, *Novum Organum,* aphorism xlvi. 이태릭체 부분은 역자가 강조를 위해 바꾸었다.

f] 〈리터러리 다이제스트〉라는 시사 잡지는 1936년에 민주당의 루즈벨트(F.D. Roosevelt) 후보와 공화당의 란든(A.E. Landon) 후보가 경합하는 대통령 선거의 최종 결과를 예측하기 위해서 예비 선거에 대한 여론 조사를 실시하였다. 선거인들에게 1,000만 장의 투표 용지를 우송했는데, 그 가운데 약 230만 장이 기표되어 돌아왔다. 〈리터러리 다이제스트〉지의 이 여론 조사는 유권자가 기표해서 회송한 투표 용지가 굉장히 많은 편이기 때문에 불충분 통계 오류를 범한 것은 아니었다. 그런데도 이 여론 조사의 결과는 비참했다. 이 여론 조사는 란든 후보의 승리가 확실하다고 예언한 반면에, 루즈벨트 후보의 득표는 실제로 그가 얻었던 표수의 겨우 80%만을 얻을 것이라고 예언했던 것이다. 이 잡지는 50만 달러를 들인 이 여론 조사로 인하여 그 후 얼마 지나지 않아 문을 닫지 않을 수 없었다.

나중에 이 여론 조사를 편향 통계로 만든 두 가지 주요한 이유가 밝혀졌다. 첫째는 여론 조사 대상자의 이름을 전화 가입자 명부와 자동차 등록자 명부에서 주로 택했다는 사실이었다. 뒤에 다른 학자들이 조사해 보니 전화 가입자의 59%와 자동차 소유자의 56%가 란든 후보에 찬성 투표를 한 반면에, 정부의 구호를 받고 있는 사람들은 단지 18%만 란든 후보에게 찬성 투표를 했다는 사실이 밝혀졌다. 둘째는 여론 조사 투표 용지를 잡지사에 회송한 사람들에게 편향된 점이 있다는 사실이었다. 이 편향은 아마 첫번째 편향에 작용하고 있는 경제적 계층 내부에 존재하는 차이를 반영하는 것이었다. 회송되어 온 투표 용지들은 〈리터러리 다이제스트〉지가 선거인 명부를 사용하여 대상자를 고른 경우들에서도 란든 후보쪽으로 강한 편향을 보이고 있었다.[3]

---

3) Mildred Parten, *Surveys, Polls, and Samples*(New York : Harper & Row, 1950), pp. 24f.와 392f.를 보라. 허가를 얻어 인용하였다.

사람들이 편향 통계 오류를 가장 노골적으로 저지르는 경우는 어떤 사람이 어떤 종류의 증거 ── 통상 자신이 유지하려는 신념에 불리한 증거 ── 에 대하여 두 눈을 꽉 감고 쳐다보지도 않는 경우다. 예 b]와 c]는 이와 같은 노골적 형태의 편향 통계 오류의 실례를 보여 주고 있다. 다른 경우, 특히 예 f]의 경우에는 여러 가지 미묘한 문제점이 포함되어 있다. 그렇긴 하지만 대표가 못되는 표본을 취할 가능성을 줄이는 일반적 절차가 있기는 하다. 통계를 위해 조사하는 실례들은 일단 결론과 관련 있는 실례라면 가능한 한 뚜렷하게 서로 달라야 한다. 만일 우리의 관심사가 "Z%의 F가 G다"라는 형식의 결론을 확립하는 일이라면, 조사하는 실례들은 모두 결론과 관련 있기 위해서 F의 원소이어야 한다. 편향된 표본을 피하는 한 가지 방법은 F의 원소의 다양성을 가능한 한 폭넓게 조사하는 것이다. 이에 더해서 혹시 우리가 F의 전체 원소 가운데 여러 가지 종류가 어떤 비율로 섞여 있는가를 미리 알 수 있다면, 우리가 취한 표본이 그 집단 전체의 구조를 반영하는가를 점검할 수 있다. 이는 많은 여론 조사 기관이 시도하는 일이다.

g] 여론 조사 기관은 선거의 결과를 예측하기 위해서 일정한 수효의 시골 유권자와 도시 유권자, 일정한 수효의 상류 계층·중류 계층·하류 계층의 유권자, 또 그 나라 여러 지역의 유권자 등과 면담을 실시한다. 이런 식으로 표본들의 다양성은 다각도로 확인되어야 하며, 더 나아가 이런 표본들의 다양성은 유권자 전체의 구성 성분의 비율을 반영해야 한다.

지금까지 매거에 의한 귀납을 할 때 피해야 하는 두 가지 과오인 불충분 통계 오류와 편향 통계 오류를 검토하였다. 그런데 이와 본질적으로 동일한 오류가 모든 종류의 귀납 논증에서 일어날 수 있다는 것을 잊지 말아야 한다. 너무나 빈약한 증거를 근거로 삼고 귀납적 결론을 승인해버릴 가능성은 항상 있으며, 또한 편향된 증거를 근거로 삼고 귀납적 결론을 승인할 가능성도 언제나 있다. 따라서 우리는 모든 종류의 귀납 논증을 구성할 때, 언제나 이 두 가지 과오를 경계하지 않으면 안 된다.

5. 통계 논증

어떤 논증에 의해서 확립된 결론이 다른 논증의 전제로 사용되는 일은 흔히 있는 일이다. 제3장 제2절의 예 a]에서 우리는 매거에 의한 귀납을 시도하여 어떤 통 속의 모든 커피 열매가 A등급이라고 결론을 내렸었다. 이 결론을 의사 정언 논증(제2장 제10절)의 한 전제로 사용하면, 그 통에서 꺼내는 커피 열매가 A등급의 열매라는 결론을 내릴 수 있다.

a] 　이 통 속의 모든 커피 열매는 A등급이다.
　　이 통에서 꺼내는 다음 번 커피 열매는 이 통 속에 있다.
　∴ 이 통에서 꺼내는 다음 번 열매는 A등급이다.

이 논증에서는 이전에 매거 논증에 의해 확립된 결론이 보편적 일반 진술이다. 하지만 이런 귀납적 결론이 통계적 일반 진술이면, 위와 같은 연역 논증을 구성할 수 없다는 것은 분명하다. 이런 논증은 정언 논증(categorical syllogism)과 겉모습이 비슷하기 때문에 영어권에서는 "statistical syllogism"이라고 부르지만, 우리는 단순히 통계 논증(統計 論證)이라 부르는 것이 좋겠다. 독자는 제3장 제2절의 예 c]에서 매거에 의한 귀납을 사용하여 통 속의 커피 열매들 가운데 75%가 A등급이라고 결론을 내렸던 사실을 기억할 것이다. 이 결론은 다른 논증의 전제로 사용될 수 있으므로, 이를 전제로 하여 다음과 같은 논증을 구성할 수 있다.

b] 이 통 속에 있는 커피 열매들 가운데 75%가 A등급이다.
이 통에서 꺼내는 다음 번 커피 열매는 이 통 속에 있다.
∴ 이 통에서 꺼내는 다음 번 커피 열매는 A등급이다.

이 논증의 결론이 두 전제가 모두 옳다 하더라도 그를 수 있다는 것은 명백하다. 그렇긴 하지만 첫번째 전제가 옳다고 가정하고, 그 통 속의 커피 열매 하나 하나에 대해서 동일한 유형의 논증을 적용한다면, 이 논증들 가운데 75%는 옳은 결론을 갖는 논증일 것이고, 다만 25%만 그른 결론을 갖는 논증일 것이다. 이와 반대로 만일 이 전제들에서 "이 통에서 꺼내는 다음 번 커피 열매는A등급이 아닐 것이다"라는 결론을 끌어 낸다면, 이 논증들 가운데 75%는 그른 결론을 갖는 논증일 것이고, 다만 25%만 옳은 결론을 갖는 논증일 것이다. (혹시 그 통에서 꺼내는 다음 번 커피 열매가 A등급이라고 주장하고 싶지 않은 경우일지라도 누구나 당연히 3대 1의 비율 가운데 3의 가능성을 다음 번 열매가 A등급일 것이라는 쪽에 부여하려고 할 것이다).

통계 논증의 형식은 아래와 같이 간추릴 수 있다.

c] Z%의 F가 G이다.
x는 F이다.
∴ x는 G이다.

통계 논증의 힘은 Z의 값의 크기에 달려 있다. 통계 논증은 Z의 값이 100에 거의 가까우면 매우 강한 논증이 된다. 다시 말해 전제가 결론을 매우 강하게 입증하는 논증이 된다. 그러나 Z의 값이 50이면 전제는 결론을 전혀 입증하지 못하는데, 이유는 동일한 전제가 "x는 G가 아니다"라는 결론을 똑같은 정도로 입증할 것이기 때문이다. 혹시 Z의 값이 50보다 작으면 전제가 결론을 입증하지 못함은 물론이고, 오히려 "x는 G가 아니다"라는 결론을 입증하게 된다. 더 나아가 Z의 값이 거의 0에 가까우면 전제가 "x는 G가 아니다"라는 결론을 강하게 입증하게 될 것이다.

통계 논증의 첫번째 전제는 Z의 값을 정확한 수치로 언급할 수 있긴 하지만, Z의 값을 불명확하게 언급하는 진술이 사용되는 경우가 많다. 다음과 같은 종류의 진술도 통계 논증의 첫번째 전제로서 인정할 만하다고 하겠다.

d] 거의 모든 F가 G이다.
대부분의 F가 G이다.
대개의 F가 G이다.
높은 비율의 F가 G이다.
F가 G일 고도의 개연성(확률)이 있다.

한편 독자는 논증 b]의 경우처럼 결론의 성격이 분명하게 드러나 있지 않는 논증에 대해 꺼림칙한 느낌을 가져왔을 것이다. 아마 독자는 논증 b]의 결론을 "이 통에서 꺼내는 다음 번 열매는 아마 A등급일 것이다"로 읽어야 한다고 느꼈을 것이다. 이 문제를 좀더 설명하기 위해 앞에서 예로 든 논증 a]를 다시 살펴보기로 하자. 다음은 논증 a]를 일상의 회화에 나타날 만한 방식으로 진술한 것이다.

e] 이 통 속의 모든 커피 열매가 A등급이므로, 이 통에서 꺼내는 다음 번 커피 열매는 A등급이어야 한다.

다음 번 커피 열매가 A등급이라는 사실이 필연적으로 성립하지 않는다는 것은 명백하다. 앞에서 지적했던 바와 같이 "…이어야 한다"와 같이 필연성을 표현하는 동사 형태는 어떤 진술이 연역 논증의 결론이라는 사실을 알리는 일을 하고 있다. 이런 동사가 표현하는 필연성은 만일 전제가 옳다면 결론이 반드시 옳아야 한다는 뜻이다. 따라서 연역 논증의 결론은 "이 통에서 꺼내는 다음 번 커피 열매는 A등급이다"이지, "이 통에서 꺼내는 다음 번 커피 열매는 A등급이어야 한다"가 아니다. 논증의 결론에 포함되어 있는 "…이어야 한다"라는 어구는 전제와 결론 사이의 관계를 나타내고 있을 뿐이므로, 전혀 결론 자체가 주장하는 내용의 일부분일 수 없다. 위와 마찬가지로 논증 b]도 다음과 같이 일상의 비형식적 형태로 진술해 볼 수 있다.

f] 이 통 속의 커피 열매들 가운데 75%가 A등급이므로, 이 통에서 꺼내는 다음 번 커피 열매는 아마 A등급일 것이다.

이 경우 "아마 …일 것이다"라는 어구는 귀납적 결론이 제시되어 있다는 것을 나타낸다. 예 e]에서 "…이어야 한다"라는 어구가 전제와 결론 사이의 연역적 관계를 나타내는 것과 마찬가지로, 예 f] 속의 "아마 …일 것이다"라는 어구 역시 전제와 결론 사이의 귀납적 관계를 나타낸다. 또한 "…이어야 한다"라는 표현이 결론 자체의 일부분이 아닌 것과 마찬가지로, "아마 …일 것이다"라는 표현도 결론 자체의 일부분이 아니다.

이 점은 좀더 확실하게 설명될 수 있다. 아래의 통계 논증을 검토해 보자.

g] 35세의 미국인 대부분은 3년 이상 산다.
헨리 씨는 35세의 미국인이다.
∴ 헨리 씨는 3년 이상 산다.

그런데 헨리 씨가 중증의 폐암에 걸려 있다고 가정해 보자. 이렇게 되면 우리는 다음과 같은 통계 논증도 만들어 낼 수 있다.

h]　중증의 폐암에 걸린 사람 대부분은 3년 이상 살지 못한다.
　　헨리 씨는 중증의 폐암에 걸려 있다.
　∴ 헨리 씨는 3년 이상 살지 못한다.

논증 g]와 h]의 전제는 모두 동시에 옳을 수 있다. 전제에 등장한 네 개의 진술은 양립할 수 없는 진술들이 아니기 때문이다. 그런데도 논증 g]의 결론과 논증 h]의 결론은 서로 모순 관계에 있다. 이러한 상황은 오직 귀납 논증에서만 일어날 수 있다. 만일 두 개의 타당한 연역 논증의 전제가 양립할 수 있는 진술들로 되어 있다면, 그 두 논증의 결론은 양립할 수 없는 진술일 수 없다. 논증 g]와 h]의 결론의 경우에는 "아마 …일 것이다"라는 말을 한정어로 덧붙이면 사정이 현저하게 개선되기는 한다. 그러나 헨리 씨는 아마 3년 이상 살 것이라는 진술과 헨리 씨는 아마 3년 이상 살지 못할 것이라는 진술은 여전히 모순 관계에 있다.

논증 g]와 h]가 정말로 우리에게 제시되었다면, 어느 쪽 논증을 승인해야 할까? 두 논증은 모두 올바른 귀납 논증 형식으로 되어 있는 데다가 두 논증 모두 옳은 전제를 갖추고 있다. 그렇지만 우리는 두 논증의 결론을 둘 다 승인할 수는 없다. 두 결론을 모두 승인하는 것은 자체 모순 진술을 승인하는 일이 되기 때문이다. 이러한 난점은 논증 g]나 논증 h] 어느 쪽도 헨리 씨의 생존에 관련 있는 모든 증거를 갖추고 있지 않다는 사실 때문에 일어나고 있다. 논증 g]의 전제도 헨리 씨의 생존에 관련 있는 증거의 일부분만 진술하고 있고, 논증 h]의 전제도 헨리 씨의 생존에 관련 있는 증거의 일부분만 진술하고 있다. 그렇다고 해서 새로운 논증을 구성하기 위해 두 논증 g]와 h]의 전제들을 다음과 같이 그저 모아 놓는 것으로 충분해지는 것도 아니다.

i] 대부분의 35세 된 미국인은 3년 이상 산다.
대부분의 중증 폐암에 걸린 사람은 3년 이상 살지 못한다.
헨리 씨는 35세 된 미국인으로 중증의 폐암에 걸려 있다.
∴ ?

우리는 논증 i]의 세 전제에서 헨리 씨의 생존에 관하여 귀납적으로조차도 아무런 결론을 끌어 낼 수 없다. 누군가가 논증 i]의 처음 두 전제에서 연역적으로든 귀납적으로든 끌어 낼 수 있는 결론은 35세의 미국인들이 폐암에 관해서 예외적 계층을 이루는 사람들이라는 것이다. 그들 가운데 대부분은 폐암을 모면하거나 혹시 폐암에 걸리면 생존율이 대략 50%일 것이다. 따라서 어떠한 결론도 끌어 낼 수 없다.

그러나 우리는 실제로는 이 이상의 증거를 가지고 있다. 누구나 35세의 미국인들이 폐암에 대하여 그러한 예외적 계층이 아니라는 사실을 알고 있다. 다시 말하면 35세의 사람으로 중증의 폐암에 걸린 미국인 대부분은 3년 이상 살지 못한다는 것을 알고 있다. 이런 까닭에 우리는 다음과 같은 통계 논증을 구성할 수 있다.

j] 중증의 폐암에 걸린 35세의 미국인 대부분은 3년 이상 못 산다.
헨리 씨는 중증의 폐암에 걸려 있는 35세 된 미국인이다.
∴ 헨리 씨는 3년 이상 살지 못한다.

논증 j]의 전제들이 헨리 씨의 생존과 관련해서 우리가 가지고 있는 모든 증거를 제시하고 있다고 인정한다면, 논증 j]의 결론을 승인해도 좋을 것이다.

지금까지의 설명으로 제3장 제1절에서 언급했던 주의점, 즉 추가 증거가 연역 논증에는 영향을 미치지 않지만 귀납 논증에는 크게 영향을 미친다고 했던 말의 뜻을 완전히 이해할 수 있게 되었다. 연역 논증의 결론은 (1) 전제가 모두 옳고, (2) 논증이 올바른 형식으로 되어 있으면 승인해도 좋은 결론이다. 하지만 이 두 가지 조건이 귀납 논증의 결론을 승인하는 일에는 충분한 조건이 못되는데, 그 이유는 다른 조건이 하나 더 충족되어야 하기 때문이다. 귀납 논증의 결론은 (1) 전제가 모두 옳고, (2) 논증이 올바른 형식으로 되어 있고, (3) 논증의 전제가 결론과 관련 있고 현재 이용할 수 있는 모든 증거를 제시하고 있으면 승인해도 좋은 결론이다. 이 마지막 조건은 전체 증거 조건(全體 證據 條件, requirement of total evidence)이라 부른다. 조건 3을 어기는 귀납 논증은 불완전 증거 오류(不完全 證據 誤謬, fallacy of incomplete evidence)를 범하게 된다.

6. 권위에 의거하는 논증

사람들이 자신의 결론을 입증하기 위하여 흔히 시도하는 한 가지 방법은 그 결론을 주장하는 사람이나 기관이나 저작을 인용하는 것이다. 이런 유형의 논증은 권위에 의거하는 논증(權威에 依據하는 論證, argument from authority)이라 하는데, 다음과 같은 형식을 지니고 있다.

a]　x가 p를 주장한다.
　∴ p다.

이 형식은 이 상태로는 명백히 올바르지 못한 형식이다. 그럼에도 불구하고 권위(權威, authority)는 올바르게 사용되기도 하고, 올바르지 못하게 사용되기도 한다. 권위에의 호소는 모조리 불합리하다고 단정해버리는 것은 아는 체하지만 실은 깊은 속을 모르는 사람이 저지르는 과오일 것이다. 왜냐하면 권위를 올바르게 사용하는 일은 지식의 축적과 응용에 필수 불가결한 역할을 하고 있기 때문이다. 누군가가 권위에의 호소를 완전히 거부한다면, 우리는 질병에 대한 전문 의사의 진단을 받아들일 때 누구도 그 진단의 정당성을 의심하지 않는다는 사실을 예로 들어 권위에의 호소가 유익함을 납득시켜야 할 것이다. 혹시 어떤 사람이 전문 의사의 판단을 거부하고 스스로 전문 의사가 되고자 한다 하더라도 그는 결국 다른 연구가들의 연구 결과를 신뢰하지 않고서는 의학 수업을 할 수 없을 터이므로 언젠가는 뛰어 넘을 수 없는 벽에 부딪칠 것이다. 그러므로 우리는 권위에의 호소를 완전히 거부하는 대신에 권위의 올바른 사용과 올바르지 못한 사용의 차이를 파악하여 권위를 올바르게 활용하려고 노력해야 할 것이다.

사람들은 실제 생활에서 참으로 빈번히 권위를 올바르게 사용하고 있다. 누구나 교과서, 백과사전, 그리고 여러 분야의 전문가를 이용하고 있다. 이런 경우 그 권위가 정직하고 문제의 주제에 관하여 조예가 깊다고 인정할 수 있다는 사실에 의해서 그 이용이 정당화된다. 그리고 그 권위가 통상 올바르다고 믿을 수 있는 훌륭한 근거를 우리가 확보하고 있는 경우가 흔하다. 결국 그 전문가가 판단의 기초를 혹시 필요해서 다른 유능한 사람이 검사해 보면 실제로 검증될 수 있는 객관적 증거에 두고 있다는 사실이 확인되어야 하는데, 이 점이 권위에서 결정적으로 중요한 점이다. 이런 조건이 갖추어졌다면 누구나 그 권위를 신뢰할 만한 권위(reliable authority)라고 인정할 것이다. 신뢰할 만한 권위의 말을 인용하는 것은 합리적 조치랄 수 있는데, 그 까닭은 신뢰할 만한 권위의 증언은 결론에 대한 증거가 되기 때문이다. 따라서 다음의 논증 형식은 올바른 형식이다.

b]　x는 p에 관해서 신뢰할 만한 권위다.
　　x가 p를 주장한다.
　$\therefore$ p다.

그러나 이 형식은 두 전제가 모두 옳아도 결론이 그를 수 있으므로 연역적으로 타당한 형식이 아니다. 신뢰할 만한 권위도 때로는 실수를 하는 법이다. 그러니까 이 형식은 귀납적으로는 올바른 형식인데, 이는 이 형식이 통계 논증의 특별한 경우이기 때문이다. 그래서 b]의 형식은 아래와 같이 바꾸어 쓸 수 있다.

c] x가 주제 S에 관해서 주장한 대부분의 진술이 옳다.
p는 x가 주제 S에 관해서 주장하는 진술이다.
∴ p는 옳다.

권위에 의거하는 논증이 잘못 쓰일 수 있는 방식은 많이 있다.

1. 권위는 잘못 인용되거나 잘못 해석될 수 있다. 이것은 논리적 오류가 아니라, 그른 전제를 사용하여 논증을 구성하는 오류다. 특히 형식 b]의 두 번째 전제가 그르다.

d] 아인슈타인의 권위를 빌어서 어떠한 일도 특수한 문화와 관련시켜 생각하지 않는 한 도덕적으로 올바르거나 그릇된 일이라고 판정할 수 없다는 이론을 입증하려는 사람을 종종 보게 된다. 아인슈타인이 모든 것은 상대적이라는 것을 증명했다는 것이다. 아인슈타인이 상대성 이론이라는 물리학의 중요한 이론을 상세히 전개한 것은 사실이지만, 이 이론은 문화나 도덕적 표준에 대해서는 전혀 언급하는 바가 없다. 아인슈타인을 권위로서 이렇게 사용하는 것은 어떤 권위가 확립해 놓은 진술을 잘못 해석하는 명백한 실례라 하겠다.

글을 쓰는 사람이 어떤 권위를 인용하는 경우에 일반적으로 용인되는 절차는 독자가 원하면 인용의 정확성을 점검해 볼 수 있도록 인용문의 출처를 밝혀 놓는 것이다.

2. 권위는 단지 매력이나 명성이나 인기만 있는 경우도 있다. 이런 사람은 자신이 발언하는 문제와 약간의 관련이 있는 분야에 대한 학식이 있다 하더라도 이 사실이 그 문제에 대한 “권위”가 갖추어

야 할 요건을 충족시키지 못한다.

e] 인기 영화 배우와 운동 선수가 추천하는 말이 아침 식사용으로 가공한 곡물의 광고에 늘 이용되고 있다.

이런 광고의 목표는 어떤 사람의 매력과 명성을 광고하고 있는 상품에 옮겨 놓으려는 것이다. 이런 광고는 증거에 호소하는 바가 전혀 없다. 이런 광고는 곧바로 감정에 호소하고 있다. 논리적 논증과 정서적 호소를 구별하지 않으면 안 된다는 것은 두말 할 필요도 없다. 혹시 아침 식사용 곡물이 지닌 영양의 우수성에 관해 아는 척 주장하는 운동 선수들 가운데 일부가 인체의 생리와 영양에 대해서 상당한 지식을 가지고 있다 하더라도 결코 운동 선수 전체가 그렇지는 못하다. 이보다 더 중요한 점은 운동 선수들이 그런 지식을 갖고 있든 않든 그러한 전문 지식은 상품의 품질을 보증하는 근거가 아니며, 그래서 이런 광고의 호소력은 학문적 지식에 있는 것이 아니라 운동 선수의 훌륭한 솜씨에 있는 것이다. 어떤 논증이건 이런 식으로 추천하는 일만 하고 있는 한 그릇된 논증일 수밖에 없는데, 이런 논증은 형식 b]가 아니라 형식 a]를 지니게 되기 때문이다. 이와 마찬가지로 권위에의 호소가 (상품의 광고가 아니라) 어떤 결론을 입증하기 위해서 제시된다면, 이는 오로지 그 권위가 지닌 명성을 그 결론에 옮겨 놓으려고 시도하는 일에 지나지 않는다.

f] 최근에 어느 대기업 회장이 연설에서 지적한 바와 같이 (미국의) 헌법 제5조에 대한 수정안은 국민의 자유를 보전하기는커녕 국민의 자유를 보증하고 있는 바로 그 법적 제도와 정치적 제도에 대한 위협이라 보아야 한다.

대기업 회장 같은 산업계의 거물은 커다란 명성을 지닌 사람이

겠지만, 그 지위로 인해 법률학과 정치학의 전문가로 간주될 수는 거의 없다. 개인의 명성을 어떤 결론에 옮겨 놓는 일은 그 결론이 옳다는 것을 입증하는 증거를 제시하는 일과 전혀 다르다. 권위에 의거하는 논증을 이런 식으로 오용하는 것은 명백하게 감정에 호소하는 일이다.

3. 전문가는 자신의 전문 분야가 아닌 일을 판정하는 수가 있다. 이런 식으로 권위를 잘못 이용하는 일은 바로 위의 오용과 매우 비슷하다. 앞의 형식 b]가 필요로 하는 첫번째 전제는 "x는 p에 관해서 신뢰할 만한 권위다"라는 진술이었다. 그러나 이 오용의 경우는 이 전제 대신에 전혀 다른 진술, 즉 "x는 어떤 것에 관해서 신뢰할 만한 권위다"라는 진술이 전제로 제시되는데, 이 어떤 것은 p와 전혀 관련이 없다.

g] 아인슈타인은 물리학의 어느 분야에서는 뛰어난 권위지만, 그에 의해서 물리학 이외의 영역에서도 훌륭한 권위가 되는 것은 아니다. 아인슈타인은 사회 윤리에 관한 견해를 많이 발표했지만, 물리 학자로서의 권위가 이런 문제에까지 연장되는 것은 아니다.

이 경우에도 명성의 이전이 시도되고 있다. 아인슈타인이 지닌 물리 학자로서의 커다란 명성이 여러 가지 다른 주제에 대한 진술에 붙어 다니고 있다.

4. 권위는 자신이 증거를 전혀 확보할 수 없는 일에 대해서 의견을 발표하는 수가 있다. 이미 지적했던 바와 같이 신뢰할 만한 권위가 지녀야 할 조건들 가운데 하나는 그 권위의 판단이 객관적 증거에 근거를 두어야 한다는 것이다. 따라서 만일 x가 p에 관해서 아무런

증거도 가질 수 없음에도 불구하고 p를 주장한다면, x는 p에 관해서 도저히 신뢰할 만한 권위일 수 없다. 이 점은 종교와 도덕에 대해 정통한 것처럼 소문나 있는 권위가 발표하는 여러 가지 선언과 관련해서 특히 중요하다.

h] 종교에 의존하고 있는 도덕적 권위는 흔히 동물과의 성애 같은 특정한 행위가 신의 뜻에 어긋난다고 비난한다. 하지만 이런 권위가, 아니 그게 누구든, 도대체 어떻게 신의 뜻에 관한 증거를 수집할 수 있는가를 묻는 것은 분별 있는 일이다. 이 선언이 다른 권위 — 예컨대 성서나 교부나 제도화된 교리 — 에 근거를 두고 있다고 대답하는 것은 충분한 답이 못된다. 이런 권위들에 대해서도 똑같은 물음이 당연히 제기되기 때문이다.

이 경우 역시 권위에의 호소가 어떤 종류의 증거에 호소하는 일이 아니라 감정에 호소하는 일이 되어버릴 커다란 위험이 있다. 어쨌든 요점은 권위에의 호소를 정당화하기 위해서 계속 다른 권위에 호소하는 일은 끝없이 후퇴하는 일이라서 최초의 권위에의 호소를 정당화할 수 없다는 사실이다. 어느 단계에선가는 권위에의 호소를 끝내고, 어떤 종류의 증거를 확인하는 일이 이루어져야 한다.

5. 우리가 아는 한 동등하게 유능한 권위들이 의견의 일치를 보지 못할 수 있다. 이런 경우에는 어느 권위를 다른 권위보다 더 신뢰해야 할 이유가 없게 되며, 그래서 사람들은 자기에게 듣기 좋은 말을 해주는 권위를 택하기 쉽다. 하지만 반대편 권위의 판단을 무시하는 것은 증거에 대해서 편견에 빠지는 일이다. 여러 권위가 의견의 일치를 보지 못하고 있다면, 권위들이 제각기 자기 판단의 근거로 삼고 있는 객관적 증거를 다시 검토해 보아야 한다.

이 대목에서 권위에 의거하는 논증의 특별한 형태라고 할 수 있는 여론에 의거하는 논증(輿論에 依據하는 論證, argument from consensus)에 대해 언급해 둘 필요가 있다. 이 유형의 논증에서는 하나의 개인이 아니라 많은 수효의 사람이 권위로 등장한다. 이 다수의 사람은 때로는 인류 전체일 수도 있고, 때로는 상당히 제한된 집단일 수도 있다. 어느 경우든 수많은 사람이 어떤 결론에 대해 의견의 일치를 보고 있다는 사실을 그 결론이 옳다는 증거로 취급한다. 따라서 권위에 의거하는 논증에 대해 일반적으로 지적하였던 주의 사항들이 여론에 의거하는 논증에도 그대로 적용된다.

i] 영구 운동 기계는 만들 수 없다고 보아야 하는데, 그 이유는 유능한 물리학자들이 이 점에 관해서 완전히 의견의 일치를 보고 있기 때문이다.

이 논증은 다음과 같이 바꾸어 표현할 수 있다.

j] 유능한 물리학자 전체가 영구 운동 기계의 가능성 문제에 대해 신뢰할 만한 권위다.
유능한 물리학자 전체가 영구 운동 기계는 불가능하다고 의견의 일치를 보고 있다.
∴ 영구 운동 기계는 만들 수 없다.

그러나 여론에 의거하는 논증이 j]의 경우처럼 제대로 합리적인 경우는 거의 없다. 오히려 노골적으로 감정에 호소하는 경우가 아주 흔하다.

k] 제 정신으로 생각하는 미국인이면 누구나 UN과 같은 국제기구들의 침해로부터 미국의 주권을 지켜야 한다는 걸 알고 있다.

설령 이 구절을 논증으로 쳐준다 해도 이 구절이 지닌 논증으로서의 힘은 UN을 지지하는 사람은 제 정신으로 생각하는 미국인이 아니라는 점에 달려 있다. 이 말은 언제나 제 정신으로 생각하는 사람이고 싶어하는 미국인의 감정에 강하게 호소하고 있다.

여론에 의거하는 논증의 고전적 실례는 신이 실제로 있다는 것을 증명하려는 다음과 같은 논증이다.

l] 인류는 언제 어디에 성립한 어떠한 문화와 문명 속에서도 어떤 종류의 신이 실제로 있다고 믿어 왔다. 그러므로 초자연적 존재로서의 신이 실제로 있음에 틀림없다.

우리는 논증 l]에 대해서 두 가지 문제점을 검토하지 않으면 안 된다. 첫째는 설사 신의 실존에 관해서 인류 전체가 위의 말대로 의견의 일치를 보았다 하더라도 과연 인류 전체를 신학의 권위로 인정할 근거가 있는가라는 문제이고, 둘째는 인류 전체가 신이 실제로 있다는 결론을 끌어 낸 증거는 대체 무엇인가라는 문제다. 이미 잘 알고 있는 바와 같이 신뢰할 만한 권위는 객관적 증거를 근거로 하여 판단을 내리지 않으면 안 된다. 이 사실에 비추어 보면 위의 여론에 의거하는 논증은 신이 실제로 있다고 믿는 유일한 근거일 수 없다고 하겠는데, 그 까닭은 혹시 논증 l]이 유일한 근거라면 이 신념은 논리적으로 올바르지 못한 신념이기 때문이다.

다시 한번 요점을 말하면 형식 b]로 이루어진 논증은 귀납적으로 올바른 논증이지만, 형식 a]로 이루어진 논증은 그릇된 논증이다. 권위에의 호소가 잘못된 경우에는 증거에 호소하지 않고 감정에 호소하는 일이 진행되게 마련이다.

7. 사람에 반대하는 논증

사람에 반대하는 논증(사람에 反對하는 論證, argument against the man)[4] 은 어떤 진술이 특정한 사람에 의해서 주장되고 있다는 사실을 이유로 삼아 그 진술이 그르다고 결론을 내리는 논증을 가리킨다. 이런 식의 논증은 권위에 의거하는 논증과 밀접한 관련이 있으나, 어떤 진술을 긍정하는 것이 아니라 부정한다는 점에 차이가 있다. 권위에 의거하는 논증은 어떤 사람이 p를 주장한다는 사실을 p가 옳다는 증거로 취급한다. 그러나 사람에 반대하는 논증은 어떤 사람이 p를 주장한다는 사실을 p가 그르다는 증거로 사용한다.

그런데 권위에 의거하는 논증은 앞 절에서 분석해 본 결과 귀납적으로 올바른 형식의 논증, 즉 통계 논증의 특별한 형태로 설명될 수 있음을 알았다. 이런 방식으로 설명하기 위해서는 이 논증의 전제가 "x는 p에 관해서 신뢰할 만한 권위다"라는 형식으로 된 진술을 포함하고 있을 필요가 있었다. 앞에서 신뢰할 만한 권위의 특징을 검토한 것은 이 전제를 올바르게 이해하기 위함이었다. 그런데 사람에 반대하는 논증 역시 이와 같은 방식으로 처리될 수 있

4) 사람에 반대하는 논증은 전통 논리학의 사람을 트집잡는 논증(*argumentum ad hominem*)과 매우 비슷하지만 동일하지 않다. 이 책이 전통 논리학과 다른 입장을 취한 이유는 권위에 의거하는 논증과 사람에 반대하는 논증이 대칭을 이룬다는 사실과 사람에 반대하는 논증이 통계 논증으로 환원된다는 사실을 설명할 수 있어야 하기 때문이다.

다. 이 일을 위해서는 권위에 의거하는 논증의 경우에 필요했던 진술과 비슷한 전제, 즉 신뢰할 만한 반권위(信賴할 만한 反權威, reliable anti-authority)라는 개념을 포함하고 있는 전제가 필요하다. 어떤 주제에 관해서 신뢰할 만한 반권위란 그 주제에 대해 거의 언제나 그른 진술을 하는 사람을 말한다. 이 전제에 관해 이해한 사람은 다음과 같은 논증 형식이 가능하다는 것을 알 수 있을 것이다.

a] x는 p에 관해서 신뢰할 만한 반권위다.
x가 p를 주장한다.
∴ p는 그르다.

이 형식은 귀납적으로 올바른 형식이다. 이 형식으로 이루어진 논증 역시 권위에 의거하는 논증의 경우와 마찬가지로 통계 논증의 특수한 형태로 설명될 수 있다는 것은 분명할 것이다. 위의 형식 a]는 아래와 같이 바꾸어 쓸 수 있다.

b] x가 주제 S에 관해서 주장한 대부분의 진술이 그르다.
p는 x가 주제 S에 관해서 주장하는 진술이다.
∴ p는 그르다.

여기서 신뢰할 만한 반권위는 그저 신뢰할 만한 권위가 못되는 사람이 아니라는 사실을 강조해 두어야 하겠다. 신뢰할 만한 권위가 못되는 사람은 대부분의 경우에 그의 진술이 옳을 가능성이 없는 사람이다. 이는 그 사람의 진술이 거의 매번 그르다는 말과는 전혀 다른 말이다. 신뢰할 수 없는 권위(unreliable authority)는 진술의 진리성과 허위성 어느 쪽에 대해서도 전혀 기대할 수 없는 사람이다. 이런 사람이 어떤 진술을 한다는 사실은 그 진술의 진리성과 허위성 어느 쪽에 대해서도 증거로 전혀 사용될 수 없다.

논증 형식 a]는 위에서 말한 바와 같이 귀납적으로 올바른 형식이다. 그러나 이 형식이 유용하게 쓰일 수 있는가 없는가는 신뢰할 만한 반권위가 실제로 있는가 없는가에 달려 있다. 이 논증 형식은 첫번째 전제가 제대로 성립할 수 없다면, 전혀 쓸모 없는 형식에 그칠 것이다. 사실 어떤 사람을 신뢰할 만한 반권위라고 자신있게 주장할 수 있는 경우가 많지 않기는 하다. 그래도 최소한 한 종류의 신뢰할 만한 반권위는 실제로 있다고 주장할 수 있겠는데, 그것은 "과학적 기상가"(科學的 奇想家, scientific crank)[5]로 불리는 사람들이다. 이런 사람들은 다음과 같은 몇 가지 특징에 의해서 확인할 수 있다.

1. 이들은 통상 이미 확립되어 있는 과학 전체나 그 가운데 어느 분야를 전면적으로 부정한다.
2. 이들은 통상 저들이 거부하는 과학을 모르고 있다.
3. 이들은 대개 과학적 정보를 교환하는 공인된 경로를 이용하지 않는다. 저들의 이론이 과학 학술지에 실리거나 과학 학회에 제출되는 경우가 거의 없다.
4. 이들은 과학자들이 저들의 견해에 반대하는 것은 과학의 정통성에 관한 편협한 선입견을 고집하는 것이라고 간주한다.
5. 이미 확립되어 있는 과학을 거부하는 이들의 주장은 과학과 어떤 비과학적 신조—종교적 신조나 정치적 신조나 도덕적 신조—사이에 벌어지고 있는 현실적 투쟁이나 상상적 투쟁에 근거를 두고 있는 경우가 흔하다.

이런 특징을 갖춘 사람이 내세우는 이른바 "과학적 이론"은 그른 주장으로 판명날 것이 거의 확실하다고 하겠다.

---

5) 다음 책은 과학에 대해 기이한 생각을 내놓은 많은 사람에 관해서 재미있게 검토하고 있으니 참고하기 바란다. Martin Gardner, *Fads and Fallacies in the Name of Science* (New York : Dover Publication, Inc., 1957).

과학사를 보면 과학을 혁신시킨 위대한 과학자가 지극히 비정통적 이론을 제안하고 나서, 그 당시의 과학자들 대부분이 제기하는 격렬한 반대 의견에 부딪친 경우가 많이 있다. 하지만 위의 기준에 의하면 이러한 위대한 과학자는 기상가가 아니다. 한 가지 사실만 지적한다면 고도로 독창적인 이론 과학자는 위의 특징 2와는 정반대로 자기가 폐기하려는 이론을 속속들이 잘 알고 있기 때문이다. 하지만 다른 한편으로 형식 a]에 대해서 연역적 타당성을 주장할 수 없다는 사실도 주의해야 한다. 어떤 진술이 신뢰할 만한 반권위에 의해서 주장되고 있다는 사실은 그 진술이 그르다는 것을 확정적으로 증명하지는 못한다. 따라서 누구도 모든 과학적 기상가가 가치 있는 과학적 성과를 결코 이루어 내지 못할 것이라고 단정적으로 주장할 수는 없다.

사람에 반대하는 논증은 귀납적으로 올바른 논증 형식, 즉 형식 a]로 이루어지는 데도 잘못 사용되는 경우가 매우 흔하다. 이 잘못은 통상 논리적 증거를 제시해야 할 대목에서 감정적 호소를 하기 때문에 일어난다. 이 논증을 잘못 사용하는 사람들은 문제의 진술을 주장하는 사람이 신뢰할 만한 반권위라는 사실을 밝히는 대신에, 그 사람의 인격이나 성격이나 경력을 헐뜯는 짓을 일삼는다. 이렇게 되면 형식 a]의 첫번째 전제가 사람 자체에 대한 반감을 불러일으키려는 선동적인 말로 변질되고 만다. 다음은 그런 실례들 가운데 하나다.

c] 소련 공산당은 1930년대에 오스트리아의 수도사 멘델(Gregor Mendel, 1822~1884)의 유전학 이론을 "유산 계급의 관념주의"라는 딱지를 붙여 거부해버렸다. 소련 공산당 대변인은 성명을 통해서 "멘델의 이론은 수도사라는 유산 계급이

지닌 사고 방식의 소산으로 간주하지 않으면 안 된다"고 이유를 말했었는데, 이 답변은 사람에 반대하는 논증을 잘못 사용하는 과오를 범했다고 보아야 할 것이다.

어떤 이론을 창시한 사람의 민족적 · 사회적 · 종교적 배경이 그 이론의 진리성이나 허위성과 관련이 없다는 것은 명백하다. 따라서 멘델이 오스트리아의 수도사라는 사실은 멘델을 유전학에 관해서 신뢰할 만한 반권위로 만들지 못한다. 이런 일을 빌미로 삼아 멘델의 이론을 비난하는 것은 이 이론을 부정하는 증거를 제시하는 일이 아니라 분명히 이 이론에 대한 반감만 부추기는 일이다. 이 예는 다른 한편으로 발생적 오류(發生的 誤謬, genetic fallacy, 제 1 장 제 3 절)의 실례이기도 하다. 아래의 예는 이와 똑같은 오류를 범하고 있지만, 좀더 미묘한 경우를 보여 준다.

d] 플라톤의 철학적 저작들 속에는 그가 외디푸스 콤플렉스에 사로잡혀 시달렸다는 정신 분석학적 증거가 강하게 드러나 있으므로, 플라톤의 철학 이론들은 그의 성격 속에 있었던 이 정신병적 요인에 의해서 설명될 수 있다고 주장하는 사람이 더러 있다. 이런 경우에는 플라톤의 철학적 이론들이 이런 식으로 설명될 수 있기 때문에 그 이론들을 진지하게 취급할 필요가 없다는 암시가 곁들어지게 마련이다.

그러나 플라톤이 외디푸스 콤플렉스에 사로잡혀 있었다 할지라도 그의 철학적 신조들이 옳은가 그른가 하는 문제는 여전히 남아 있다. 플라톤의 철학적 신조들은 이런 심리적 근거에 입각해서 반박될 수 있는 것이 아니다. 어떤 사람이 외디푸스 콤플렉스에 걸려 있다는 사실이 그 사람을 신뢰할 만한 반권위로 만들지는 못한다.

여론에 의거하는 논증이 권위에 의거하는 논증의 특별한 형태인 것과 같은 방식으로 사람에 반대하는 논증의 특별한 형태로 볼 수 있는 여론에 의거하는 부정 논증(輿論에 依據하는 否定 論證, negative argument from concensus)도 있다. 이 형식의 논증에서는 어떤 악명 높은 집단이 인정하는 생각이라는 것을 이유로 들어 결론을 부정하려고 한다. 아래의 예를 살펴보자.

e] 중국의 공산당 무리는 기혼 여성이 결혼 전의 성씨를 계속해서 사용할 권리를 가져야 한다고 믿고 있다.
∴ 기혼 여성이 남편의 성씨를 사용하도록 강요해야 한다.

이 논증은 여성 해방과 관련 있는 몇 가지 일에 대해서 부정적 태도를 갖도록 부추기고 있는 것이 분명하다.

지금까지의 설명을 통해 드러났듯이 권위에 의거하는 논증과 사람에 반대하는 논증에는 양쪽에 모두 적용되는 하나의 원리가 있다. 그것은 어떤 진술의 진리성이나 허위성과 그 진술을 주장하는 사람의 기본적 성질 사이에 고도의 개연성(확률) 관계가 객관적으로 성립한다면, 이 관계가 귀납 논증에 올바르게 사용될 수 있다는 것이다. 이 관계에 대한 진술은 통계 논증의 첫번째 전제 역할을 제대로 할 수 있기 때문이다. 어떤 진술의 옳음이나 그름을 그 진술을 주장하는 사람의 특징을 근거로 하여 입증하려는 논증은 어느 것이든 그 전제 속에 이러한 개연성(확률) 관계에 대한 언급이 없으면 반드시 올바르지 못한 법이다. 이런 식의 그릇된 논증은 발생적 오류의 실례인 경우가 흔하다. 제1장 제3절에서 살펴보았던 예 c]와 바로 이 절에서 살펴본 예 c]는 이 점을 잘 보여 주고 있다.

8. 유비 논증

유비 논증(類比 論證, argument by analogy)은 아주 널리 사용되고 있는 귀납 논증인데, 이 논증은 유형이 다른 두 가지 대상들의 유사성을 근거로 삼는다. 유비 논증이 전개되는 틀은 다음과 같이 간추릴 수 있다. 전제는 우선 어떤 종류의 대상이 다른 종류의 대상과 몇 가지 점에서 비슷하다는 사실이 확인되어 있음을 진술하고 나서, 첫번째 종류의 대상이 그 밖의 어떤 특성을 갖고 있다는 사실을 지적하는데, 두 번째 종류의 대상이 이 추가된 특성을 갖고 있는지 어떤지는 아직 알려져 있지 않다. 이런 상황에서 두 종류의 대상이 몇 가지 점에서 비슷하므로 유비(類比, analogy)에 의해 다른 점에서도 비슷하다고 결론을 내린다. 따라서 첫번째 종류의 대상이 지녔다고 밝혀져 추가되었던 그 속성을 두 번째 종류의 대상도 지닌다고 주장하게 된다. 예를 하나 살펴보자.

a] 캐나다의 의약품 연구가들은 사카린이 인체에 미치는 영향을 명확하게 밝히기 위해서 쥐를 대상으로 실험을 한 적이 있었다. 이들은 다량의 사카린을 먹인 쥐들은 사카린을 전혀 먹이지 않은 쥐들보다 대단히 높은 비율로 방광암에 걸려 있음을 발견하였다. 많은 전문가가 쥐와 사람은 생리학적으로 여러 가지 면에서 비슷하므로 유비에 의해 사카린을 인공 감

미료로 늘 먹는 사람은 방광암을 일으킬 위험이 있다고 결론을 내렸다. 오늘날 누구나 즐겨 마시는 체중 조절용 음료수에 경고문이 부착되어 있는 것은 이 때문이다.[6]

이러한 유비 논증의 형식을 정리하면 아래와 같다.

b] X유형의 대상은 G · H 등의 속성을 갖고 있다.
Y유형의 대상도 G · H 등의 속성을 갖고 있다.
X유형의 대상이 F라는 속성을 갖고 있다.
∴ Y유형의 대상도 F라는 속성을 갖고 있다.

논증 a]에서는 쥐가 X유형의 대상이고, 사람이 Y유형의 대상이다. 속성 G · H 등은 쥐와 사람이 공통으로 지니고 있는 생리학적 속성이다. 속성 F는 다량의 사카린 섭취로 인해서 방광암에 걸린다는 속성이다. (모든 쥐가 아니라 단지 일부의 쥐가 방광암에 걸렸다는 사실은 이 유비 논증의 토대에 손상을 입히지 않는다. 사카린은 실제로 쥐가 방광암에 걸리는 가능성을 증가시키며, 따라서 사카린이 사람에게도 똑같은 영향을 미치리라는 추리는 합리적 추리이기 때문이다).

유비 논증은 다른 유형의 귀납 논증과 마찬가지로 강한 논증으로 평가될 수도 있고, 약한 논증으로 평가될 수도 있다. 유비 논증의 강도는 주로 비교되고 있는 두 유형의 대상 사이의 유사성(類似性, similarity)에 달려 있다. 사실 두 종류의 사물은 어떤 종류의 것이든 많은 점에서 비슷하기도 하고 다르기도 한 법이다. 따라서 유비 논증의 평가에서 결정적 사항은 비교되고 있는 두 종류의 대상이 그 논증과 관련 있는 점에서 비슷한가라는 점이다. 유비 논증은 그와 관련 있는 유사성(relevant similarity)이 얼마나 확인되건 그 정

6) 이 예에 대한 훌륭한 분석이 Ronald N. Giere의 *Understanding Scientific Reasoning* (New York : Holt, Rinehart & Winston, 1979) 제12장에 있으니 참고하기 바란다.

도만큼 강화된다. 유비 논증은 그와 관련 있는 차이성(relevant dissimilarity)이 얼마나 확인되건 그 정도만큼 약화된다. 쥐와 사람은 많은 점에서 크게 다르지만, 예 a]에서 연구의 초점이 되는 문제는 생리학적 유사성이다. 따라서 쥐와 사람의 생리학적 유사성은 바로 그 논증에 중요한 성질이지만, 비생리학적 차이성은 그 논증에 중요하지 않은 성질이 된다.

그러나 무엇이 유사성이나 차이성을 어떤 유비 논증과 관련 있게 만들거나 관련 없게 만드는가를 일반적으로 정확하게 진술하기는 쉽지 않다. 이 문제의 핵심은 어떤 종류의 유사성이나 차이성이 논의중인 현상에 차이를 만들어 내는가를 판정하는 것이다. 예 a]의 경우라면 다음과 같은 판정들을 생각해 볼 수 있을 것이다. 쥐와 사람이 둘 다 동물이라는 사실이 사카린의 생리학적 영향과 관련해서 중요한 유사성일 가능성이 크다는 것은 누구에게나 상식이랄 것이다. 쥐는 네 발 동물인 반면에 사람은 두 발 동물이라는 사실이 관련 있을 수 있는가에 대해서는 누구나 의문을 품을 것이다. 한편 쥐에게는 꼬리가 있는데 사람에게는 꼬리가 없다는 사실이 관련이 없다는 것은 누구나 상당히 믿을 것이다. 숫쥐는 넥타이를 매지 않는 반면에 남자는 넥타이를 맨다는 사실이 전혀 관련이 없다는 것은 누구나 굳게 확신할 수 있을 것이다. 물론 생리학적 실험을 하는 과학자들은 관련 있는 사실과 관련 없는 사실을 안목 있게 판정할 수 있는 상당한 양의 배경 지식과 배경 경험을 갖고 있게 마련이다. 실험 동물을 대상으로 하는 실험은 생물 의학의 지식에 의거하여 치밀하게 고안된 절차에 따라 진행되는데, 그 이유는 이런 실험의 가치와 한계가 잘 알려져 있기 때문이다.

이제 유비 논증을 몇 개 더 검토해 보자.

c] 고고학자들이 선사 시대 인류의 주거지를 발굴하다가 모양이 비슷한 돌을 많이 발견했는데, 그 돌들은 사람의 손으로 가공하지 않았다면 이루어질 수 없는 모양을 하고 있었다. 그 돌들에는 자루가 붙어 있지 않았지만, 고고학자들의 머리에 그 돌들이 오늘날에도 원시적 생활을 하고 있는 사람들이 사용하는 도끼 머리와 비슷하다는 생각이 떠오른다. 고고학자들은 이 생각을 전제로 삼고 유비에 의해 이 돌들이 선사 시대 인류의 도끼 머리로 사용되었다는 결론을 추리한다. 이들은 도끼 자루가 발굴되지 않는 이유는 나무로 되어 있던 자루가 썩어 없어졌기 때문이라고 본다.

이런 식의 유비 추리를 하는 고고학자들은 고대의 돌과 현대의 도끼 머리의 유사성과 아울러 그 선사 시대의 문화와 오늘날 돌도끼를 사용하는 원시적 문화의 유사성을 평가하는 노력을 하지 않으면 안 된다.

d] 어떤 평화주의자들은 전쟁이 결코 평화나 정의나 우애를 실현시키는 수단일 수 없다는 생각을 다음과 같은 논증을 통해 주장한다. 밀을 심으면 밀이 난다. 누구나 옥수수를 심으면 옥수수를 거둘 뿐이다. 누구도 엉겅퀴를 심어 놓고 딸기가 열리기를 바라지는 못한다. 마찬가지로 우리가 증오와 살인을 심어 놓고 평화와 정의와 우애가 열리기를 기대할 수는 없는 법이다. "평화와 전쟁의 관계는 순결과 간통의 관계와 같다"라는 말은 이 논증의 요지를 간명하게 표현하는 말일 것이다.

이 논증은 두 종류의 "심는 일"에 너무나 큰 차이점들이 있기 때문에 아주 약한 유비 논증이다.

신이 실제로 있다는 것을 증명하려는 논증들 가운데 가장 널리 사용되는 설계에 의거하는 논증(argument from design)은 명백한 유비 논증으로 제시되는 경우가 흔하다.

e] “나[클레안테스]는 이 문제를 내가 어떤 식으로 이해하는가를 간략하게 설명하고자 한다. 먼저 이 세계를 둘러보라. 그 전체의 모습과 온갖 부분을 찬찬히 살펴보라. 그러면 누구나 이 세계가 단지 하나의 위대한 기계, 즉 그 전체가 무한히 많은 작은 기계로 이루어져 있고, 이 부속 기계 하나 하나 역시 수많은 더 작은 기계로 이루어져 있을 뿐만 아니라, 이런 식의 구조가 인간의 감각과 능력으로 확인하고 설명할 수 있는 한도 너머까지 계속되고 있는 하나의 거대한 기계에 지나지 않는다는 것을 깨달을 것이다. 이 엄청나게 다양한 기계들은 더 나아가 그 가장 작은 부품들까지도 이를 관조하는 사람이라면 누구나 감탄하여 황홀해질 만큼 서로 정확하게 조화를 이루고 있다. 자연의 어디에서나 일어나는 수단이 목적에 신기하게 적응하는 일은 사람이 인간적 고안물, 즉 의도·사상·지혜·지성을 만들어 내는 일과 그 신묘함의 수준이야 월등하지만 서로 정확하게 닮았다. 그러므로 결과가 서로 닮았기 때문에 완벽한 유비에 의해서 원인 역시 서로 닮았다고 추리할 수밖에 없다. 게다가 자연의 창조자는 물론 그가 이룩해 놓은 작품의 장관에 비례하여 인간보다 훨씬 더 위대한 능력을 갖추고 있겠지만, 상당히 인간의 정신과 비슷하다는 결론도 나오게 된다. 나는 이 논증에 의해서 … 아니, 이 논증만으로도 신이 실제로 있다는 사실과 신의 속성은 인간의 마음이나 지성과 비슷하다는 사실이 둘 다 동시에 증명된다고 본다.”[7]

이 논증을 평가하는 일은 상당히 복잡해서 이 자리에서 시도하지는 않겠다. 이 논증의 결함을 철저히 분석한 평가가 철학자 휴움의 〈자연 종교에 관한 대화〉라는 책에 있으니 참고하기 바란다. 휴

7) David Hume, *Dialogues Concerning Natural Religion,* Part Ⅱ.

움은 이 책의 바로 그 대목에서 몇 가지 예를 더 설명하고 있는데, 다음은 그 가운데 한 예다.

f] "…누구든 아주 조금씩일지라도 비교 대상들의 유사성을 줄여 나가면 언제나 그에 비례해서 자신의 증거를 감소시키게 된다. 이 일이 계속되다 보면, 결국에는 자신의 논증을 아주 약한 유비 논증으로 만들어버리는 결과를 초래하게 될 텐데, 그런 논증은 틀림없이 그릇된 논증이나 불확실한 논증이라는 평가를 면할 도리가 없게 될 것이다. 사람의 신체 속에서 혈액이 순환한다는 사실을 알게 된 이후로 누구도 티티우스나 뫼비우스 같은 사람의 체내에서도 혈액이 순환한다는 것을 의심하지 않고 있다. 하지만 애초에 개구리와 물고기의 체내에서 혈액이 순환한다는 사실을 근거로 하여 사람이나 다른 동물의 체내에서도 혈액이 순환한다고 주장했던 것을 되돌아보면 이 결론은 강하게 입증된 것이긴 하지만, 그래도 단지 유비 추리에 의한 추정이었다. 다시 동물의 체내에서 혈액이 순환한다는 경험적 지식을 근거로 하여 식물의 체내에서 수액이 순환한다고 추리한다면, 이 유비 논증은 훨씬 더 약한 논증이 되어버린다. 이처럼 불완전한 유비 논증을 성급하게 인정했던 사람들의 과오가 나중에 정확한 실험에 의해 밝혀져 왔다.[8]

유비 논증은 철학적 저작 속에 많이 나온다. 철학에서 매우 중요한 두 가지 예를 더 살펴보고, 이 절을 마무리하고자 한다.

g] 플라톤의 대화편들 속에는 유비 논증이 많이 나온다. 유비 논증은 소크라테스가 아주 즐겨 사용하는 논증 유형들 가운데 하나였기 때문이다. 한 예로 〈국가론〉에는 논의의 진행에 따라 등장하는 보조 논증들 가운데 유비 논증이 많다. 그뿐만

---

8) *Ibid.*

아니라 이 책 전체의 내용이 의도하고 있는 가장 중요한 논증이 바로 유비 논증이다. 원래 이 책의 주된 관심사는 개인에서의 정의의 본성을 밝히는 것인데, 이 문제를 탐구하기 위해 결국에는 국가에서의 정의를 검토하고 있다. 그 이유는 플라톤이 국가에서의 정의를 개인에서의 정의의 "확대판"이라고 생각했기 때문이다. 이 책은 이처럼 국가와 개인의 유사성을 근거로 삼고 개인에서의 정의에 관한 여러 가지 결론을 내리고 있다.

h] 유비 논증은 다른 사람의 마음(정신)에 관한 철학적 문제를 다루기 위해 흔히 사용되고 있다. 이 문제는 다음과 같다. 누구나 고통의 느낌과 같은 자신의 의식 상태는 직접 깨닫지만, 다른 사람의 정신 상태는 직접 경험할 수 없다. 사실 누구나 그렇게 믿고 살고 있는 바와 같이 어떤 사람이 다른 사람도 많은 점에서 자기와 비슷한 방식으로 경험을 하고 있다고 믿고 있다면, 이 신념은 추리에 기초를 두고 있음에 틀림없다. 우리가 다른 사람의 마음에 관한 신념을 정당화하기 위해 사용하는 논증은 유비 논증이다. 다른 사람은 마치 사고, 의심, 기쁨, 고통, 그 밖의 여러 가지 정신 상태를 경험하는 것처럼 보이는 행동을 한다. 다른 사람의 그런 행동은 내가 그런 정신 상태에 있을 때 했던 행동과 비슷하다. 따라서 다른 사람의 그런 행동은 나의 경우와 마찬가지로 저들의 의식 상태에 기인한다고 결론을 내린다. 이런 방식으로 우리는 자기의 마음 이외에 다른 사람의 마음이 실제로 있다는 것을 사실로 확립하려고 노력한다.

유비 논증은 전제에 제시되어 있는 정보를 넘어서 새로운 정보를 추구하는 귀납 논증의 근본 의도를 다시 한번 잘 보여 주고 있다. 유비 논증의 강도를 평가하기 위해서는 종류가 다른 대상들이 보여 주는 유사성들이 그 논증과 얼마나 밀접한 관련이 있는가를 판정하는 일이 반드시 필요하다. 그러나 이 관련성 여부의 판정은 순전히 논리학에 의해서 결정될 수 없는 일인데, 그 까닭은 유비 논증에서 문제가 되는 그런 종류의 관련성은 사실에 관한 정보와 얽혀 있기 때문이다. 예 a]와 같은 생물학의 문제에 어떤 유사성과 차이성이 관련이 있는가를 결정하기 위해서는 생물학적 지식이 동원되어야 한다. 예 c]와 같은 인류학의 문제와 관련 있는 유사성과 차이성을 명확히 규명하기 위해서는 인류학적 정보가 필요하다. 이러한 유비 논증은 대부분의 귀납 논증처럼 많은 양의 일반적 지식(一般的 知識, general knowledge)을 근거로 삼고 구성되므로, 유비 논증의 힘을 평가하기 위해서는 이 일반적 지식들을 검토해야 한다. 이 일반적 지식들을 고려하지 않고 유비 논증의 힘에 대하여 어떤 결론을 내린다면 전체 증거 조건을 어기게 될 것이다.

9. 인과 논증

과학적 지식과 상식적 지식이 함께 딛고 서 있는 공통의 토대에는 굉장히 많은 인과 관계(因果 關係, causal relation)에 관한 정보가 포함되어 있다. 이러한 지식은 직접 관찰한 사건이나 대상으로부터 직접 관찰할 수 없는 사건이나 대상을 알아 내는 추리의 근거로 사용되고, 인과적 설명(因果的 說明, causal explanation)을 구성하는 한 요소로 사용되며, 합리적 행위(合理的 行爲, rational action)가 반드시 따라야 하는 지침으로 사용된다. 예를 몇 개 살펴보자.

a] 강에서 시체를 인양한 다음, 의사가 죽음의 원인을 찾기 위해 시체를 해부하여 검사하고 있다. 의사는 폐와 위장 속의 물질들을 조사하고, 혈액을 분석하고, 다른 여러 기관을 검사한 후에 그 사람이 죽은 것은 물을 먹었기 때문이 아니라 독약을 먹었기 때문이라고 결론을 내렸다. 이 경우 의사는 비소와 물 같은 여러 가지 물질이 신체에 일으키는 결과에 대한 광범위한 지식에 근거를 두고 결론을 주장하고 있는 것이다.

이 예는 관찰된 결과를 근거로 하여 원인을 추리하고 있다. 이와 반대로 원인을 관찰한 다음 이를 근거로 하여 결과를 추리하는 경우도 있다.

b] 산림 순찰원이 마른 숲에 벼락이 떨어지는 것을 보았다. 그

는 자신이 알고 있는 인과적 지식을 근거로 하여 산불이 일어날 것이라고 추리한다.

또한 인과적 지식은 우리에게 이 세계에서 일어나는 사건을 어느 정도 통제할 수 있는 힘을 주기도 한다. 예컨대 사람은 원하는 결과를 차례로 만들어 내는 원인을 조작하는 능력을 확보하고 있는 때도 있다. 아래의 예가 그런 경우이다.

c] 고속 도로 관리 당국은 도로 위의 얼음을 녹이기 위해서 소금을 뿌리는데, 그렇게 함으로써 고속 도로에서 교통 사고가 일어날 위험을 줄이고 있다.

이와 달리 우리의 목적이 바람직하지 못한 사건이 일어나는 것을 막는 데 있는 경우도 있다. 인과적 지식은 이런 일까지도 가능하게 한다.

d] 항공기 추락 사고가 일어나면, 똑같은 사고가 앞으로 다시 일어나는 것을 막기 위해서 원인을 확인하는 조사가 치밀하게 진행된다. 한 예로 얼마 전에 워싱턴 공항을 이륙하려는 비행기가 관제관의 출항 허가를 얻기에 충분한 고도에 이르지 못하고 포토맥강에 추락한 적이 있었다. 조사의 초기 단계에서는 비행기의 날개에 얼어붙은 얼음이 원인인 것 같았다. 비행기는 공기의 막이 날개 위를 흐르는 힘에 의해서 떠오르는데, 날개에 얼음이 겹겹이 쌓여 표면의 모양이 크게 달라지면 비행기의 부력을 없애버릴 수 있기 때문이다. 덧붙여 말하면 이 사고를 일으킨 원인은 얼음의 무게가 아니라, 고장을 일으킨 날개의 횡단면의 모양이 우그러진 사실이었다는 것이 나중에 밝혀졌다. 이 연구에 따라 이륙 직전에 하는 얼음 제거 작업을 더욱 조심스럽게 함으로써 똑같은 사고가 다시 일어나는 것을 막을 수 있게 되었다.

예 c]는 예 b]의 경우와 마찬가지로 인과 관계에 대한 지식을 근거로 하여 원인에서 결과로 건너가는 추리를 포함하고 있다. 한편 예 d]에서는 예 a]의 경우와 마찬가지로 결과에서 원인으로 건너가는 추리가 진행되고 있다. 더 나아가 위의 네 가지 예는 모두 결론이 언급하고 있는 사건에 대하여 설명(說明, explanation)을 하고 있다. 강에서 시체로 인양된 사람은 독약을 먹었기 때문에 죽었고, 산불은 벼락이 떨어졌기 때문에 일어났으며, 도로 위의 얼음은 소금을 뿌렸기 때문에 녹았고, 비행기는 날개에 얼음이 쌓였기 때문에 추락하였다고 설명하고 있다.

그러나 이러한 추리를 하는 사람의 목적에 관계 없이 결론의 신뢰성 여부는 어떤 인과 관계가 실제로 있는가 없는가에 달려 있다. 혹시 논리적 분석이라는 목적을 위해서 이런 추리를 논증으로 바꾼다면, 그 논증의 전제에는 적당한 인과 관계를 주장하는 진술이 반드시 등장해야 한다. 다음의 논증을 예로 삼아 검토해 보자.

e] 스미스 부인은 임신중에 박쥐에 놀랐다.
∴ 스미스 부인은 "점박이" 아이를 낳을 것이다.

이 논증은 이 상태로는 연역적으로 타당하지도 못하고 귀납적으로 올바르지도 못하다. 그 까닭은 "임신중에 놀라는 일"과 "태아의 피부에 반점이 생기는 일"에 인과 관계가 있다고 주장하는 전제가 없기 때문이다. 아래의 논증은 그런 전제를 보충한 것이다.

f] 임신중의 부인이 놀라는 일은 태아의 피부에 반점이 생기는 원인이 된다.
스미스 부인은 임신중에 박쥐에 놀랐다.
∴ 스미스 부인은 "점박이" 아이를 낳을 것이다.

이 논증은 이제 논리적으로 올바른 논증이 되었고, 실제로 연역적으로 타당한 논증이다. 이와 같은 방식으로 예 b]가 보여 주는 추리를 논증으로 꾸며 보면 다음과 같다.

g] 벼락이 마른 숲에 떨어지면 마른 나무에 산불을 일으킬 것이다.
벼락이 방금 마른 숲에 떨어졌다.
∴ 산불이 일어날 것이다.

이 논증 역시 연역적으로 타당한 논증이다.

그런데 위의 논증 f]와 g]에 등장한 두 개의 전제가 종류가 다른 진술이라는 사실을 깨닫는 것이 인과 논증을 이해하는 데 도움이 된다. 이 두 논증의 첫번째 전제는 일정한 조건이 갖추어질 때는 언제나 일어나는 사실을 주장하는 일반적 인과 진술(一般的 因果陳術, general causal statement)이다. 논증 f]의 첫번째 전제는—물론 그른 주장이긴 하지만—임신중의 부인이 놀랄 때 일어나는 일에 대하여 주장하고 있다. 이 진술은 조건 진술의 형식을 지니고 있으나, 일상의 실질 함언의 조건 진술에 지나지 않은 것이 아니라는 점을 강조하기 위해서 인과 관계를 명백하게 드러내어 언급하고 있다. 이와 달리 이 논증의 두 번째 전제는 특정한 사람과 특정한 장소에 일어난 사실을 언급하는 특수 진술(特殊 陳述, particular statement)이다. 논증 g]도 이와 똑같은 두 가지 유형의 진술을 전제로 갖고 있지만, 논증 g]의 첫번째 전제인 일반적 인과 진술은 적어도 정말 같이 여겨질 만하다는 점이 약간 다르다고 하겠다.

지금까지 살펴본 모든 예에서는 일반적 인과 관계(一般的 因果關係, general causal relation)가 명확하게 알려져 있다고 가정했으므로 초점을 바로 특정한 원인에 맞추고 논의했었다. 하지만 예 a]의 경우를 생각해 보면, 사람을 죽음에 이르게 할 수 있는 원인이 많이 있으므로, 죽음의 원인을 의학적으로 조사하는 사람은 실은 그 가운데 어느 원인이 바로 그 사람을 죽게 했는가를 알아 내려고 노력해야 한다. 또한 예 d]의 경우에도 비행기를 추락시킬 수 있는 원인이 많이 있으므로, 추락 사고의 원인을 조사하는 사람은 실제로는 그 가운데 어느 원인이 바로 그 특정한 추락 사고를 일으켰는가를 밝혀 내는 일을 해야 한다.

예 f]와 g]가 보여 주는 한 가지 현저한 차이는 예 f]는 명백하게 그른 일반적 인과 진술을 전제로 지니고 있는 데 반해서, 예 g]는 누구나 옳다고 인정할 일반적 인과 진술을 전제로 지니고 있다는 사실이다. 우리는 앞에서 논리학의 관심사는 전제의 진리성(옳음)이나 허위성(그름)이 아니라 논증의 논리적 구조라는 것을 여러 차례 거듭 확인했었다. 그럼에도 불구하고 이러한 인과 논증의 신뢰성은 전제 속의 일반적 인과 진술이 서술하고 있는 인과 관계가 실제로 있는가에 달려 있다는 것은 분명하다. 이러한 인과 관계에 관한 지식이 지니고 있는 엄청나게 큰 실제적 중요성이나 이론적 중요성을 아는 사람은 누구나 인과적 지식을 확립하는 데 쓰이는 논증의 논리적 성격을 고찰해 보아야 할 것이다. 수많은 과학적 탐구의 주된 목적은 바로 이러한 일반적 인과 관계를 확립하는 것이다. 이 점은 아래의 흥미로운 역사적 실례가 잘 보여 주고 있다.

h] 젬멜바이스(Ignaz Semmelweis, 1818~1865)는 1844년에서 1848년까지 비엔나 종합병원의 1산부인과 의료진의 한 사람으로 근무하였다. 1884년 어느 날 젬멜바이스는 자신의 산부인과에서 아이를 분만한 부인들 가운데 산욕열(産褥熱)이라는 중병에 걸리는 비율이 매우 높고, 그 병에 걸린 부인들 가운데 많은 수가 죽는다는 사실을 발견하고 깜짝 놀랐다. 1844년

> 에는 이 산부인과에서 분만한 부인들 가운데 8.2%, 즉 260명이 죽었고, 1845년에는 사망률이 6.8%이었으며, 1846년에는 11.4%가 이 병에 희생되었다. 그런데 1산부인과의 옆 건물에 있는 2산부인과에서는 같은 해에 이 병에 의한 사망률이 2.3%, 2.0%, 2.7%이어서 상대적으로 놀랄 정도로 낮았는데, 이는 이상스러운 일이었다. 젬멜바이스는 이 문제를 치밀하게 탐구한 끝에 이 문제가 1산부인과에서 분만한 부인들이 — 2산부인과의 산부들과는 달리 — 해부실에서 시체를 해부하다가 곧장 입원실로 들어오는 의사와 의과 대학생의 진료를 받는다는 사실과 관련이 있음을 확인하게 되었다. 그 당시에는 질병의 원인에 대한 세균설이 확립되어 있지 않았었지만, 젬멜바이스는 이 병이 진찰자의 손에 의해서 시체로부터 산부에게로 "부패한 물질"이 옮겨짐으로써 일어난다고 결론을 내렸다. 그는 그 물질이 풍기는 불쾌한 냄새가 어떤 해로운 성분의 표시라고 믿었는데, 얼마 뒤에 표백분 용액이 이 부패한 물질의 냄새를 없애기 위해 통상 사용되고 있다는 것을 알게 되었다. 이런 연구 과정을 거쳐 젬멜바이스는 진료에 임하는 사람은 표백분 용액으로 손을 세밀히 씻는 일 — 오늘날 강력한 소독이라고 부르는 일 — 을 권장했다. 이 일이 실행에 옮겨지자 1산부인과의 사망률은 2산부인과의 사망률보다도 더 낮아졌다. 이는 인과 관계에 관한 지식이 좋지 않은 결과를 막는 데 쓰인 또 다른 실례다.[9]

이 예는 어떤 특수한 원인이 작용했다는 사실을 확인하는 문제와 일반적 인과 관계를 확립하는 문제가 근본적으로 차이가 있음을 보여 주고 있다. 비행기 추락 사고의 경우에는 조사자가 날개의 모

---

9) 이 예에 대한 아주 흥미진진한 논의가 Carl G. Hempel의 *Philosophy of Natural Science*(Englewood Cliffs, N.J. : Prentice-Hall, Inc., *Foundations of Philosophy Series*, 1966) 제 2 장에 있으니 읽어 보기 바란다.

양과 어떤 모양의 날개가 공기 중에서 움직일 때 생성되는 부력 사이에 성립하는 근본적 물리 관계를 알고 있으며, 그뿐 아니라 그 사고와 관련이 있을 수 있는 다른 일반적 인과 관계를 많이 알고 있다. 그러니까 그 사고와 관련 있는 일반적 인과 법칙(一般的 因果法則, general causal law)이 알려져 있다. 이런 경우에는 어떤 특수한 원인이 바로 그 사고의 원인으로 작용했는가를 밝히는 것이 문제다. 그러나 산욕열의 경우에는 이와 달리 젬멜바이스가 문제삼고 있는 결과에 어떤 특정한 사실을 원인으로 연결시켜 주는 일반적 인과 관계가 전혀 알려져 있지 않았다. 이런 사정에서 젬멜바이스가 노력할 필요가 있는 일은 일반적 인과 관계를 알아 내는 일이다.

이 일을 위해서는 만일 우리가 일반적 인과 관계를 발견할 수 있는 규칙을 만들어 낼 수 있으면 아주 좋은 일이랄 수 있을 것이다. 하지만 발견과 정당화를 살펴본 제 1 장 제 3 절의 결론이 우리에게 일깨워 주었던 바와 같이 논리학은 결코 이런 규칙을 만들어 낼 수 없다. 이 일과 관련해서 논리학이 할 수 있는 최선의 일은 어떤 일반적 인과 관계가 실제로 성립한다는 주장을 정당화하기 위해 꾸며진 논증을 평가하는 방법을 마련하는 것이다. 논리학은 다음에 살펴보는 바와 같이 이 목적을 위해서 일련의 방법을 마련해 놓고 있는데, 이 일련의 방법은 우리가 실제로 이용할 수 있는 방법이다.

10. 밀의 방법

이제 살펴보려는 일반적 인과 관계를 확립하는 기본적 방법들은 19세기 중엽에 영국의 철학자 밀(John Stuart Mill, 1806~1873)이 정리하여 발표한 것이다. 밀은 원래 다섯 개의 방법을 제안하였지만, 이 책에서는 그 가운데 네 가지 방법만 검토하겠다. 이 네 가지 방법은 지금 우리가 관심을 갖고 있는 주제에 대한 논의의 아주 훌륭한 출발점이 된다. 처음에는 밀의 방법들을 본래의 전통적 형태로 제시하고, 그 다음에 현재까지 이루어진 중요한 수정 내용을 설명하겠다.

첫번째 방법은 일치법(一致法, method of agreement)이다. 아래의 예를 살펴보자.

a] 당신이 과일 상점을 경영하고 있는데, 오렌지의 일부가 겉은 싱싱한데 속은 퍼석해져 즙이 없어진 사실을 발견했다고 하자. 당신은 이런 일이 왜 일어나는지 알고 싶다. 그간의 사정은 다음과 같다. 이런 일은 어떤 경우에는 네이블, 발렌치아를 비롯해서 여러 종류의 오렌지에 일어났고, 어떤 경우에는 일어나지 않았다. 이런 일이 어떤 때는 트럭으로 실어 온 오렌지에 일어났고, 어떤 때는 기차로 실어 온 오렌지에 일어났다. 때로는 캘리포니아주에서 온 오렌지에 이런 일이 일어났고, 때로는 플로리다주에서 온 오렌지에 이런 일이 일어났

다. 오렌지의 구입은 필요할 때마다 여러 도매상에서 전량을 공급받았는데, 이런 일은 가끔 그 가운데 어느 파수의 오렌지 전체에 일어났다. 이런 경우에 항상 공통했던 한 가지 사실은 오렌지가 빙점 이하의 온도에 노출된 적이 있다는 것이었다. 이 모든 사실을 고려한 끝에 당신은 오렌지가 얼었던 사실이 변질의 원인이라고 결론을 내린다.

밀의 일치법의 토대가 되는 일반적 착상은 다음과 같다. 우선 우리가 원인을 확인하고 싶은 사건, 즉 어떤 결과가 주어져 있다. 우리는 이 결과가 일어났던 실례를 가능한 한 다양한 상황 속에서 조사한다. 위의 예에서는 이 결과가 오렌지의 즙이 없어진다는 사실이고, 이 결과가 일어나는 상황의 다양성은 오렌지 종류의 다양성, 수송 방법의 다양성, 공급자의 상이, 오렌지의 성장 조건의 차이를 말한다. 이 다양한 모든 경우에 공통하는 한 가지 사실은 오렌지가 빙점 이하의 온도에 노출된 적이 있다는 것이다. 따라서 일치법의 골격은 아래와 같이 간추릴 수 있다.

b] ABCD → X
ABCE → X
ABDF → X
ACDG → X
(X는 원인을 알고 싶은 결과이고, A · B · C · D · E · F · G는 여러 가지 조건을 뜻한다).
A는 X가 일어나는 모든 경우에 공통하는 유일한 조건이므로, A가 X의 원인이라고 결론을 내린다.

그러나 일치법은 매우 조심스럽게 사용해야 한다. 일치법이 과오에 떨어질 수 있는 위험을 옛날부터 내려오는 아래의 농담이 잘 보여 주고 있다.

c] 옛날에 어떤 술꾼이 도대체 무엇이 그처럼 취하게 만드는지 알고 싶어서 조사를 해본 적이 있다고 하는데, 그 술꾼은 하루 저녁에는 스카치 위스키를 소다수에 타서 마셔 보고, 다음 날 저녁에는 버본 위스키를 소다수에 타서 마셔 보고, 그 다음 날 저녁에는 라이 위스키를 소다수에 타서 마셔 보는 식으로 계속 조사한 끝에 분명히 소다수가 취기의 원인이라고 결론을 내렸다고 한다.

이 추리에서 잘못된 점은 무엇일까? 밀의 방법을 사용할 적에는 일치법의 경우만이 아니라 다른 세 가지 방법의 경우에도 어떤 가정을 먼저 세울 필요가 있다. 우선 무엇보다도 밀의 방법을 사용하는 사람은 어떤 요인이 탐구 대상인 현상의 원인이라고 추정하고 시작해야 하며, 그래서 우리는 예 a]의 현상을 탐구하는 도중에 드러난 요인들 가운데 하나가 원인이라고 지목했었다. 예 a]의 경우에는 빙점 이하의 온도에 노출되었다는 요인이 검토되고 있는 요인들 속에 포함되어 있었다는 사실이 결정적으로 중요하다. 이 사실이 요인들의 목록에 포함되어 있지 않았다면, 밀의 일치법은 결코 이 요인을 원인으로 밝힐 수 없을 것이다. 이 사실은 ― 이 기회에 덧붙이는 바인데 ― 밀의 일치법이 원인을 발견하는 방법이 아니라는 것을 보여 주고 있다. 우리는 인과적으로 관련이 있을 법한 여러 가지 요인에 대해서 궁리를 해보지 않으면 안 된다. 그러니까 밀의 일치법은 우리가 그 요인을 검토의 대상으로 목록 속에 포함시켜 놓았을 경우에만 가능한 후보 원인들의 목록 속에서 그 사실을 가려 내는 일을 할 수 있게 하는 방법인 셈이다. 더욱이 예 c]가 보여 주듯이 원인 요인은 전혀 원인임을 알려 주는 표지를 달고 나타나지 않는다. 만일 우리가 알콜이 취기의 가능한 원인이면서 모든 종류의 위스키에 포함되어 있다는 것을 모르고 있다면, 일치법을 사용하여 취기의 진짜 원인을 찾아 낼 수 없을 것이다.

밀의 두 번째 방법은 차이법(差異法, method of difference)이다. 우선 아래의 예부터 살펴보기로 하자.

d] 어떤 학생이 초저녁에 커피를 마시면 한밤중까지 잠이 안 오는지 알고 싶었다. 그 학생은 이 물음의 답을 알아 내기 위해서 조그만 실험을 해보기로 작정하였다. 이 실험은 어느 수요일과 그 다음 주의 수요일에 한 가지 사실 이외에는 모든 일이 똑같게 생활하면서 조사해 보는 것이었다. 그는 두 수요일에 낮에는 똑같은 강의에 참석하고, 똑같은 음식을 먹었고, 초저녁에는 똑같은 양의 공부를 하고, 똑같은 텔레비전 쇼 프로그램을 보았다. 그러나 그 중 하루는 저녁 식사 후에 커피를 여러 잔 마셨지만, 다른 날 저녁에는 커피를 전혀 마시지 않았다. 이런 식으로 비교해 보니 커피를 마신 날 저녁에는 잠들기가 매우 어려운 반면에, 커피를 마시지 않은 날 저녁에는 잠자리에 들자마자 잠이 온다는 것을 확인하였다. 그래서 그 학생은 초저녁에 마시는 커피는 잠을 방해한다고 결론을 내렸다.

차이법의 토대를 이루고 있는 기본 발상은 다음과 같다. 우리가 원인을 알고 싶은 특정한 현상 ― 위의 예에서는 잠이 안 오는 일 ― 이 있다. 우리는 두 개의 비슷한 상황 ― 하지만 그 가운데 한쪽에서는 결과가 나타나고, 다른 쪽에서는 결과가 나타나지 않는 두 개의 상황 ― 을 찾아 내거나 만들어 내려고 노력한다. 이 두 경우에는 문제의 결과에 인과적으로 관련이 있다고 여겨지는 하나의 요인 이외에는 모든 조건이 똑같다고 밝혀졌음에도 불구하고, 문제의 결과가 일어나는 경우에는 그 요인이 나타나지만, 문제의 결과가 일어나지 않는 경우에는 그 요인이 나타나지 않는다고 가정한다. 이런 사정이라면 한쪽에는 나타나고 다른 쪽에는 나타나지 않는 바로 그 요인을 탐구 중인 현상의 원인이라고 결론을 내릴 수 있다는 것이다. 이 방법이 차이법이라고 불리는 까닭은 한쪽에는 나타나고 다른 쪽에는 나타나지 않는 바로 그 요인이 문제의 결과가 일어나기도 하고, 일어나지 않기도 하는 차이를 만들어 내기 때문이다.

차이법은 아래의 도식으로 정리할 수 있다.

e]　ABCD → X
　　(A－없음)BCD → X－없음

이 도식을 예 d]에 적용해 보면 "X"는 잠이 안 오는 일을 나타내고, "A"는 초저녁에 커피를 마시는 일을 뜻하며, "B"·"C"·"D"는 비교되는 양일의 낮에 똑같은 강의에 참석하고, 똑같은 음식을 먹고, 저녁에 똑같은 활동을 한다와 같은 요인들을 나타낸다. 결론은 초저녁에 커피를 마시는 일이 한밤중까지 잠이 안 온다는 사실의 원인이라는 것이다.

그런데 밀의 다음 방법을 살펴보기 전에 잠시 일치법과 차이법을 간략하게 비교해 보는 것이 좋을 것 같다. 일치법은 틀림없이 누구에게나 훨씬 더 친숙하게 여겨질 텐데, 그 이유는 이 방법이 매거에 의한 귀납(제 3 장 제 2 절)과 아주 비슷하기 때문이다. 예 a]에서 우리는 많은 경우에 A가 X를 수반한다는 것을 근거로 삼고 모든 경우에 A가 X를 수반할 것이라는 결론을 내렸었는데, 이는 귀납적 결론이다. 한편 B·C·D … 등의 다른 요인이 실례마다 달라야 한다고 강조한 것은 실은 편향 통계 오류(제 3 장 제 4 절)에 떨어지는 것을 피하기 위함이었다. 따라서 위의 예 a]는 가능한 한 다양한 여러 상황에서 확인된 수많은 실례에서 A가 예외 없이 X

를 수반하였으므로, 십중팔구는 미래의 A도 X를 수반할 것이라는 결론을 내렸다고 할 수 있는데, 이는 대체로 보아 매거에 의한 귀납이랄 수 있다.

차이법은 일치법과 크게 닮은 점이 조금도 없는 것 같다. 우리는 차이법을 적용하여 B·C·D … 등이 X의 원인일 수 없음을 밝혀 내게 되는데, 이는 이 요인들이 결과 X가 일어나지 않을 때에도 나타날 수 있기 때문이다. 따라서 우리는 B도 C도 D도 X를 일으킬 수 없다고 추론하게 된다. 이런 식으로 인과 관계에 접근해 가는 방법을 흔히 제거에 의한 귀납(除去에 의한 歸納, induction by elimination)이라 부른다. 예 d]의 경우를 보면 초저녁의 공부도 텔레비전도 저녁 식사의 음식물도 잠이 오지 않는 일의 원인일 수 없는데, 이는 이틀 가운데 하루 저녁에는 이런 요인들이 있지만 잠이 안 오는 일이 없었기 때문이다. 이처럼 요인 B·C·D … 등을 제거하는 과정은 연역적 과정이다. 그 까닭은 우리가 B는 항상 X를 수반한다, C는 항상 X를 수반한다 … 등의 진술에 대한 반대 사례를 확보하고 있기 때문이다. 그러나 A는 항상 X를 수반한다는 결론은 연역 추론에 의해서 정립될 수 없다. 차이법을 사용할 적에는 일치법을 사용할 때와 마찬가지로 현재 탐구중인 문제의 현상에 원인이 있고, 더욱이 그 원인이 탐구의 도식에 등장하는 요인들 가운데 포함되어 있다는 가정을 세울 필요가 있다. 그렇다면 A가 바로 찾고 있는 원인이라는 결론은 아무래도 귀납적으로 정립된다고 할 수밖에 없다.

한편 독자는 제 2 장 제 7 절의 끝 부분에서 충분 조건과 필요 조건이라는 개념을 정의했던 사실을 기억할 것이다. 이제 원인에 대해서도 그와 비슷하게 충분 원인(充分 原因, sufficient cause)과 필요 원인(必要 原因, necessary cause)의 구별을 도입하는 것이 좋겠다.

(하지만 앞서의 조건 구별과 이 원인 구별은 다르므로 혼동하지 말아야 한다). 만일 A가 항상 X를 일으키면, A는 X의 충분 원인이라 한다. 그러니까 만일 오렌지가 빙점 이하의 온도에 노출되는 일이 항상 오렌지가 퍼석해져 즙이 없어지는 결과를 일으킨다면, 오렌지가 빙점 이하의 온도에 노출되는 일은 오렌지가 퍼석해져 즙이 없어지는 현상의 충분 원인이다. 이에 반해서 만일 A가 없는 경우에는 X가 일어날 수 없다면, A는 X의 필요 원인이라 한다. 그래서 오렌지 나무에 물을 적당히 주는 일은 오렌지의 품질을 높이는 일의 필요 원인이다. 만일 오렌지 나무에 충분한 물을 주지 않으면 오렌지의 품질이 나빠지기 때문이다. 바로 이 사실에서 깨달을 수 있는 바와 같이 오렌지가 빙점 이하의 온도에 노출되는 일은 오렌지가 퍼석해져 즙이 없어지는 현상의 필요 원인일 수 없는데, 그 이유는 동일한 결과가 오렌지의 수분이 증발함으로써 일어날 수 있기 때문이다.

일상 생활에서 원인이 문제가 되는 많은 경우에 우리가 통상 원인으로 간주하는 것은 필요 원인이다. 예컨대 책상 위에 있는 조명등의 스위치를 돌리는 일은 전등이 켜지게 되는 필요 원인이긴 하지만 충분 원인이 아니라는 것은 확실하다. 스위치를 돌린다 해도 전구가 타버렸거나 코드가 빠져 있으면 전등이 켜지지 않기 때문이다.

모든 충분 조건이 충분 원인은 아니라는 사실과 모든 필요 조건이 필요 원인은 아니라는 사실을 깨닫기는 매우 쉽다. 독자가 기억하고 있는 바와 같이 앞에서 충분 조건은 알기 쉽게 실질 함언 $p \supset q$(97쪽 참조)를 사용하여 정의했었는데, 이 조건 진술은 p가 옳고 q가 그른 경우 이외의 모든 경우에 옳은 진술로 간주되는 조건 진술이다. 이 정의에 따르면 "만일 화성이 행성이라면 풀은 초록색이다"라는 실질 함언의 조건 진술이 옳다 ― 즉 화성이 행성이라는 것이 풀이 초록색이라는 것의 충분 조건이다 ― 는 것은 분명하지만,

아무리 기발하게 궁리해 본다 해도 전자를 후자의 충분 원인으로 간주할 수는 없을 것이다. 이와 마찬가지 방식으로 필요 조건은 실질 함언 $\sim q \supset \sim p$에 의해서 정의되었다. 이 정의에 따르면 “만일 석탄이 검지 않다면 알라스카는 주가 아니다”라는 실질 함언의 조건 진술이 옳다—즉 석탄이 검다는 것은 알라스카가 주라는 것의 필요 조건이다—는 것은 분명하지만, 전자가 후자의 필요 원인이 아니라는 것은 명백하다. 화성의 운동과 풀의 색깔 사이에는 아무런 인과 관계가 없으며, 석탄의 색깔과 알라스카의 정치적 격위 사이에도 그런 관계가 없기는 마찬가지이다. 누구도 이런 경우들을 혼동하지는 않을 것이다.

그렇지만 논의의 초점이 원인-결과 관계인 경우에는 필요 조건과 충분 조건의 구별과 이와 맥락을 달리하는 필요 원인과 충분 원인의 구별을 명료하게 분별하는 일이 특히 중요하다. 예컨대 만일 신관을 치는 일이 폭탄이 폭발하는 일의 충분 원인이라면, 신관을 치는 일은 폭탄이 폭발하는 일의 충분 조건이기도 한다. 진술들 사이의 대우 관계(49쪽 참조)에 의해서 만일 p가 q의 충분 조건이라면 q는 p의 필요 조건이기 때문이다. 다시 한번 대우 관계의 정의를 확인해 본다면 충분 조건과 필요 조건 사이에 이런 관계가 성립하는 이유를 확실하게 이해할 수 있을 것이다. 그런데 이번에는 이 사실로 인해서 폭탄의 폭발은 신관의 충격에 대한 필요 조건이다. 그러나 폭탄의 폭발이 신관의 충격에 대한 어떤 종류의 원인도 아니라는 것은 확실하다. 오히려 그 반대로 폭탄의 폭발은 어디까지나 결과다. 이와 마찬가지로 4월에 씨를 뿌리는 일이 7월에 수확하는 일의 필요 원인이라면, 그건 또한 필요 조건이기도 하다. 하지만 7월에 곡물을 수확하는 일이 4월에 씨를 뿌리는 일의 충분 원인이 아니라는 것은 명백하다.

이제 필요 조건과 충분 조건을 필요 원인과 충분 원인으로 혼동해서는 안 된다는 주의 사항을 마음에 단단히 새겼으므로, 밀의 일치법과 차이법을 다시 음미해 보자. 먼저 커피를 마시는 일과 잠이 안 오는 일의 예를 다시 한번 살펴보겠는데, 이 예는 차이법을 예시하기 위해 사용되었다. 물론 독자는 이 방법을 제거에 의한 귀납이라 불렀던 것을 기억할 터인데, 이렇게 부른 까닭은 이 방법이 열거된 요인들 가운데서 초저녁에 커피를 마시는 일 이외의 모든 요인을 잠이 안 오는 일의 가능한 충분 원인(possible sufficient cause)이 아니라고 제외시켰기 때문이다. 그러므로 그 요인들 가운데 잠이 안 오는 일의 충분 원인이 들어 있다면, 초저녁에 커피를 마신 일이 바로 그 충분 원인일 수밖에 없다. 잠이 안 오는 일은 다른 요인들 가운데 하나가 나타났던 어느 경우에도 일어나지 않았던 것이다. 그렇지만 이 요인들 가운데 (초저녁에 커피를 마시는 일 이외의) 어느 요인도 필요 원인이 아니라고 제외된 것이 아니라는 점을 주의해야 하는데, 그 이유는 그 요인들 가운데 어떤 요인이 나타나지 않는 경우에 무슨 일이 일어나는가에 대해서는 관심조차 둔 적이 없기 때문이다. 우리는 커피를 마신다는 요인이 없으면 잠이 안 오는 일이 일어난 경우를 하나는 확인하고 있으므로, 초저녁에 커피를 마시는 일을 잠이 안 오는 일의 필요 원인으로 주장할 수 있는 약간의 증거를 가지고 있다고 하겠지만, 결론에 대한 합리적 확신을 세우기 위해서는 다양한 상황 속에서 더 많은 실례를 관찰할 필요가 있을 것이다. 그래도 형편에 따라서는 자신의 수면 습관을 계속 관찰한 결과를 추가 증거로 삼고, 잠이 안 오는 일이 초저녁에 커피를 마신 후에만 일어나는지 그렇지 않은지에 대한 결론을 주장할 수도 있다고 하겠다.

이번에는 일치법을 예시하기 위해서 사용했던 다른 예, 즉 오렌지가 퍼석해져 즙이 없어지는 경우를 살펴보기로 하자. 이 경우에는 오렌지가 얼었던 일을 그 결함의 충분 원인으로 확정하기 위해서 매거에 의한 귀납과 비슷한 방식을 사용했다고 볼 수 있다. 그렇지만 탐구 과정의 도식에 열거되었던 요인들 가운데 (빙점 이하의 온도에 노출되었다는 요인 이외의) 요인 하나 하나가 필요 원인이 아니라고 제외되었다는 사실은 아무런 가치도 없다. 예컨대 화물차로 수송되었다는 사실은 변질된 오렌지들 가운데 일부가 기차로 수송되었기 때문에 그 결함의 필요 원인이 못된다. 마찬가지로 오렌지 종류의 다양성도, 오렌지를 구입한 도매상도, 오렌지의 성장 조건도 도저히 필요 원인일 수 없다. 그렇다 해도 이미 지적했던 바와 같이 빙점 이하의 온도에 노출되었던 사실이 문제의 변질을 일으킬 수 있는 유일한 원인이라고 추정하는 것은 다른 추가 정보에 비추어 볼 때 그다지 신빙성이 없다고 하겠다.

지금까지 살펴본 바와 같이 일치법과 차이법은 깔끔하고 단순한 도식으로 정리될 수 있긴 하지만, 진정한 인과 관계를 확실하게 밝히려는 탐구 과정은 훨씬 더 치밀하고 정교한 방법이라야 한다고 믿고 싶다. 밀은 일치법과 차이법이 결합될 수 있고, 그렇게 되면 좀더 정교한 방법이 만들어진다는 것을 잘 알고 있었다. 밀은 이 방법을 병용법(倂用法, joint method, 일치와 차이를 병용하는 방법)이라 불렀다.

다음 예를 통해서 이 방법을 살펴보기로 하자.

f] 비행기가 날 때에는 분사의 힘으로 날건 프로펠러의 힘으로 날건 비행기의 후미에 격심한 난류를 일으켜 놓는다는 것은 잘 알려져 있는 사실이다. 이 난류는 소형 비행기에게는 심각한 위험이 될 수 있는데, 특히 대형 비행기가 빈번히 뜨고 앉는 큰 공항 근처에서 그렇다. 이 난류는 날개 끝 난류라고 불

리는데, 이는 양쪽 날개의 끝 부분에서 뒤로 형성되는 한 쌍의 소용돌이(미국 내륙 지방에 일어나는 회오리 폭풍 비슷한 소용돌이)를 이루기 때문에 화물 수송용 대형 제트 비행기가 이륙한 직후에 착륙하려는 자가용 소형 비행기는 그 직전에 이륙한 대형 제트 비행기가 일으켜 놓은 날개 끝 난류에 휩싸이게 되면 조종이 전혀 불가능한 상태에 빠질 수 있다. 날개 끝 난류를 일으키는 결정적 요인은 비행기가 공기 중에 완전히 떴는가 안 떴는가에 달려 있다고 이미 밝혀져 있다. 비행기가 활주로에서 뜨기 전, 그러니까 동체의 무게가 날개가 아니라 착륙용 바퀴에 실려 있을 때에는 날개 끝 난류가 일어나지 않고, 또 비행기가 활주로에 닿자마자, 그러니까 다시 동체의 무게를 착륙용 바퀴가 지탱하게 되자마자 날개 끝 난류는 사라진다.

이 현상은 다음의 방식으로 탐구할 수 있다. 먼저 날개 끝 난류가 나타나는 경우를 다양하게 살펴보는 일로부터 시작하자. 날개 끝 난류 현상은 여러 가지 상태의 비행기 — 즉 크기가 크건 작건, 제트 추진이건 프로펠러 추진이건, 고도가 높건 낮건, 기상이 좋건 나쁘건, 엔진 추진 비행이건 활강 비행이건 관찰하는 모든 상태의 비행기 — 에 일어난다. 우리는 이 모든 경우에서 비행기가 날개의 부력에 의해 떠있을 때 날개 끝 난류가 일어난다는 것을 발견할 수 있다. 이 추리는 일치법에 맞게 이루어져 있는데, 그 구조도 예 a]의 구조와 완전히 똑같다.

한편 우리는 똑같은 현상을 대상으로 하면서도 탐구의 초점을 이 현상의 다른 국면에 돌리면 날개 끝 난류가 일어나지 않는 경우를 다양하게 살필 수 있다. 이런 경우에는 (통상 비행기가 지상에 머물고 있기 때문에) 비행기의 무게를 날개의 부력이 지탱하고 있지 않다는 점에서 모두 일치하고 있음을 알 수 있다. 이는 일치법을 다시 한번 사용하여 얻은 결론이다. 이번의 탐구에서는 날개 끝 난류가 일어나지 않을 때 항상 나타나는 현상은 비행기가 공중을 날고 있지 않다는 사실이다. 따라서 지금까지의 탐구는 일치법을 두 번 사용하여 이루어졌다.

그런데 다시 일치법을 두 번 사용하여 얻어진 두 가지 결과를 비교해 보면 지금까지의 탐구가 본질적으로 차이법을 사용하고 있었음을 깨닫게 된다. 이 두 번의 탐구 결과를 날개 끝 난류 현상이 나타나는 모든 경우를 한 묶음으로 보고, 이 현상이 나타나지 않는 모든 경우를 또 하나의 묶음으로 보아 대국적으로 비교해 보면, 후자의 묶음에 속하는 모든 경우가 한 가지 차이점, 즉 비행기가 공중을 날고 있지 않다는 사실을 지니고 있다는 것 이외에는 모든 점이 정확하게 똑같기 때문이다.

위의 예가 보여 주고 있는 병용법의 구조는 아래와 같이 이를 정리할 수 있다.

g]	ABCD → X	(A-없음)BCD → X-없음
	ABCE → X	(A-없음)BCE → X-없음
	ABDF → X	(A-없음)BDF → X-없음
	ACDG → X	(A-없음)CDG → X-없음

이 도식에서 상하로 이어지는 두 열은 일치법의 예를 보여 주고, 좌우로 이어지는 네 행은 차이법의 예를 보여 준다는 사실을 주목하기 바란다. 이것이 바로 이 방법을 병용법이라고 부르는 이유다.

이미 말한 바와 같이 통상 일치법과 차이법은 인과 관계를 탐구할 때 실제로 진행되는 추리 구조를 과도하게 단순화시킨 결과라는 생각이 든다. 예컨대 오렌지 변질의 경우에도 누구나 오렌지가 퍼석해져 즙이 없어지는 사례들의 다양성을 비교해 볼 뿐만 아니라, 이런 일이 일어나지 않은 조건들의 다양성도 비교해 보게 마련일 것이다. 따라서 예 a]는 병용법이 적용되어 좀더 복합적 탐구가 진행되는 경우로 보는 것이 당연할 것이다. 마찬가지로 혹시 독자가 초저녁에 마시는 커피가 한밤중까지 잠이 오지 않게 하는 원인인지 아닌지 알고 싶어한다면, 초저녁에 커피를 마시는 일 이외의 다른 일이 가능한 한 많이 똑같은 이틀 저녁을 단지 한번 비교해 보고 말지는 않을 것이다. 아마 여러 가지 사정이 다른 날들 — 강의에 참석한 날과 강의가 없었던 날, 학교 식당에서 식사한 날과 다른 곳에서 식사한 날, 초저녁에 집에 있었던 날과 외출한 날 등등 — 에 대하여 같은 종류의 비교를 많이 해볼 것이다. 또 한편 차이법을 설명하기 위해서 사용했던 예에 대해서도 병용법의 실례로 볼 수 있도록 탐구 상황을 확장하는 것은 쉬운 일이다. 앞에서 확인해 본 도식적 틀 b]와 e]는 각기 일치법과 차이법을 보여 주고 있는데, 내 생각에는 주로 병용법이 어떻게 이루어지는가를 설명할 수 있게 한다는 데 쓸모가 있는 것 같다. 병용법은 이 세 가지 방법 가운데 단연코 가장 중요하다.

밀의 네 번째 방법은 공변법(公變法, method of concomitant)이다. 아래의 이야기는 역사상의 실화인데, 이 방법을 사용하여 탐구했던 매우 흥미로운 실례다.

h] 수은 기압계는 다음과 같은 방식으로 만들 수 있다. 길이가 36인치 정도이면서 한쪽 끝이 막힌 유리관을 준비한다. 이 유리관에 수은을 가득 채운 다음 유리관의 터진 입구가 접시에 담아 놓은 수은에 잠기도록 거꾸로 세운다. 그러면 유리관 속의 수은이 접시로 흘러 나와서 유리관의 꼭대기에 6인치 정도의 빈 공간이 생긴다. 다시 말하면 유리관 속에 대략 30인치 정도의 수은 기둥이 남게 된다. 이런 식으로 만드는 수은 기압계는 1643년 무렵에 토리첼리(Evangelista Torricelli, 1608~1647)에 의해서 발명되었다. 그 뒤에 곧 보일(Robert Boyle,

> 1627~1691)은 접시에 담긴 수은에 가해지는 공기의 압력이 유리관 속의 수은 기둥을 그 높이로 유지시키는 원인이라는 것을 증명하기 위해서 토리첼리의 기압계를 진공 펌프가 부착되어 있는 큰 통 속에 넣어 두고 실험을 하였다. 펌프질을 하여 통 속의 공기를 계속 빼냄에 따라 유리관 속의 수은은 마침내 접시에 담긴 수은의 높이와 같은 수준에 이를 때까지 흘러 나왔다. 수은이 공기의 압력에 의해 유리관 속으로 밀려 올라 갔다는 사실은 유리관 속의 수은의 높이가 기압계를 넣어 둔 통 속의 공기를 빼냄으로써 일어나는 공기의 압력의 변화에 따라 함께 변한다는 사실이 밝혀짐으로써 증명되었다. 토리첼리의 발명과 보일의 실험 이전에는 그러한 유리관 속에서 수은이 보여 주는 현상을 "자연은 진공을 싫어한다"고 말함으로써 설명하였다. 오늘날에는 많은 경우에 대기의 압력의 척도로서 수은 기둥의 높이를 사용하고 있다.

공변법을 사용하게 되면 두 조건 가운데 어느 한 조건이 변함에 따라 다른 조건이 상응하는 방식으로 변한다는 것을 밝힘으로써 첫번째 조건이 두 번째 조건의 원인으로 작용한다는 것을 증명할 수 있다. 이 방법은 일상 생활에서 많이 사용되므로 누구나 익히 알고 있는 방법이다.

i] 누구나 자동차의 속도와 가속 페달에 가해지는 압력 사이에는 인과 관계가 있다는 것을 잘 알고 있다. 가속 페달을 더 세게 밟으면 밟을수록 자동차가 더 빨리 달리기 때문이다.

때로는 두 조건이 서로 반대 방향으로 변하는 수도 있다. 다시 말해서 한쪽의 변화 요인이 증가함에 따라 다른 쪽의 변화 요인은 감소하는 경우가 있다. 다음의 예가 그런 경우이다.

j] 살코기를 굽는 시간의 길이와 살코기의 색깔 사이에는 인과 관계가 있다. 살코기는 오래 구우면 구울수록 붉은 색이 점점 더 없어지기 때문이다.

밀의 방법들은 인과 관계를 밝히려는 추론과 이 일에 도움이 되는 논증의 유형에 대해서 중요한 통찰을 보여 주었음에도 불구하고, 그에 대한 논의를 최근의 연구에 연결시키고자 한다면 추가되어야 할 사항을 고려하여 좀더 정교하게 다듬을 필요가 있다. 특히 통계적 고찰이 흔히 인과 관계에 대한 연구에서 필수 불가결한 역할을 한다는 사실이 고려되어야 한다. 이 문제에 대해서는 다음 절에서 기본적 인과 오류를 설명한 후에 다시 살펴보고자 한다. 다음 절에서 설명하는 대조 실험은 밀의 방법들을 자연스럽게 확장한 방법인데, 여러 가지 인과 오류를 바로잡는 강력한 교정 수단으로 사용된다.

11. 인과 오류와 대조 실험

앞에서 인과 관계를 탐구하는 데 사용되는 논증의 몇 가지 표준 유형을 살펴보았으니까 이제 인과 오류(因果 誤謬, causal fallacy), 즉 원인에 관한 추론이 범하는 일반적 과오를 살펴보고자 한다. 인과 오류들 가운데 첫번째 것은 전통적으로 그 요지를 "이것 다음에, 그러므로 이것 때문에"(*post hoc; ergo, propter hoc*)라는 표현으로 지적해 온 오류인데, 앞으로는 간단히 선후 인과 오류(先後 因果 誤謬, *post hoc* fallacy)라고 부르겠다. 이 오류는 A 다음에 X가 일어났기 때문에 X가 A에 의해서 일어났다고 결론을 내리는 과오다. "항간의 단방약 처방"은 이 선후 인과 오류를 범하고 있는 경우가 흔하다.

a] 해리 아저씨는 감기 기운이 느껴져 독한 위스키를 몇 모금 마셨더니, 금방 감기 기운이 말끔히 사라졌다고 한다.

이런 경우에 위스키를 마시는 일이 감기가 낫는 원인이라고 여겨지고 있지만, 실제로 관찰된 사실은 술을 마신 다음에 감기가 나았다는 것뿐이다. 일반적으로 감기 기운이 치료에 관계 없이 단지 며칠밖에 지속되지 않는다는 사실, 즉 대부분의 경우에 감기의 초기 증세가 심해지지 않고 사라진다는 사실이 실제로는 치료 효과가 없는 것에 치료 효능을 부여하기 쉽게 하고 있다. 게다가 이 결론이 어떤 사람의 마음을 즐겁게 해준다면, 다시 말해서 해리 아저씨가 위스키를 몇 모금 마시는 구실을 갖는 것을 즐거워한다면, 이 오류가 심리적으로 더욱 강화된다는 것은 두말 할 필요도 없다.

선후 인과 오류는 예 a]가 그런 것처럼 불충분 통계 오류와 결합되어 있는 경우가 흔하다. 그렇지만 반드시 그런 것은 아니라는 것을 아래의 예가 보여 준다.

b] 고대 중국인들은 용이 달을 삼키기 때문에 월식이 일어난다고 믿었다는 기록이 남아 있다. 그들은 달을 삼키려는 용이 놀라서 달아나도록 불꽃을 쏘아 올렸다. 그들의 시도는 언제나 성공을 거두었다. 항상 달이 다시 나타났기 때문이다. 그래서 고대 중국인들은 불꽃을 쏘아 올리는 일과 달이 다시 나타나는 일 사이에 인과 관계가 있다는 결론을 내렸다.

이 결론은 많은 실례를 근거로 하고 있으므로 예 a]처럼 불충분 통계 오류를 범하고 있는 것은 아니다. 그럼에도 불구하고 이 예는 선후 인과 오류를 범하고 있다.

선후 인과 오류는 부적절한 증거를 근거로 삼고, 어떤 것들 사이에 인과 관계가 있다고 주장하는 일이다. 따라서 이 오류는 우연한 일치를 인과 관계로 잘못 생각하도록 만든다. 진정한 인과 관계의 경우와 단지 우연한 일치에 불과한 경우를 구별하는 일은 복잡한 문제지만, 이 일은 실제의 생활 속에서는 굉장히 중요한 문제다. 널리 행해지고 있는 심리 치료는 좋은 예라 하겠다.

c] 많은 사람이 고통스런 심리적 문제에서 벗어나기 위해 비싼 치료비를 들여 장기간 치료를 받는데, 이런 심리 치료를 받는 사람들 가운데 많은 사람이 신경병 증후가 현저하게 감소하거나 완전히 사라지는 것을 경험한다. 그러므로 사람들은

> 신경 증세에 차도가 있었던 것은 심리 치료 때문이라고 주장할 수 있을 것이다. 그러나 많은 신경병 증후가 치료에 관계없이 자연스럽게 사라진다는 것은 잘 알려져 있는 사실이다. 그렇다면 신경병 증후가 치료 때문에 사라진 것인지, 아니면 그럭저럭 살다 보니 자연히 없어진 것인지 분명하지 않아 의문의 여지가 있다고 하겠다.

선후 인과 오류는 이와 같은 상황에서 주관적 심리 상태에 크게 영향을 받는다. 신경병 증후 때문에 심리 치료를 받은 후에 현저하게 나은 경험이 있는 사람은 당연히 상태의 호전이 치료를 받은 때문이라고 여길 것이다. 대부분의 사람이 그런 상태의 호전이 치료에 관계 없이 이루어질 수 있는 가능성을 진지하게 생각하기보다는 그 결과가 오랫동안 돈을 들이면서 수고롭게 받은 치료의 덕택이라 믿는 쪽을 더 좋아하는 것 같다. 게다가 심리 치료사들은 이 확신을 강화시켜 놓기 일쑤인데, 그 이유는 그들 대부분이 자기가 가치 있는 일을 하고 있다고 진정으로 믿고 싶기 때문이다. 그래서 심리 치료를 받은 환자가 친구들에게 심리 치료에 대해 말할 때에는 "존스 박사에게 2년 동안 다녔는데, 굉장히 많은 도움을 받았다"거나 "4년 동안 정신 분석 치료를 받았는데, 말할 수 없이 큰 덕을 보았다"라고 보고하기 쉬운 법이다.

심리 치료가 실제로 인과적 효력이 있는가 하는 문제는 많은 시간과 많은 돈을 들여 광범위한 심리 치료를 받아 볼까 하고 생각하고 있는 사람에게는 분명히 매우 중요한 문제라 하겠다. 더욱이 미국의 경우에는 최근에 연방 정부가 바로 이 문제에 대한 대규모의 연구를 의뢰한 일까지 있는데, 이런 연구를 의뢰한 까닭은 이 문제가 퇴역 군인이나 의료 보험 환자에 대한 심리 치료를 돕기 위해 마련되어 있는 연방 기금을 확장하는 정책이 옳은지 그른지 확실하게 알아볼 필요가 있었기 때문이다.

인과 관계 ── 단지 우연한 일치가 아니라 진짜 인과 관계 ── 를 발견했는지 어떤지를 확인하는 일에 사용하는 기법은 대조 실험(對照 實驗, controlled experiment)이다.[10] 이제 이 방법이 그 일을 하는데 어떻게 사용되는지 알아보자.

신문 지상에 과연 여기에 인과 관계가 있을까 하고 의심이 가는 이야기가 몇 개라도 실리지 않고 일주일이 넘어가는 경우는 거의 없다고 하겠는데, 이런 이야기로는 건강에 관한 이야기가 매우 흔하다. 지난 이삼십 년 동안에 사람들은 지나친 흡연은 폐암을 일으킨다, 방사선에의 노출은 백혈병을 일으킨다, 먹는 피임약은 혈전증을 일으킨다, 사카린은 (적어도 쥐의) 간에 암을 일으킨다는 이야기를 들어 왔다. 그런데 이런 주장 모두가 보이는 뚜렷한 특징은 그 어느 이야기도 충분 원인이나 필요 원인 가운데 한 가지 원인을 확립하기에는 매우 미흡하다는 사실이다. 담배를 많이 피우는 모든 사람 그리고 오직 그 사람들만 폐암에 걸리는 것이 아니고, 보통 이상의 강한 방사선에 노출되었던 모든 사람 그리고 오직 그 사람들만 백혈병에 걸리는 것이 아니며, … 다른 이야기도 모두 이런 식으로 부족하다.

그런데 바로 이 논평은 이 장의 제 9 절에서 살펴본 예 h]의 경우, 즉 산욕열에 대한 젬멜바이스의 연구에 대해서도 맞는 말이다. 실제로 젬멜바이스의 연구는 원인을 탐구하는 전형적 사례라 할 수 있다. 젬멜바이스의 연구에서 탐구의 기본적 상황은 관찰할 수 있는 두 개의 집단을 포함하고 있는 점, 즉 1산부인과의 임산부들과 2산부인과의 임산부들을 관찰할 수 있는 점이다. 이 연구에서 근본

10) 대조 실험의 본성 · 용법 · 한계에 대한 훌륭한 소개는 Giere 교수의 *Understanding Scientific Reasoning*의 제11장과 제12장을 참조하기 바란다.

적 사실은 산욕열이 한쪽 집단에서 다른 쪽 집단보다 현저하게 높은 비율로 일어나고 있다는 것이다. 젬멜바이스는 밀의 병용법과 매우 비슷한 연구 방법을 사용함으로써 진료하는 사람의 오염된 손과 산욕열의 발생 사이에 관련이 있다는 결론을 확립하였다. 하지만 그 관련은 시체를 해부했던 의사나 학생의 진료를 받은 모든 임산부가 산욕열에 걸린다는 것이나, 그 의사나 학생의 진료를 받지 않았던 모든 임산부가 산욕열에 걸리지 않았다는 것이 아니다. 실제로 확인된 사실은 산욕열의 발생 빈도가 두 개의 임산부 집단 사이에 현저하게 다르다는 것이었다.

이제 젬멜바이스의 연구 과정에서 진행되고 있는 일을 명료하게 깨닫기 위해서 앞 절에서 밀의 병용법을 설명하기 위해 사용했던 도식 g]와 비슷한 도식을 도입하면 유익할 것 같다.

d]	ABCD → X	(A-없음)BCD → X-없음
	ABCE → X-없음	(A-없음)BCE → X-없음
	ABDF → X	(A-없음)BDF → X
	ACDG → X	(A-없음)CDG → X-없음

이 도식은 물론 아주 불완전한 도식인데, 그 이유는 A가 나타난 수많은 경우와 A가 나타나지 않은 수많은 경우를 보여 주려는 것이기 때문이다. 그러나 A가 나타난 모든 경우에 X가 나타나는 것도 아니고, 또 A가 나타나지 않은 모든 경우에 X가 나타나지 않은 것도 아니지만, 이 도식은 A가 나타난 경우에 X가 나타나는 비율이 A가 나타나지 않은 경우에 X가 나타나는 비율보다 현저하게 높다는 것을 보여 주고 있다.

따라서 도식 d]를 대조 실험의 도식으로 인정할 만하다 하겠다. 이 도식은 인과 관계를 탐구하는 데 사용되는 가장 기본적 방법을 보여 주고 있다. 이 방법의 기본 발상은 만일 A가 X의 원인이게 마련이라면, A가 나타난다는 사실이 X의 출현 여부에 영향을 미쳐야 한다는 것이다. 앞 절의 예 f]에서 확인된 바로는 약간의 예외적 경우에만 이런 상황이 있었는데, 그래도 그 몇 번의 실례에서는 A가 나타나는 경우 그리고 오직 그 경우에만 X가 출현하고 있다. 이런 식이라서 통상의 경우에는 A가 나타나는 사실이 X가 출현할 가능성을 증가시키는 일만 하게 된다.

다시 예 c]로 돌아가 생각해 보면, 심리 치료에 무언가 치유 효과가 있는가 없는가를 확정하기 위해서는 심리 치료 기간 동안에 (또는 그 얼마 후에) 낫는 사람들의 비율과 자연히 낫는 사람들의 비율을 비교해 볼 필요가 있음을 알 수 있다. 더 정확하게 말하면 우리는 두 개의 사람 집단을 조사하지 않으면 안 되는데, 하나는 심리 치료를 받는 사람들의 집단, 즉 실험 집단(experimental group)이고, 또 하나는 심리 치료를 받지 않는 사람들의 집단, 즉 대조 집단(control group)이다. 이 두 집단은 가능한 한 많은 점에서 비슷해야 한다. 그러니까 두 집단의 사람들은 각자가 안고 있는 심리적 문제 거리의 유형과 증후의 정도가 동일해야 하고, 각 집단에는 같은 수효의 남자와 여자가 있어야 하며, 두 집단의 사람들의 구조는 밀의 병용법의 도식, 즉 앞 절의 도식 g]가 보여 준 구조와 비슷해야 한다. 그렇지만 실험 집단(심리 치료를 받는 집단)에 속하는 사람은 누구나 차도를 보일 것이라는 추정과 대조 집단(심리 치료를 받지 않은 집단)에 속하는 사람은 누구도 차도를 보이지 않을 것이라는 추정을 미리 세우지 않는다. 이렇게 되면 이 조건에서 일어날 일들을 구조적으로 가장 잘 표현할 수 있는 도식은 이 절의 d]가 보여 주는 도식이다. 그리고 만일 실제로 차도가 있는 사람들의 비율이 두 집단에서 같다는 사실이 확인된다면, 이 사실은 심리 치료가 정상 회복에 인과적 효력이 있다는 주장에 반대하는 강력한 증거가 될 것이다.

대조 실험의 진행 상황을 보여 주는 더 좋은 예는 감기 치료약을 개발하려는 연구라 하겠다. 위스키가 감기에 치료 효능이 있다는 것은 누구도 진지하게 믿지 않을 것이다. 하지만 아래의 경우에는 사정이 다를 것이다.

e] 비타민 C가 감기의 예방과 치료 또는 이 가운데 어느 하나에 효과가 있는가에 대해서는 상당히 오랫동안 논쟁이 진행되어 왔다. 다양한 연구를 통해 비타민 C가 그런 효과가 없다는 것이 밝혀졌다고 여겨지던 때에 노벨 화학상 수상자 폴링(Linus Pauling)은 비타민 C가 감기의 예방이나 치료에 효과가 있다고 강력하게 옹호하고 나섰다.[11] 이 논쟁에서 어느 편이 옳은가에 관계없이 이 논쟁에 대한 판정은 다음과 같은 방식으로 이루어져야 한다. 우선 연구의 대상이 될 사람들을 선발하여 두 개의 비슷한 집단으로 나눈 다음, 한쪽 집단에는 비타민 C를 먹이지만, 다른 쪽에는 비타민 C를 먹이지 않는다. 물론 실험의 대상자들이 이 사실을 몰라야 한다는 것이 본질적으로 중요한데, 그 까닭은 이 사실을 알면 그로 인한 암시의 힘이 크게 영향을 끼치기 때문이다. 이 일을 위해서 실제의 실험에서는 대조 집단의 사람들에게 가짜 약(僞藥, placebo, 약효는 없고 모양만 진짜 약과 똑같게 만든 것)을 먹인다. 게다가 실험 대상자에게 약품을 복용시키는 사람조차도 누가 진짜 비타민 C를 받아 복용하고 누가 가짜 약을 복용하는지 몰라야 하는데, 그 이유는 약을 지급하는 사람이 자기도 모르는 사이에 실험 대상자에게 뭔가 힌트를 줄 수도 있기 때문이다.

11) Linus Pauling, *Vitamin C and Common Cold*(San Francisco, Calif. : W.H. Freeman and Co., 1970).

이 실험 절차는 실험의 대상자도, 약을 투여하는 사람도 누가 어떤 약을 먹는지 모르게 되어 있기 때문에 이중 은폐법(二重 隱蔽法, double blind)이라 한다. 연구하는 사람은 이렇게 설계된 실험을 통해서 어느 실험 집단이 감기가 걸리는 빈도가 더 적고, 앓는 기간이 더 짧으며, 앓는 정도가 더 가벼운가를 알아보기 위해서 두 집단을 관찰해야 한다. 그 결과 만일 비타민 C를 복용한 집단의 상태가 현저하게 양호하다면, 이 사실은 비타민 C가 실제로 감기의 예방이나 완화나 치료에 도움이 된다는 주장을 입증하게 된다. 그러나 만일 두 집단의 상태가 거의 같다면, 이 사실은 비타민 C가 감기에 인과적 효력이 없다는 반대 증거가 될 것이다.

고대 중국인들은 저들이 내는 요란한 소리가 정말로 달을 다시 나오게 하는지 않는지 알아보기 위해서 두세 번의 월식 때에 불화살을 쏘면서 소리지르는 일을 하지 않음으로써 실험을 해볼 수 있었을 것이다. 하지만 고대 중국인들이 달을 영원히 잃어버리는 낭패를 당하고 싶지 않았으리라는 것은 뻔하다. 이 사실은 대조 실험이 부딪치는 심각한 실제적 문제들 가운데 하나를 잘 보여 준다. 누구도 충치가 더 많이 생기게 될 집단에 속하고 싶어하지는 않는 법이니까.

선후 인과 오류는 대부분의 사람이 흔히 범하는 과오이며, 더욱이 많은 맥락에서 커다란 대중적 호소력도 있다. 그래서인지 많은 미신(迷信, superstition)이 선후 인과 오류로 인해 발생하고 있다. 이 장의 제4절에서 나왔던 예 e]의 경우 ― 로토 게임에서의 당첨을 점성술의 점괘에 의해 설명했던 여인의 경우 ― 는 이 사실을 아주 잘 보여 주고 있다고 하겠다. 그 여인은 점괘를 믿고 가족들의 생일에 따라 숫자를 선택한 다음에 오백 오십만 달러의 상금에 당첨되었다. 그러나 그 여인이 그런 방식으로 숫자를 선택한 사실은 그 여인의 복권이 당첨된 사실에 아무런 인과적 관련이 없는 것이 분명하다. 또 다른 전형적 예는 이 장의 제9절에 나왔던 예 e]와 f]가 보여 주고 있는데, 이 두 경우에는 갓난아이가 반점을 갖고 태어나는 일이 그 아이의 어머니가 임신중에 무언가에 놀란 사실의 결과라는 신념이 바로 미신이다. 혹시 어떤 아이가 갖고 태어난 반점의 모양이 대충이나마 박쥐 비슷하고, 더욱이 그 아이의 어머니가 임신중에 박쥐에 놀란 적이 있으면, 이 두 가지 사실 사이에 인과 관계가 있다고 추리해버리기 쉬울 것이다. 수많은 "터무니 없는 속설"의 시작은 모두 이런 식이다.

일반적으로 사람들은 중요한 사건이나 충격적 사건이다 싶으면 언제나 그에 대한 인과적 설명을 마련하고 싶은 마음을 주체하질 못하는 것 같다. 뉴튼 이전의 시대에는 학식이 있다는 사람들조차 전염병의 유행은 그보다 얼마 전에 출현했던 커다란 혜성이 원인이라고 "설명"하였다. 하지만 오늘날 우리는 혜성과 전염병 둘 다에 관해서 아주 훌륭하게 과학적으로 이해하고 있다. 근래에는 일부 사람들이 심한 이상 기후 현상은 핵폭발 실험이 원인이라고 설명하는 것을 흔히 볼 수 있다. (이 말은 대기권에서의 핵폭발 실험이 해로운 결과를 일으키지 않는다는 뜻이 전혀 아니고, 단지 이상 기후 현상이 핵실험의 결과들 가운데 하나가 아니라는 뜻일 뿐이다). 물론 우리의 관심사가 될 수밖에 없는 현상들에 관한 설명을 마련하려는 노력은 바람직하다. 내가 지적하고 싶은 것은 지극히 부적절한 증거를 근거로 삼고 인과 관계를 주장하는 결론으로 비약하는 것은 과오라는 것이다.

선후 인과의 오류를 다루면서 지금까지는 진정한 인과 관계가 성립하는 경우와 그저 어떤 종류의 우연한 일치에 불과한 경우를 구별하는 문제만 관심을 갖고 살펴보았다. 그렇지만 우리가 실제로 인과 관계가 성립한다는 사실을 확립하였다 하더라도 실제로 성립해 있는 인과 관계의 유형을 혼동하는 과오를 범할 가능성이 여전히 남아 있다. 혹시 A와 B가 인과적으로 관련이 있다는 것이 사실이라 하더라도 이 둘 사이에 성립할 수 있는 기본적 관계는 세 가지가 있는데, (1) A가 B를 일으킨다, (2) B가 A를 일으킨다, (3) A와 B 둘 다 공통의 원인 C에 의해서 일어난다는 세 가지 유형이 그것이다. 그래서 이번에는 인과 관계의 유형을 잘못 판단하는 인과 오류를 살펴보아야 할 필요가 있다. 이 인과 오류는 A와 B가 인과적으로 관련이 있다는 사실을 근거로 삼고, A가 B를 일으킨다는 결론을 내리는 형태를 취한다. 이 과오를 인과 혼동 오류(因果 混同 誤謬, fallacy of confusing an effect with a cause)라 한다.

인과 혼동 오류에 빠지는 일은 주로 두 가지 방식으로 일어난다. 첫번째 방식은 두 사건 사이에 직접 인과 관계가 있다 하더라도 원인을 결과로 혼동하거나 결과를 원인으로 혼동하여 오류에 떨어지는 경우가 보여 준다.

f] 석사 학위 취득을 위해 준비하고 있는 젊은 여성이 성생활에 관한 연구서를 읽다가 지성인은 일반적으로 성생활 중에

[그림 15]

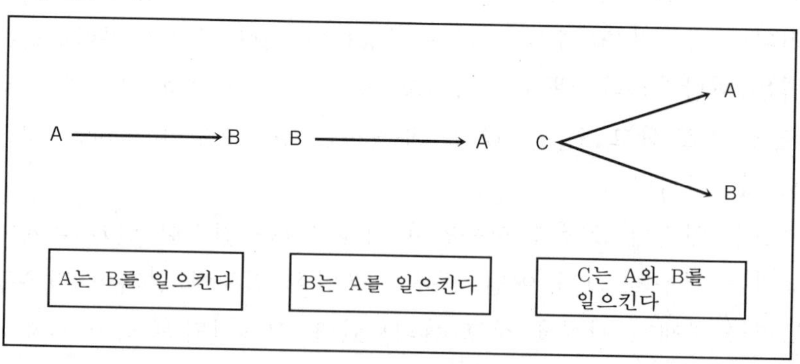

밝은 편을 좋아하는 반면에, 비지성인은 일반적으로 어두운 편을 좋아한다는 것을 알게 되었다. 그녀는 임박한 석사 학위 시험에 합격할 가능성이 커질 것이라는 생각이 들었기 때문에 실내등을 켜두자고 고집하였다.

상식적으로 생각해도 그녀가 결과를 원인으로 혼동하고 있음을 알 수 있을 것이다. 그러나 오류가 이처럼 명백하게 드러나지 않는 경우도 있다.

g] 19세기에 영국의 한 개혁가는 착실하고 부지런한 농부는 모두 적어도 한두 마리의 젖소를 소유하고 있음을 알게 되었다. 젖소를 못 가진 농부들은 게으르고 언제나 술에 취해 지내는 것이 보통이었다. 그래서 이 개혁가는 젖소를 못 가진 농부들을 착실하고 부지런하게 만들기 위해서 젖소를 한 마리씩 주자고 건의하였다.

대개의 사람은 이 예를 보자마자 게으르고 술에 빠져 지내는 농부가 성격의 결함 때문에 갖고 있던 젖소를 없애버렸음에 틀림없다고 주장할는지 모르겠으나, 실제의 상황이 반드시 그렇다고 할 수는 없다. 그런 농부들 가운데 일부는 아예 한번도 젖소를 가져본 적이 없을 수 있으며, 또 어떤 농부들은 갖고 있던 젖소를 저들이 도저히 감당할 수 없는 적자 경기로 인해 잃어버렸기 때문에 절망감에 사로잡혀 게을러지고 술에 빠지게 되었을 수도 있는 것이다. 우리가 이런 여러 가지 가능성에 대해 정확한 판단을 세우기 위해서는 실제의 상황에 관한 정보를 훨씬 더 많이 알아야 할 필요가 있다. 그렇지만 혹시 19세기 당시에 대조 실험을 해보았다면, 이 문제에 대한 답을 알아 낼 수 있었을 것이다. 그러니까 젖소를 못 가진 데다 게으르고 술에 빠져 지내는 농부들을 골라 두 개의 집단으로 나눈 다음, 한쪽 집단의 농부들에게만 젖소를 한 마리씩 주고 나서 두 집단을 관찰해 보면, 젖소를 받은 농부들이 젖소를 받지 않은 농부들보다 더욱 부지런해지고 술을 삼가게 되는지 알아볼 수 있었을 것이다. 젖소를 받은 농부는 이 새로운 기회를 이용하여 희망을 되살리고 더 열심히 일할 수도 있고, 마음껏 마실 수 있는 술을 사려고 지체없이 젖소를 팔아버리는 수도 있을 것이기 때문이다.

예 f]의 경우에는 누구나 원인을 결과로 혼동하고 있다고 아주 확신하겠지만, 혹시 무언가 진지한 이의가 제기된다면 이 문제 역시 대조 실험을 수단으로 하여 판결할 수 있을 것이다. 우선 어떤 시험을 치러야 하는 사람들 가운데서 실험에 협조하려는 상당수의 지원자를 모집할 수 있어야 한다. 이 지원자들을 두 집단으로 나눈 다음, 대조 집단의 사람들한테서는 성생활중에 등을 끄겠다는 약속을 받는 반면에, 실험 집단의 사람들한테는 성생활중에 등을 켜두겠다는 약속을 받는다. 물론 어느 지원자가 어느 집단에 속하게 할 것인가를 결정할 때에는 무작위 추출법을 사용해야 한다. 그리고 지원자를 모집할 때에는 그 실험의 진짜 목적을 지원자들에게 알려주지 않고 연구를 은밀하게 진행해야 한다는 것도 두말 할 필요가 없다고 하겠다. 나중에 시험의 성적을 비교해 보면, 무엇이 원인이고 무엇이 결과인가를 결정하기 위해 필요한 증거가 마련될 것이다.

이제 인과 혼동 오류에 빠지는 두 번째 방식을 살펴보기로 하자. 두 사건은 한쪽 사건이 다른 쪽 사건의 원인이 아님에도 불구하고 인과적으로 관련이 있을 수 있다. 두 사건 사이에 인과 관계가 있는 것이 아니라 두 사건이 모두 제3의 사건의 결과일 수 있기 때문이다(〈그림 15〉 참조). 아래 예를 살펴보자.

h] 폭풍우가 몰아치는 날의 기상 조건은 기압계의 눈금이 내

려가는 일과 강물이 불어나는 일의 원인일 수 있다. 따라서 기압계의 눈금이 내려가는 사건은 강물이 불어나는 사건의 원인이 아니며, 강물이 불어나는 사건이 기압계의 눈금이 내려가는 사건의 원인도 아니다.

이런 사정에서 일어날 수 있는 오류는 공통 원인(共通 原因, common cause)이 일으킨 결과들 가운데 어느 것이 다른 것의 원인이라고 잘못 추정하는 것인데, 이런 과오는 그렇게 추정하는 사람이 그 두 사건의 공통 원인인 제3의 사건을 모르고 있기 때문에 일어난다. 위에서 예로 든 기압계와 강물의 경우에는 쉽사리 오류에 떨어질 사람이 아무도 없겠지만, 다음과 같은 경우에는 이런 종류의 과오를 범하는 사람이 실제로 있다.

i] 존은 대학 신입생인데, 말을 심하게 더듬고, 여학생 앞에서 몹시 수줍어하는 학생이다. 존의 기숙사 동료는 존에게 화술 교정 훈련을 받아 말을 더듬는 것을 치료하고 나면, 그로 인해서 여학생 앞에서 느끼는 불안감이 가실 것이라고 조언하였다. 이 조언자는 말을 더듬는 일이 여학생 앞에서 수줍어하는 일의 원인이라고 믿고 있다. 그렇지만 심리학 전문가들은 말을 더듬는 일과 수줍어하는 일은 둘 다 드러나지 않은 다른 심리적 문제가 일으키고 있는 징후라고 간주할 것이다.

위의 예는 인과 혼동 오류가 일상의 생활 속에서 심각한 결과를 실제로 일으킬 수 있음을 보여 준다. 이 오류는 종종 사람들로 하여금 징후를 숨겨져 있는 원인으로 혼동하도록 만든다.

j] 미국의 신문이나 잡지는 음부 헤르페스가 전염병 수준으로 번지고 있다고 종종 독자에게 주의를 주고 있다. 이 질병은 그 주된 증세인 심한 통증을 효과적으로 없앨 수는 있지만,

> 이 병을 완전히 치료할 수 있는 치료제는 개발되지 않았다. 그렇지만 증세를 없애는 것은 병을 근본적으로 치료하는 일이 아니다. 이 병이 잠복해 있는 사람에게 다시 통증이 일어날 수 있고, 또 그런 사람은 성생활의 상대자나 (임신한 여성이 이 병의 활성기에 분만하는 경우에는) 신생아에게 전염시킬 수 있기 때문이다.

이 예는 부수적으로 어떤 현상의 원인을 알고 있다 해도 반드시 그 원인이 문제의 현상을 막기 위해 사용될 수 있는 것은 아니라는 사실을 알려 주고 있다. 음부 헤르페스를 일으키는 바이러스는 확인되었지만, 아직도 치료제는 전혀 개발하지 못하고 있다. 이 말은 증세를 다스리는 일이 하찮은 일이라는 뜻이 아니다. 사실은 이와 정반대다. 이 말은 다만 증세를 완화시키는 일이 질병을 근본적으로 치료하는 일과 똑같은 일이라고 생각해서는 안 된다는 뜻일 뿐이다.

이제 인과적 추론에 관한 논의를 마무리할 때가 되었는데, 그 전에 몇 마디 주의를 해두고자 한다. 첫째는 원인이나 인과 관계라는 개념이 지극히 해명하기 어려운 개념이어서, 이 개념을 둘러싸고 오랜 세월에 걸쳐 철학적 논쟁이 진행되고 있다는 사실을 알 필요가 있다는 것이다. 그래서 지금까지의 논의는 심오한 철학적 쟁점에 얽혀드는 것을 피하려고 신중히 노력하였다. 이제까지의 논의는 철학적 쟁점에 관여하기는커녕 오히려 아주 상식적 수준에서 진행되었었다. 실은 인과 논증의 기본 형식과 단순한 인과 오류를 밝히기 위해서는 매우 미묘한 철학적 쟁점들에 관여할 필요는 없었기 때문이다.

둘째는 현실의 세계에서 존재하는 실제의 인과 관계는 단순한 원인-결과 관계보다 통상 훨씬 더 복잡하다는 사실을 알 필요가 있다는 것이다.

k] 자동차 사고는 여러 가지 요인이 얽혀 있는 복합적 상황의 결과라 할 수 있다. 이를테면 도로는 비가 와서 젖어 있었고, 자동차들 가운데 하나가 제동 장치에 결함이 있었으며, 운전하는 사람들 가운데 하나가 차 안에서 제멋대로 구는 아이로 인해 주의가 산만해졌었고, 교차로의 좌우 도로가 무성한 관목 숲에 가려서 잘 보이지 않았기 때문에 이 사고가 일어났다는 식일 것이다.

이 가상의 상황이 보여 주듯이 자동차 사고는 대부분의 경우에 여러 가지 원인 요인이 얽혀 있다. 게다가 이 원인 요인들도 인과 관계에 의해 복잡하게 얽혀 있는 수가 흔하다. 누구나 잘 알고 있는 피드백 조절 장치가 이런 경우들 가운데 비교적 단순한 예를 보여 준다.

l] 지금은 온도 조절기에 의해 제어되는 난로를 사용하여 집 안의 난방을 하는 주택이 많은데, 이 온도 조절기는 집 안을 일정한 온도 — 예컨대 섭씨 20도 — 로 유지시키는 장치다. 집 안의 온도가 이 온도 이하로 내려가면 온도 조절기가 작동하여 난로를 가동시키는데, 그러면 난로는 집 안을 덥힌다. 집 안의 온도가 원하는 수준에 도달하면 다시 온도 조절기가 작동하여 난로의 가동을 중지시킨다. 난로가 가동하지 않으면 집 안의 온도가 정해진 수준 이하로 내려가게 되는데, 그러면 온도 조절기가 또 다시 작동하여 난로 를 가동시키게 된다. 온도 조절기는 집 안의 온도를 섭씨 20도로 유지시키기 위해서 난로를 가동시킨다. 이 경우에는 마치 집 안의 일정한 온도가 난로의 가동이나 중지의 원인인 것처럼 보인다.

피드백 조절 장치는 두 사건을 포함하고 있는 현상을 보여 주기 때문에, 때로 이 사건이 저 사건의 원인이라고 했다가 이 사건이 저 사건의 결과라고 보는 식으로 혼동을 일으키는 사람이 있다. 하지만 집 안의 온도가 온도 조절기를 통해서 난로를 통제하고, 난로의 가동이 집 안의 온도를 결정한다고 보아야 할 것이다.

약간의 철학자가 원인은 결코 결과보다 나중에 일어날 수 없다는 것을 의심할 만한 미묘한 이유를 지적한 적이 있음에도 불구하고, 지금까지 논한 예들에서는 원인이 결과보다 나중에 일어나지 않는다는 상식적 가정을 유지하는 것이 안전하다고 하겠다. 난로가 집 안의 온도를 섭씨 20도로 올리기 위해서 가동하고 있다는 것은 옳은 말이지만, 나중에 집 안의 온도가 그 온도로 올라간다는 사실은 지금 난로가 가동하기 시작하는 사건의 원인이 아니다. 난로는 집 안의 온도가 섭씨 20도 이하로 이미 내려갔기 때문에 지금 가동하기 시작하는 것이다. 난로가 지금 가동중이라는 사실은 조금 후에 집 안의 온도가 올라가는 사건을 일으킬 것이다. 또한 이 사건은 온도 조절기가 난로의 가동을 중지시키는 일도 일으킬 것이다. 그러고 나면 난로가 가동을 멈추었기 때문에 집 안의 온도는 다시 섭씨 20도 이하로 내려갈 텐데, 여기서부터는 똑같은 사건들의 순환이 다시 일어날 것이다. 그렇지만 이 사건 계열 속의 각 사건은 그보다 먼저 일어난 사건에 의해서 일어나고 있다. 나중에 일어난 사건이 먼저 일어난 사건을 일으키는 경우는 전혀 없다.

사건들이 분명한 시간 계열에 따라 일어나면, 예 f]의 경우처럼 결과를 원인으로 간주하거나 원인을 결과로 간주하는 과오를 피하기는 쉬운 법이다. 예 l]의 경우라면 누구나 사건들의 시간상의 순서만 잘 살펴보면 원인-결과 관계를 가려 낼 수 있을 것이다. 예 g]의 농부와 젖소의 경우에는 훨씬 복잡한데, 그 까닭은 시간 계열에 관한 정보가 전혀 없기 때문이기도 하지만, 또 한편으로 굉장히 많은 원인 요인이 관련되어 있기 때문이기도 하다. 더욱이 이 상황에 피드백 순환 작용까지 나타나면 사정은 훨씬 더 복잡해질 것이다. 예컨대 어떤 농부가 술을 마시는 일이 아내의 속을 태워 가족 사이에 갈등을 일으키고, 이 갈등은 다시 농부로 하여금 더 많은 술을 마시게 할 수 있다. 또는 이 농부의 비관적 견해가 같은 처지에 있는 이웃 농부들을 더욱 심한 비관에 빠뜨리고, 다시 이웃 농부들의 이러한 반응은 그 농부를 더 깊은 실망감에 빠뜨릴 수 있다.

이처럼 복잡한 경우에도 실험적 연구의 도움을 받는 수가 많다. 만일 A라는 사정이 B라는 사건의 원인이라면, A라는 사정에 일어나는 변화가 B라는 사건에 변화를 일으키는지 어떤지 관찰할 수 있을 것이다. 이 연구에서는 밀의 방법들 가운데 공변법이 중요한 역할을 하고 있음을 알 수 있다. 설령 A가 B의 원인의 일부분일지라도 A를 변화시키면 B의 변화를 관찰할 수 있을 것이다. 그렇지만 만일 B가 A의 원인이라면 A에 일어나는 변화는 B에 전혀 변화를 일으킬 수 없을 것이다.

그런데 밀의 공변법과 관련해서 명백하게 언급하지 않았던 한 가지 중요한 변화가 있는데, 그건 현상이 나타나는 빈도(頻度, frequency)의 변화다. 이런 종류의 통계적 변화(統計的 變化, statistical variation)는 앞에서 살펴본 바와 같이 대조 실험에서 중요한 역할을 한다. 젬멜바이스는 산욕열을 연구할 때 한 가지 조건을 변화시킴으로써 ―즉 손을 표백분 용액으로 씻게 함으로써― 1산부인과에서 산욕열이 일어나는 빈도에 변화를 일으켰었다. 과학자들은 실험 동물들이 섭취하는 사카린의 양을 변화시키면서 실험 동물에 간암이 발생하는 빈도를 조사한다. 만일 사람들이 제2차 대전 때 히로시마 나가사끼에서 살아 남은 사람들의 경우처럼 각기 다른 양의 방사능에 노출된다면, 백혈병의 발생 빈도가 쪼인 방사능의 양에 따라 다양하게 확인될 것이다.

이미 말했듯이 실제의 인과 관계는 지극히 복잡한 경우가 많다. 그래서 어떤 요인이 어떤 요인과 관련 있다는 생각을 갖고 있지 않으면 일반적 인과 법칙을 확립하려는 노력은 성과 있게 진행될 수 없다. 인과 관계에 대한 탐구는 아예 첫걸음을 내딛기 위해서조차 연구자가 약간의 합리적 추측을 할 수 있어야 하며, 게다가 옳을 듯한 후보 인과 관계를 추측할 수 있기 위해서는 상당한 양의 배경 지식을 필요로 하는 것이 보통이다. 이러한 추측들을 가설(假說, hypothesis)이라 한다. 그러니까 우리는 어떤 인과 가설을 미리 세우고 탐구를 시작하게 마련인데, 앞 절과 이 절에서 설명했던 방법들은 이 가설을 시험하는 기본적 도구인 셈이다. 그래서 다음 절에서는 훨씬 더 일반적 관점에서 인과 가설뿐만 아니라 다른 종류의 가설을 사용하고 시험하는 일에 대하여 살펴보고자 한다.

12. 가설의 검증
— 가설 연역적 방법

오늘날 사람들은 과학에 대해 다양한 태도를 취하고 있다. 어떤 사람들은 깜짝 놀랄 만한 과학적 기술의 진보로 인해 얻게 된 많은 이익을 극구 칭찬하고, 어떤 사람들은 현재의 상황에 그처럼 집요하게 파고 들어오는 핵무기와 생태학적 위기를 비난한다. 하지만 현대 과학의 성과를 판정하는 일은 이 책이 하려는 일이 아니다. 우리의 관심사는 과학적 지식(科學的 知識, scientific knowledge)의 본성이기 때문이다. 우선 우리는 지식을 탐구하기 위해 모험을 하는 순수 과학(純粹 科學, pure science)과 이 모험을 통해 얻은 지식을 실제적 목적에 응용하는 응용 과학(應用 科學, applied science)을 명확하게 구별하는 일부터 해야 한다. 핵융합 반응이라는 과정, 즉 태양이 그 엄청난 방사 에너지를 만들어 내는 과정을 이해하는 일과 그 지식을 이용하여 수소 폭탄을 만들기로 마음먹는 일은 전혀 다른 별개의 일이다. 과학(科學, science)과 기술(技術, technology)을 혼동하지 않도록 항상 주의해야 한다. 좋든 나쁘든 과학이 이 세계에 관한 가장 포괄적이고 체계적인 지식을 마련해 준다는 사실만큼은 의심의 여지가 없다. 이 절에서는 이러한 과학적 지식을 확립하는 일에 관여하는 추론의 본성을 살펴보고자 한다. 귀납 추론이 지닌 힘과 중요성을 제대로 정확하게 깨달을 수 있는 방도는 귀납이 과학에서 사용되는 방식을 살펴보는 수밖에 없기 때문이다.

과학의 본질이 자연에서 관찰을 통해 얻은 증거를 근거로 삼고, 자연에 관한 원대한 가설을 확립하는 능력에 있다는 것은 누구나 아는 사실이다. 이 절에서 하려는 일은 관찰을 통해 얻은 증거가 과학적 가설을 확증하거나 반증하기 위해 사용될 때 이루어지는 귀납 논증의 근본 성격을 고찰하는 것이다. 이러한 논증은 세부적으로 보면 복잡하고 미묘한 점이 많은 경우가 흔하지만, 전체적으로 보면 비교적 간단한 분석과 검토를 통해서도 여러 가지 유익한 내용을 충분히 이해할 수 있을 정도로 단순한 논리적 구조를 지니고 있다. 그러나 이와 동시에 앞으로의 논의가 학자들 사이에 지금도 논쟁이 진행되고 있는 탐구 영역을 살핀다는 사실을 깨닫고 있는 것이 중요한데, 오늘날 귀납 논리학(歸納 論理學, inductive logic)이 풀어야 할 어려운 문제들 가운데 하나가 이런 논증을 완전히 분석하여 해명하는 일이기 때문이다.[12)]

이제 출발에 즈음하여 우리가 맨 처음 해야 할 일은 "가설"(假說, hypothesis)이라는 말의 의미를 명료하게 파악하는 것이다. 가설은 때로 여러 가지 점에서 이론(理論, theory)이나 법칙(法則, law)과 다른 것으로 구별되기도 한다. 그러나 지금 우리의 목적을 위해서는 이런 구별을 무시하고, "가설"이라는 말이 이 세 가지 진술을 모두 언급하기에 충분할 만큼 넓은 의미로 사용하는 것이 적절하다. 이 말을 이런 용법으로 사용하면 케플러의 행성 운동 법칙과 아인슈타인의 상대성 이론은 둘 다 가설의 자격을 부여받게 되는

12) Wesley C. Salmon, *The Foundations of Scientific Inference*(Pittsburgh, Pa. : University of Pittsburgh Press, 1967)의 제 7 장을 참조하기 바란다.

셈이다. 그러니까 앞으로의 논의에서는 어떤 진술이 그것을 전제로 삼고 끌어 낸 논리적 귀결이 관찰에 의해 확인될 수 있는 사실에 비추어 옳은지 그른지 판명될 수 있는 진술일 경우에는 언제나 처음에 전제로 사용된 진술은 가설의 역할을 하고 있다는 식으로 "가설"이라는 말을 사용하겠다. 그리고 이런 식으로 비교해 보는 조사의 결과가 가설에 유리하면 ── 즉 가설에서 나온 논리적 귀결이 옳다고 밝혀지면 ── 이 논리적 귀결을 그 가설에 대한 확증 실례(確證 實例, confirmatory instance)라 하고, 가설에서 나온 논리적 귀결이 그르다고 밝혀지면 이 논리적 귀결을 그 가설에 대한 반증 실례(反證 實例, disconfirmatory instance)라 한다. 가설은 귀납적 증거에 의해서 충분하다고 할 정도로 입증되었을 때 확증되었다고 인정받게 된다. 따라서 가설의 확증(確證, confirmation)에는 여러 수준의 정도(程度, degree)가 있게 마련이다. 가설은 고도로 확증되기도 하고, 상당히 확증되기도 하고, 약간 확증되기도 하기 때문이다. 게다가 어떤 확증 실례가 가설을 확증하는 일에도 여러 수준의 정도가 있게 마련이다. 어떤 확인된 확증 실례가 가설을 뚜렷이 입증하기도 하고, 그저 약간 입증하기도 할 뿐만 아니라, 어떤 특별한 경우에는 확증 실례가 가설을 사실상 전혀 입증하지 못하는 수도 있기 때문이다. 바로 이런 문제들이 우리가 이 절에서 탐구해야 할 문제에 속한다.

가설로 사용될 수 있는 진술은 여러 가지 유형이 있다. 예컨대 어떤 가설은 보편적 일반 진술(普遍的 一般 陳述, universal generalization)이고, 어떤 가설은 통계적 일반 진술(統計的 一般 陳述, statistical generalization)이다.

a] 후크(Robert Hooke, 1635~1703)의 법칙에 따르면, 강철로 만든 용수철 같은 탄성체에 모양의 변화를 일으키는 힘의 크기

는 모양의 변화의 크기에 정비례한다. 어떤 용수철에 5kg의 힘이 가해지니까 길이가 1㎝ 늘어나는 것이 관찰된 적이 있는데, 그 용수철에 지금 10kg의 힘이 가해지고 있다. 그렇다면 누구나 그 용수철의 길이가 2㎝ 늘어날 것이라고 추정할 것이다. 만일 그 용수철의 길이가 실제로 2㎝ 늘어났다면, 이 사실은 후크의 법칙에 대한 확증 실례가 된다.

b] 일정한 규격에 의해 만들어진 동전을 계속 던지면서 앞면과 뒷면이 나오는 횟수를 조사해 보면, 처음 얼마 동안은 두 면의 횟수가 들쭉날쭉하지만, 오래 계속하면 두 면의 횟수가 각기 일정한 수치를 보이는 수가 흔하다. 이제 어떤 일정한 규격의 동전에 대하여, 그 동전을 100번 던질 경우 앞면이 40번 내지 60번 나오는 확률은 0.95라는 사실이 이미 알려져 있는 상태에서 우리가 갖고 있는 이 동전은 규격에 맞는 동전이라는 가설을 검토한다고 해보자. 우리는 이 동전을 100번 던져 보는 것을 한 번의 실험으로 간주하는 실험을 여러 번 해보아야 한다. 실제로 이런 실험을 해보니 매번 실험할 때마다 앞면이 40번 내지 60번 나온다는 사실이 확인되었다. 우리는 이 실험의 횟수가 충분한 수준에 이르렀다는 생각이 들면, 그 실험 결과가 이 동전은 규격에 맞는 동전이라는 가설을 확증한다고 인정하게 된다.

위의 두 예는 어떤 점에서는 비슷하지만 중요한 차이점이 있다. 예 a] 속의 가설은 보편적 일반 진술이며, 따라서 우리는 용수철의 길이가 2㎝ 늘어날 것이라는 결론을 연역적으로 얻을 수 있다. 이에 비해서 예 b] 속의 가설은 통계적 일반 진술이며, 그래서 이 경우에는 앞면이 40번 내지 60번 나올 것이라는 결론이 귀납적으로 얻어지고 있다. 조금만 주의를 기울여 생각해 보면, 예 a] 속의 연역은 전건 긍정 논법(제 2 장 제 3 절)의 논증으로 정돈될 수 있고, 예

b] 속의 귀납은 통계 논증(제 3 장 제 5 절)으로 정돈될 수 있음을 알 수 있을 것이다.

앞에서 통계적 가설의 확증과 보편적 가설의 확증이 중요한 유사성을 갖고 있다고 시사한 바 있지만, 통계적 가설의 확증에 관한 문제는 앞으로 검토하지 않겠다. 수학적 통계학이 이런 종류의 문제를 다루는 강력한 방법들을 마련하고 있기 때문이다.[13] 지금부터는 가설에서 연역적으로 끌어 낸 귀결에 의해서 그 가설이 확증되는 경우만 집중적으로 살펴보고자 한다. 이런 종류의 논증을 만드는 절차를 흔히 가설 연역적 방법(假說 演繹的 方法, hypothetico-deductive method)이라 부르는데, 바로 예 a]가 이 방법을 사용하고 있는 실례를 보여 주고 있다. 가설 연역적 방법의 특징은 통상 지적되는 바와 같이 (1) 가설을 설정하는 일, (2) 가설에서 귀결을 연역하는 일, (3) 이 논리적 귀결이 옳은지 그른지 검사하는 일로 이루어진다. 이제 가설에서 연역된 귀결을 관찰 예언(觀察 豫言, observational prediction, 관찰에 관한 예측)이라 부르기도 한다면, 이 방법이 다음과 같은 논리적 구조로 되어 있음을 알 수 있을 것이다.

c] 가설
∴ 관찰 예언

이 경우 가설에서 관찰 예언을 끌어 내는 논증은 연역 논증일 것이고, 관찰 예언의 진리성을 증거로 삼고 가설의 진리성을 입증하는 논증은 귀납 논증일 것이다.

위의 논리적 도식에 관해서 맨 먼저 지적해야 할 점은 예 a]에서 사용된 가설, 즉 후크의 법칙이 탄성체를 변형시킬 정도의 힘에

---

13) Giere의 *Understandings Scientific Reasoning*의 제11장에는 통계적 가설을 시험하는 기초적 방법이 훌륭하게 설명되어 있다.

의해서 탄성체에 일어나는 변화에 관한 일반 진술이라는 사실이다. 이러한 일반 진술로서의 가설은 그 자체만으로는 어떤 특정한 사건이 반드시 일어난다는 귀결을 논리적으로 수반할 수 없다. 따라서 이 가설은 예 a]의 관찰 예언을 연역해 낸 유일한 전제가 아니다. 오직 이 가설만을 전제로 해서 용수철이 2㎝ 늘어날 것이라는 주장을 연역해 낼 수 없기 때문이다. 실은 예 a]의 연역에서는 이 가설 외에 용수철이 얼마나 강하고 또 지금 어느 정도의 힘이 가해지고 있는가를 언급하는 진술이 전제로 사용되었다. 바로 이 두 사실이 후크의 법칙이 시험받고 있는 조건인데, 이 사실들을 진술하는 전제를 초기 조건에 관한 진술(初期 條件에 관한 陳述, statement of initial condition)이라 한다. 일반적 가설을 확증하기 위해 관찰 예언을 연역하는 일은 예 a]의 경우만이 아니라 다른 모든 경우에도 초기 조건을 명확하게 서술하는 전제를 필요로 한다. 따라서 앞의 c]에 제시된 논리적 도식은 불완전한 것이었다. 예 a]의 연역이 타당할 수 있으려면 아래와 같이 전제가 보완되어야 한다.

d] 가설. (후크의 법칙)
초기 조건에 관한 진술. (이 용수철은 5kg의 힘이 가해지면 1㎝ 늘어나는데, 지금 10kg의 힘이 가해지고 있다).
∴ 관찰 예언. (용수철은 2㎝ 늘어날 것이다).

예 a]는 단순한 경우라서 초기 조건을 확인하는 일에 아무런 문제가 없고, 또 관찰 예언이 옳은가 그른가를 밝히는 일에도 전혀 어려움이 없다. 그러나 이보다 훨씬 더 복잡한 예를 살펴보면, 이 일이 매우 어렵다는 것을 알 수 있다.

e] 아인슈타인은 일반 상대성 이론을 가설로 사용하여 태양에 가까이 통과하는 광선이 굽는다는 결론을 연역하였다. 두 팀

의 과학자들이 1919년에 일어난 일식 때 태양 주위의 별들을 관찰했는데, 두 팀의 관찰 결과는 모두 아인슈타인이 예측했던 굴절 각도와 거의 일치한다는 사실이 밝혀졌다. 아인슈타인의 이론은 이 발견에 의해 극적으로 확증되었다.

예 e]는 예 a]와 마찬가지로 형식 d]에 따라 이루어져 있다. 그렇지만 이 경우에는 초기 조건에 관한 진술의 검증과 연역된 관찰 예언의 검증이 훨씬 더 복잡하다. 예컨대 광선의 굴절 크기는 태양의 질량에 의존하므로 초기 조건에 관한 진술은 태양의 질량에 관한 진술을 포함해야 한다. 그런데 태양의 질량은 직접 관찰에 의해서는 알아 낼 수 없기 때문에 이미 확립되어 있는 이론적 방법을 사용하여 계산할 수밖에 없다. 마찬가지로 빛의 굴절도 직접 관찰에 의해서 관찰할 수 없기 때문에 사진 건판에 찍힌 일정한 점들의 상대적 위치를 근거로 삼아 이미 확립되어 있는 방법에 따라 추리하지 않으면 안 된다.

따라서 예 e]의 경우에는 초기 조건에 관한 진술을 확립하기 위해 진행된 추리가 보조 가설(補助 假說, auxiliary hypothesis)을 사용하고 있다고 할 수 있다. 또한 관찰 예언의 진리성을 결정하기 위해 사용된 추리는 다른 보조 가설을 포함하고 있다. 이런 일에 관해서 예 e]는 참으로 전형적인 경우라고 하겠다. 이러한 보조 가설들은 아인슈타인의 이론의 시험 이전에 과학적 탐구에 의해서 독립적으로 확증되어 있는 가설이다. 예 e]의 관찰 예언의 진리성을 확립하기 위해 사용했던 가설들 가운데에는 빛이 감광유제에 일으키는 광화학적 효과에 관한 가설과 빛이 망원경을 통과할 때 일어나는 현상에 관한 광학적 가설이 포함되어 있다. 보조 가설들은 이미 고도로 확증되었기 때문에 당연히 사용할 수 있다고 인정할 수는 있지만, 그렇다 해도 이런 보조 가설들이 앞으로 발견될 과학적 사실에 의해 절대로 반증될 수 없다는 보증을 받고 있는 것은 아니다.

지금 우리는 가설 연역적 방법의 논리적 구조를 밝히려 하고 있으므로, 두 가지 가정을 도입하여 약간 단순화시킨 상태에서 형식 d]를 검토하기로 하자. 먼저 (1) 초기 조건에 관한 진술을 확립하거나 관찰 예언의 진리성이나 허위성을 결정하기 위해 사용된 모든 보조 가설이 옳다고 가정하자. 더 나아가 (2) 초기 조건에 관한 진술이 정말로 옳을 뿐만 아니라 관찰 예언의 진리성이나 허위성을 올바른 방법으로 결정했다고 가정하자. 이러한 두 가지 가정을 도입하게 되면 가설 연역적 논증은 단 하나의 전제의 진리성, 즉 가설의 진리성에만 의문의 여지가 남아 있는 타당한 연역 논증이 된다. 이제 이처럼 단순화시킨 가설 연역적 논증의 결론이 그르다고 밝혀졌다면, 우리는 문제의 전제, 즉 가설에 대하여 어떤 판정을 내릴 수 있을까?

이 물음에 답하기는 쉽다. 어떤 논증이 타당한 연역 논증인데 결론이 그르다면, 그 논증은 그른 전제를 적어도 하나는 갖고 있어야 한다는 것은 두말 할 것도 없다. 위의 가정에 따르면, 오직 가설만이 그른 가능성이 있는 유일한 전제이기 때문에 가설이 그르다고 결론을 내리지 않을 수 없다. 이 경우에는 가설이 결정적으로 반증된다. 이 과정을 다음과 같이 논증으로 정돈하면 후건 부정 논법(제2장 제3절)의 실례임을 알 수 있다.

f] 만일 가설이 옳다면, 관찰 예언이 옳다.
(초기 조건에 관한 진술이 옳다고 가정했기 때문이다).
관찰 예언이 옳지 않다.
∴ 가설이 옳지 않다.

물론 이 반증의 확실성은 가설 연역적 논증을 단순화시키기 위해 도입했던 두 가지 가정에 의존하고 있다. 어떤 가설이 이런 반증 실례에 부딪쳤음에도 불구하고, 그 가설을 올바른 방도에 의해 계속 유지시킬 수 있는 유일한 방법은 초기 조건에 관한 진술을 거부하거나 관찰 예언이 실제로는 그르지 않고 옳다는 것을 밝히는 것이다. 이 두 가지 방책은 모두 하나 이상의 보조 가설을 거부하는 일과 관련이 있다는 것은 두말 할 것도 없다. 방금 살펴본 단순화된 가설 연역적 논증은 두 개의 가정에 의해서 이 가능성이 둘 다 배제되어 있다. 그렇지만 실제의 연구에서는 가설을 그대로 살려 두고 오히려 초기 조건에 관한 기존의 판단이나 관찰 예언이 그르다는 판단을 수정하는 경우가 종종 있다. 과학사에는 이런 과정을 거쳐 연구에 성공했던 유명한 실례들이 있다.

g] 해왕성을 발견하기 전에 천왕성은 뉴튼의 이론과 태양계의 이미 확인된 행성들이 형성하는 초기 조건을 근거로 하여 예측되는 궤도를 벗어나 다른 궤도를 돌고 있다는 사실이 알려져 있었다. 영국의 아담스(J. C. Adams, 1819~1892)와 프랑스의 르베리에(U. J. J. Leverrier, 1811~1877)는 천왕성의 궤도 이탈을 설명하기 위해서 해왕성이란 행성이 실제로 있다는 가정을 세웠다. 이 가설에 따라서 망원경으로 관찰한 결과 해왕성이 발견되었다. 기존의 태양계 조건에다 해왕성에 관한 사실들을 통합한 수정된 초기 조건은 천왕성의 올바른 궤도를 결론으로 연역할 수 있는 전제를 구성하였다. 나중에 이와 비슷한 과정을 밟아 명왕성을 또 발견하였다.

이 연구 절차는 항상 이처럼 성공하는 것은 아니다.

h] 르베리에는 이미 알려져 있던 수성 궤도의 섭동을 수성 궤도보다 더 작은 궤도를 돌고 있는 발칸이라는 행성을 가정하

> 여 설명하려고 했었다. 그러나 이 행성의 위치를 알아 내려는 모든 시도는 실패에 그치고 말았다. 수성의 궤도는 뉴튼의 이론이 아인슈타인의 일반 상대성 이론에 의해 대치되는 경우에만 더 만족스럽게 설명할 수 있었다. 오늘날 대부분의 이론 물리학자는 수성의 궤도 운동에서 관찰된 사실들이 뉴튼의 이론에 대한 진정한 반증 실례라고 간주하고 있다.

위의 두 실례로부터 우리는 다음과 같은 한 가지 중요한 교훈을 배울 수 있다. 그것은 어떤 가설이 반증 실례에 부딪쳐 분명히 반증되었다 하더라도 반증 실례에 대한 올바른 예측을 가능하게 하는 훌륭한 근거, 즉 다른 가설을 확증하기까지는 그로 인해서 그 가설에 관한 모든 일이 완전히 끝났다고 생각해서는 안 된다는 것이다. 만일 누군가가 이처럼 반증 실례에 부딪친 가설을 거부하려고 한다면, 그는 반드시 원래의 가설 대신에 다른 가설을 내세워야 하는데, 이 새로운 가설은 문제의 반증 실례 이외의 다른 증거에 의해 확증되는 가설이라야 한다. 예컨대 일반 상대성 이론은 단지 수성의 궤도를 설명할 수 있다는 것만으로는 확증되지 못한다. 이 이론은 e]에서 설명한 바와 같이 일식 기간중에 관찰된 결과를 예언할 수 있다는 사실을 독립된 증거로 하여 확증되는 것이다. 혹시 초기 조건에 관한 진술을 수정한다면, 이 수정된 진술이 정확하다는 것을 입증하는 독립된 증거가 있어야 한다. 이를테면 해왕성이 망원경을 통해 발견되어야 한다. 또 혹시 보조 가설이 수정되어야 한다면, 새로운 보조 가설이 정확하다는 것을 뒷받침하는 독립된 증거가 반드시 있어야 한다.

예 g]는 부수적으로 가설이 반드시 보편 진술일 필요가 없다는 사실을 보여 주고 있다. 아담스와 르베리에는 천왕성의 동요를 설명하려고 할 때, 이전에 발견된 적이 없는 행성이 실제로 존재한다는 가설을 세웠다. 이 가설은 뉴튼의 이론 및 초기 조건에 관한 다른 진술들과 제휴하여 천왕성이 관찰될 위치를 연역할 수 있게 하였다. 그 결과 뉴튼의 이론이 옳다는 것은 당연하다고 여겨졌고, 관찰된 사실은 해왕성이 실존한다는 가설을 확증하는 것으로 해석되었다. 이로써 개체 진술(個體 陳述, singular statement)이 가설의 역할을 할 수 있다는 것을 알게 되었지만, 앞으로도 계속 초점을 보편적 가설의 확증에만 맞추고 설명하고자 한다.

우리가 살펴보아야 하는 두 번째 문제는 훨씬 더 어렵다. 이제 전제들 가운데 오직 하나의 전제(가설)의 진리성에만 의문의 여지가 있을 뿐 나머지는 모두 옳은 전제로 이루어진 타당한 연역 논증이 있는데, 이 논증의 결론이 옳다고 밝혀졌다면 우리는 진리성이 의심스러운 이 전제에 관해서 어떤 판단을 내릴 수 있을까? 이런 사실을 전제로 해서 연역적으로는 문제의 전제(가설)에 대한 어떠한 결론도 끌어낼 수 없다. 아래 논증은 후건 긍정 오류(제 2 장 제 3 절)의 실례이기 때문이다.

i] 만일 가설이 옳다면, 관찰 예언이 옳다.
관찰 예언이 옳다.
∴ 가설이 옳다.

그럼에도 불구하고 누구나 이 논증을 올바른 귀납 논증이라고 인정하고 싶은 마음을 강하게 느낄 것이다. 그러니까 아무도 i]와 같은 논증이 가설의 진리성을 결정적으로 증명한다고 주장하지는 않겠지만, 누구나 이런 논증이 가설을 입증한다든가, 가설의 신빙성을 높여 준다든가, 가설을 어느 정도 확증한다고 볼 수 있는 훌륭한 근거가 된다고는 생각할 것이다. 과학자들이 i]의 형식으로 이루어지는 논증을 실제로 빈번히 사용하는 것은 분명하며, 따라서 과학이 의존하고 있는 귀납 논증의 올바름을 부정하는 것은 더없이 불합리한 일일 것이다.

그런데 이런 논증이 겉모습만 보고 믿어도 좋은 논증이 못된다는 것은 매우 유감스러운 일이다. 형식 i]에 따라 이루어지는 논증은 실제로는 귀납 논증으로 간주될 때조차도 전적으로 올바르지 못한 것은 아닐지라도 그 힘이 지극히 미약하다. 이런 문제점은 형식 i]가 과학적 가설의 확증에 사용되고 있는 귀납적으로 올바른 논증을 너무 지나치게 단순화시킨 형식이라는 사실 때문에 생긴다. 특히 형식 i]는 과학적 가설을 확증하는 논증의 두 가지 본질적 측면을 빠뜨리고 있다. 이 두 가지 본질적 측면을 밝히기 위해서는 이제부터 예 a]와 b]가 보여 주었던 논증 모습이 실은 불완전하였다는 사실을 주목할 필요가 있다.

가설의 확증에 관한 고찰이 반드시 언급해야 하는 데도 지금까지 고려하지 않아 이제 추가하려는 두 가지 고려 사항 가운데 첫번째 것은 다른 대안 가설이 관찰 예언에 대하여 어떤 관계를 갖고 있는가 하는 것이다. 이 문제는 시험받고 있는 가설이 그르고, 다른 어떤 가설이 옳을 경우에도 시험받고 있는 가설을 포함하는 전제에서 연역된 관찰 예언이 옳을 가능성이 있는가 하는 것이다. 이 문제는 동일한 결과에 의해서 강하게 확증될 수 있는 다른 가설이 있는가라는 물음으로 바꾸어 표현할 수도 있다. 이제 또 하나의 예를 살펴보기로 하자.

j] 우리는 양파로 사마귀를 문지르면 사마귀가 없어진다고 말하는 어린이를 종종 볼 수 있다. 이러한 “치료”는 가끔 효과를 나타낸다. 사마귀를 양파로 문지르면 사마귀가 없어질 것이라는 진술이 가설이다. 초기 조건은 조니에게 사마귀가 나 있는데, 양파로 문질렀다는 사실이다. 관찰 예언은 조니의 사

마귀가 사라질 것이라는 진술이다. 그런데 실제로 조니의 사마귀가 없어졌으므로, 이 결과는 가설을 입증하는 확증 실례가 된다.

위의 양파 가설은 이 관찰에 의해서 확증되었을까? 하지만 바로 이 대목에서 이 "치료"에 대한 다른 설명, 즉 동일한 결과에 의해서 적어도 동등하게 입증되는 다른 가설이 있다는 것을 깨닫는 일이 중요하다. 이 사실에 대해서는 또 하나의 가설, 즉 사마귀는 심인성 증후 즉 마음의 영향을 받아 일어나는 증후이므로 암시에 의해 치료될 수 있다는 가설도 주장되어 오고 있다. 이 가설에 따르면 환자가 치료 효과가 있을 것이라고 진정으로 믿기만 하면, 어떤 치료법이건 효과가 있을 것이다. 치료 효과를 일으키는 것은 치료 자체가 아니라 치료 효과에 대한 믿음이기 때문이다. 만일 이 대안의 암시 가설이 정말로 옳다면, 포도로 문질러도 똑같은 효과가 나타날 것이고, "메어리는 어린 양을 가졌다"는 주문을 날마다 외워도 똑같은 효과가 나타날 것이다. 이처럼 관찰된 결과(사마귀가 없어졌다는 결과)가 다른 가설의 확증 실례가 된다는 사실은 양파가 사마귀를 없앤다는 가설의 확증에 손상을 입힌다. 이런 상황에서 두 가설 가운데 한 가설을 선택하려면, 이 장의 제11절에서 설명했던 대조 실험을 통해 탐구해야 한다.

예 j]는 가설의 확증에 관한 논리에서 아마 가장 진지하게 연구할 필요가 있다고 해도 좋은 문제를 잘 보여 주고 있다. 가설의 확증 실례라는 개념은 이미 형식 d]에 의해서 정의되었다. 형식 d]에 따라 이루어졌으면서 결론이 옳은 논증은 모두 그 논증의 첫번째 전제로 등장하는 가설에 대한 확증 실례를 마련하기 때문이다. 그런데 우리가 이 형식에 오직 이미 진리성이 확인되었다고 인정하는 진술만 적어 넣는다면 다음과 같은 불완전한 연역 논증을 만들게 될 텐데, 이런 논증이 타당한 연역 논증이 되려면 전제에 어떤 진술이 추가될 필요가 있다.

k] 초기 조건에 관한 진술
∴ 관찰 예언

그런데 순수한 논리적 관점에서 이 문제를 생각해 보면, 가지각색의 진술이 이런 식의 불완전한 연역 논증을 타당한 연역 논증으로 만들기 위해서 전제에 추가될 수 있다는 것을 알 수 있다. 그렇다면 이 일을 해내는 진술은 모두 가설로 인정해야 할 것이고, 더욱이 관찰 예언이 옳다는 사실을 확증 실례로 거느리고 있는 가설로 인정해야 할 것이다. 게다가 다른 한편으로 초기 조건에 관한 진술의 경우에도 지금까지 사용되어 온 초기 조건 진술과 똑같이 옳은 다른 초기 조건 진술이 형식 k]에 등장할 수도 있다. 그래서 형식 k]의 초기 조건에 관한 진술이 대안의 초기 조건 진술로 대치되는 경우에는 대안의 가설도 동일한 관찰 예언을 타당하게 연역해 낼 수 있는 전제로 쓰일 수 있게 된다. 그러므로 관찰 예언이 옳다는 사실은 첫번째 가설의 확증 실례임과 동시에 이러한 대안 가설의 확증 실례이기도 하다. 실은 관찰된 사실이라면 어떤 사실이든 그 사실을 확증 실례로 삼는 가설이 실제로 무수히 많이 만들어질 수 있다. 그렇다면 진정한 문제는 관찰 예언을 연역해 내는 전제로 사용될 수 있는 모든 가설 가운데서 옳을 가능성이 가장 큰 가설을 가려 내는 일이라 하겠다.

이러한 상황은 유한한 수효의 확증 실례에 대해서도 똑같이 성립한다. 이제 후크의 법칙을 다시 한번 살펴보고자 하는데, 이번에는 후크의 법칙을 많은 횟수에 걸쳐 시험하였다고 가정하자. 하나의 탄성체 이를테면 예 a]에 나왔던 강철 용수철에 대한 시험 결과

[그림 16]

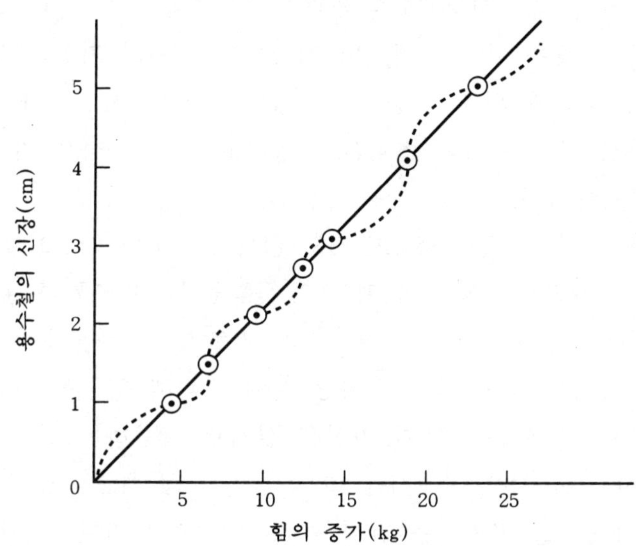

들은 〈그림 16〉과 같은 그림표로 표현될 수 있다. 후크의 법칙이 단 하나의 강철 용수철만이 아니라 언제 어디서건 모든 탄성체에 적용된다는 사실은 후크의 법칙에 대한 이 그림표의 내용을 보강한다. 후크의 법칙이 직교좌표로 표현된다면 탄성체에 가해지는 힘의 증가에 따라 탄성체에 일어나는 변형의 크기는 직선을 이루어야 하므로, 그림표 속의 실선이 후크의 법칙을 나타내고 있다. 원으로 둘러싸인 점은 각기 시험의 결과를 나타낸다. 한편 그림표 속의 점선은 동일한 시험 결과를 확증 실례로 삼고 있는 대안의 가설을 나타낸다. 원 속의 점을 모두 통과하는 점선은 무수히 많이 그려질 수 있다. 물론 우리는 그림표에 점선으로 표현된 가설을 반증하기 위하여 새로운 시험을 언제든지 더 해 볼 수 있다. 그러나 우리가 해 보는 추가 시험의 횟수는 유한할 수밖에 없을 터이므로, 이 유한한 추가 시험의 결과에 대해서도 새로운 대안의 가설이 항상 무수히 있게 마련이다. 따라서 이제 다음과 같은 문제가 분명히 드러났다고 하겠다. 그것은 이처럼 새로이 제안되는 대안의 가설 모두가 유한한 양의 시험에 의해 반증될 수 없다는 것이 사실이라면, 대체 무얼 근거로 하여 후크의 법칙은 인정하고 다른 가설은 거부할 수 있는가라는 문제다.

이 문제는 가설을 확증하기 위해 형식 i]에 따라 이루어지는 논증에 반드시 추가되어야 할 두 번째 고려 사항을 살펴보도록 하고 있으므로, 이제 이 두 번째 고려 사항을 살펴보기로 하자. 과학에서 가설이 확증되는 과정을 보면 가설이 확증 실례에 의해 입증을 받고 있다고 하더라도 그 확증 실례가 가설을 실제로 확증하는 정도를 판단해야 하는데, 이 일을 위해서는 그 가설의 선행 개연성(先行 蓋然性, prior probability)을 평가하는 일이 필요하다. 어떤 가설의 선행 개연성은 그 가설을 입증하는 확증 실례와 전혀 관계 없이 그 가설이 옳을 수 있는 개연성이다. 가설의 선행 개연성은 그 가설에서 연역된 귀결을 이용하여 그 가설을 시험하는 일과 논리적으로 전혀 관련이 없다. 이 맥락에서는 "선행"(先行, prior)이란 말이 전혀 시간적 의미를 띠지 않는다. 가설의 선행 개연성은 그 가설의 확증 실례를 검토하기 이전이든 이후든 관계 없이 이루어질 수 있다. 그러니까 요점은 가설의 확증 실례를 검토하는 일이 가설의 선행 개연성을 판정하는 일에 전혀 영향을 미치지 않는다는 사실을 이해하는 것이다.

이제 우리는 이 절의 주제인 가설의 확증에 관해서 일어났던 논쟁들 가운데서 가장 치열하게 진행된 논쟁의 마당에 들어섰다. 실은 가설의 선행 개연성의 정확한 본성에 관해서는 전문가들 사이에도 의견의 불일치가 심각하기 때문이다.[14] 그럼에도 불구하고 과

14) 가설의 선행 개연성의 본성에 대한 여러 가지 견해를 알고 싶으면 W.C. Salmon의

학자들이 과학적 가설의 확증에 관하여 연구할 때에 가설의 선행 개연성을 고려한다는 것은 분명하다. 과학자들은 흔히 어떤 가설에 대하여 합리적 가설이라든가 그럴 듯한 가설이라고 말하는데, 이러한 발언은 과학자들이 가설의 선행 개연성을 평가하고 있음을 알려주는 진술일 것이다. 가설의 선행 개연성은 그저 어떤 사람이 가설에 대하여 보이는 주관적 반응의 정도에 지나지 않는 것이 아니다. 왜냐하면 어떤 가설은 다른 가설에 비해서 훨씬 더 옳을 가능성이 크다고 인정받을 수 있는 객관적 특징들을 지니고 있기 때문이다. 이 책에서는 가설의 선행 개연성에 대한 일반적 분석을 시도하는 대신에, 여러 가지 가설의 선행 개연성과 상당히 관련이 깊은 몇 가지 특징을 예를 통하여 음미하고자 한다.[15]

l] 단순성(單純性, simplicity)은 후크의 법칙이 지닌 중요한 특징인데, 이는 이 법칙의 확증 실례에 어떤 방식으로도 의존하지 않고 성립하는 특징이다. 이 점에서 후크의 법칙은 그림표에서 점선으로 표현된 대안의 가설보다 훨씬 더 그럴 듯한 가설로 보인다. 혹시 후크의 법칙이 실험을 통한 시험에 의해 반증된다면 누구도 이 법칙을 계속 인정하지 않겠지만, 시험 결과들을 확증 실례로 삼고 제안될 수 있는 모든 가설 가운데서 후크의 법칙이 가장 높은 선행 개연성을 갖고 있다는 것은 확실하다. 적어도 물리학의 영역에서는 단순성이 성공적 가설의 특징이라는 것이 연구 경험을 통해서 밝혀져 왔다.

m] 의학적 연구를 하는 과학자들은 양파가 사마귀에 직접 작

---

*Foundations of Scientific Inference*의 제 7 장을 보기 바란다.

15) 이러한 가설의 개연성이 때로 "선천적 개연성"(先天的 蓋然性, a prior probability)이라 불리고 있지만, 이 개연성이 "선천적"이라는 말의 철학적 의미, 즉 전혀 경험과 관계없이 이 개연성을 알 수 있다는 의미에서 선천적이라고 생각해서는 안 된다. 나는 가설의 개연성이 매우 다양한 상황 속에서 수많은 유형의 가설을 탐구해 온 인간의 과학적 경험을 반영한다고 굳게 믿고 있다.

용하여 조금이라도 치료 효과를 일으킬 수 있는 어떤 성분을 함유하고 있다는 것은 거의 있을 수 없는 일이라고 판단하기에 충분할 정도로 양파와 사마귀에 관하여 폭넓은 지식(知識, knowledge)을 갖추고 있다. 의학자들은 예 j]에 나왔던 양파 가설의 확증 실례를 조사하는 일을 시작했는가 안 했는가에 관계 없이 이 사실을 알고 있을 것이다. 따라서 이 가설은 선행 개연성이 낮다고 평가할 수밖에 없다.

n] 이미 확립되어 있는 과학적 가설들과 양립할 수 없는 가설은 선행 개연성이 낮다고 보아야 한다. 우리는 두 사람의 마음이 둘 다 동시에 똑같은 생각을 갖게 되는 방식으로 전달되는 정신 감응(精神 感應, mental telepathy)이라는 현상이 있다고 주장하는 사람을 종종 본다. 이 이상한 정신 감응 가설은 선행 개연성이 낮다고 보아야 한다. 왜냐하면 이 가설은 어떠한 원인-결과의 과정도 — 따라서 어떠한 정보 전달의 과정도 — 빛의 속도보다 더 빠른 속도로 전파될 수 없다는 상대성 이론의 기본 원리와 양립할 수 없기 때문이다.

o] 권위에 의거하는 논증과 사람에 반대하는 논증(이 장의 제 6 장 제 7 절)이 올바른 형식으로 이루어지면, 가설의 선행 개연성을 평가하는 데 사용될 수 있다. 특히 과학에 대해 "기상가"가 주장하는 이른바 과학적 가설은 이런저런 이유 때문에 선행 개연성이 아주 낮은 것이 보통이다. 이런 사람들의 가설은 훌륭한 과학자들이 그 가설의 시험에 시간을 허비하지 않으려고 하는 것이 당연하다고 할 정도로 선행 개연성이 낮다고 보아야 할 것이다.

p] 아메리카 대륙에서는 13세기에 이른바 "사각 지역"(유타주, 콜로라도주, 뉴멕시코주, 애리조나주를 잇는 사각형 지역) 주위의 상당히 넓은 지역에 인구가 밀집되어 있었는데, 14세기 후반

에 이 지역 대부분이 아주 갑작스럽게 버려지고 말았다. 고고학자들은 이 지역을 포기한 사건이 왜 일어났는가를 이해하려고 노력하고 있다. 한 가지 가능한 가설은 이 지역에 살던 사람들 — 식량의 대부분을 농업에 의해 획득하고 있던 사람들 — 이 가뭄 때문에 이 곳을 떠났다는 것이다. 이 지역의 나무들의 나이테를 살펴보면 14세기 말엽 여러 해 동안 강우량이 아주 적었다는 강한 증거를 확인할 수 있는 것이 사실이다. 그렇지만 대부분의 고고학자는 이 가뭄에 의한 설명을 완벽한 인과적 설명이라고 인정하지 않고 있다. 대부분의 고고학자는 여러 가지 이유로 인해서 훨씬 더 복잡한 설명이 필요하다고 확신하고 있으며, 그래서 한발 가설은 지나치게 단순화된 가설임에 거의 틀림없다고 보고 있다. 이들은 강우량의 부족이 상당한 역할을 했다는 것은 의심의 여지가 없다고 인정하면서도, 이 사건과 관련 있는 다른 요인이 많이 있었을 것으로 보고 있는 것이다. 이미 앞 절에서 살펴본 바와 같이 인과 관계는 아주 복잡한 경우가 흔하며, 이처럼 인과 관계가 복잡하게 얽혀 있는 사건을 설명하려는 가설이 지나치게 단순하면 선행 개연성을 낮게 평가해야 하는 경우가 종종 있다.

가설의 선행 개연성을 평가하는 일은 대개의 경우에 어렵고 미묘한 문제다. 그렇지만 대부분의 경우에 아주 개략적 평가만으로도 우리의 목적에 충분할 수 있다는 것은 다행이라 하겠다. 많은 가설의 경우에 가설의 선행 개연성이 무시해도 좋을 정도로 낮지는 않다는 사실 — 달리 말해서 가설이 정말 터무니없이 불합리하지는 않다는 사실 — 을 아는 것으로 충분하기 때문이다. 만일 정말로 어떤 가설의 선행 개연성이 전혀 없다면, 그 가설을 입증하는 확증 실례는 실제로 발견되지 않을 것이다. 이와 달리 가설의 선행 개연성이 실제로 영이 아닌 데다가 확증 실례가 발견된다면, 그 확증 실례는 가설의 신빙성을 높여 과학적으로 의의 있는 가설이 되게 할 것이다.

이제까지의 논의, 즉 가설을 확증하는 논증에 추가되어야 할 두 가지 고려 사항에 관한 논의를 통해서 형식 i]가 과학적 가설을 확증하는 논리적 사고의 특징을 정확하게 보여 주지 못한다는 사실이 밝혀졌다고 하겠다. 물론 형식 i]는 가설을 확증하는 논증에 필수 불가결한 부분을 보여 주고 있기는 하지만, 이 형식은 다른 전제들을 추가함으로써 확장되어야 한다. 다시 말하면 가설 연역적 방법이 귀납적으로 올바르기 위해서는 다음과 같은 형식을 취하지 않으면 안 된다.

q] ① 가설이 무시할 수 없는 정도의 선행 개연성을 갖고 있다.
② 만일 가설이 옳다면 관찰 예언이 옳다.
③ 관찰 예언이 옳다.
④ 이 관찰 예언의 진리성에 의해 강하게 확증되는 다른 가설이 없다. 다시 말해 이 관찰 예언을 확증 실례로 삼는 다른 가설이 있을지라도 선행 개연성이 더 낮다.
∴ 가설은 옳다.

이 논증 형식은 귀납적으로 올바른 형식이며, 그뿐 아니라 학문적 지식의 탐구 과정에서 중요한 역할을 했던 많은 과학적 논증의 구조를 올바르게 보여 주고 있다.

한편 앞에서 일군의 실험 자료는 어느 것이든 새로 제안되는 무수히 많은 가설의 확증 실례로 계속 사용될 수 있다고 말했었지만, 이 말을 근거로 하여 무시할 수 없는 정도의 선행 개연성을 지닌 대안의 가설을 아무나 마음만 먹으면 발견할 수 있다고 추정해서는 안 된다. 오히려 실제의 탐구 상황은 이와 전혀 반대다. 관찰에 의해 확립되긴 했지만 특별한 일군의 사실 전체를 설명할 수 있는 그럴 듯한 가설을 생각해 내는 일은 창조적 학문 연구에서 가장 어려운 일이며, 그래서 대개는 천재를 필요로 하는 법이다. 이 일은 발견에 관한 문제라서 논리학은 이 문제를 해결하는 어떠한 왕도도 갖추고 있지 못하다. 어쨌든 실제의 탐구 상황에서는 수많은 가설이 경쟁하는 경우가 거의 없는데, 그 까닭은 무시해도 좋을 정도의 선행 개연성을 지닌 가설은 실제로는 경쟁의 마당에 나오지도 못하기 때문이다. 이런 가설은 그럴 듯하지 못한 가설이거나 심지어는 터무니없기조차 한 가설이다. 이런 까닭에 상당한 정도의 선행 개연성을 인정받을 수 있는 가설이 발견되면 그 가설은 확증 실례들에 의해 고도로 확증될 수 있다. 상당한 정도의 선행 개연성을 인정받고 있는 여러 개의 가설이 서로 경쟁하는 경우는 희귀한데, 이런 경우에는 그 가운데 어떤 가설을 반증하는 일이 상당히 중요한 역할을 하게 된다.

이 점을 좀더 알아보기 위해 확증 실례를 많이 거느리고 있는 가설 H가 있다고 가정하자. 그런데 바로 H의 확증 실례들을 확증 실례로 삼는 대안 가설이 이미 말한 바와 같이 제한 없이 제안될 수 있다. 그러므로 가설 H를 반증되지 않은 유일한 가설로 유지하기 위해서 대안 가설로 등장하는 모든 가설을 반증하려는 노력은 성공할 가망이 전혀 없다. 이 때문에 우리는 가설의 선행 개연성을 평가할 필요가 있는 것이다. 이제 가설 H가 상당한 정도의 선행 개연성을 인정받고 있음에도 불구하고, 역시 상당한 정도의 선행 개연성을 인정받을 수 있는 유일한 대안 가설 H′가 제안되었다고 가정해 보자. 만일 H와 H′가 참으로 다른 가설이라면, 다시 말해서 두 가설이 동일한 내용을 표현만 달리 하고 있는 가설이 아니라면, 이 두 가설이 각기 다른 관찰 예언을 만들어 낼 어떤 상황이 있어야 할 것이다. 이런 상황이 실제로 주어지면, 두 가설 H와 H′ 가운데 어느 가설이 옳은 관찰 예언을 만들어 내는지 분명하게 밝히기 위해 그 상황을 조사해 봄으로써 두 가설을 시험해 볼 수 있는데, 이러한 시험을 결정적 시험(決定的 試驗, crucial test)이라 한다. 이런 상황에서는 가설 H와 H′가 양립할 수 없는 관찰 예언에 이르게 되기 때문에, H와 H′에서 연역된 두 개의 관찰 예언 가운데 적어도 하나는 그르지 않을 수 없다. 이제 한 걸음 더 나아가 이런 시험을 해본 결과 가설 H′가 그른 관찰 예언을 만들어 낸다는 것이 밝혀져 반증되었다고 가정해 보자. 이에 더해서 가설 H가 옳은 관찰 예언을 만들어 냈다면, 우리는 가설 H를 관찰 예언에 의해서 유력하게 확증되는 유일한 가설로 인정해도 좋은 훌륭한 이유를 확보하였다고 할 수 있다. 가설 H′는 반증되었고, 다른 가설은 모두 선행 개연성이 무시해도 좋을 정도라서 확증 실례에 의해 실제로 확증되리라고 기대할 수 없기 때문이다.

r] 19세기 초에 과학자들은 빛의 본성에 관해서 중요한 논쟁을 벌였었다. 어떤 과학자들은 빛이 입자로 이루어져 있다는 가설을 지지한 반면에, 다른 과학자들은 빛이 파동으로 이루어져 있다는 가설을 주장하였다. 이 무렵에 프랑스 수학자 프와송(Simeon-Denis Poisson, 1781~1840)은 만일 파동론이 옳다면 조그만 원형 그림자의 중심에 밝은 점이 나타나야 한다는 귀결을 이론적으로 증명할 수 있었다. 프와송은 입자론의 지지자였으므로 이 추론을 파동론을 반박하는 귀류 논증으로 간주했지만, 실제로 실험을 해보니 정말로 문제의 밝은 점이 관찰되었다. 입자론은 이런 현상을 설명할 방도가 없기 때문에, 이 실험의 결과는 파동론을 극적으로 확증하였다. 입자론에 따르면 그 원형 그림자 전체가 균일하게 검지 않으면 안 된다.

이쯤에서 가설을 확증하는 과정 전체는 귀납 논증의 과정이라는 사실을 다시 강조해야 하겠다. 이 말은 어떤 과학적 가설도 절대적으로 옳은 명제로 완벽하게 검증되지 못한다는 것을 뜻한다. 어떤 가설에 대한 시험이 아무리 주의 깊고 아무리 넓게 이루어졌다 하더라도 그 가설이 나중에 새로운 반대 증거에 부딪혀 거부당할 수 있는 가능성은 언제나 남아 있게 마련이다. 귀납 논증은 전제가 아무리 많은 증거를 제시하고 있다 하더라도 전제는 옳은데 결론이 그른 경우가 항상 가능한 법이다. 게다가 과학적 가설을 확증하는 과정에는 여러 가지 근원으로부터 발생하는 난관이 많다. 우선 어떤 가설의 선행 개연성이 실은 아주 높은 데도 불구하고 무시해도 좋을 정도라고 판정함으로써 선행 개연성의 평가를 잘못하는 수가 있다. 아직까지는 누구의 머리에도 떠오른 적이 없지만, 선택된 가설보다 더 높은 선행 개연성이 있는 가설도 있을 수 있다. 또 선행 개연성이 매우 낮다고 평가했던 가설이 옳다고 밝혀지는 수도 있다. “있을 법하지 않다”는 말은 “불가능하다”는 뜻이 아니기 때문이다. 또 관찰을 잘못하거나 실험을 잘못하는 경우도 있을 수 있다. 그런가 하면 그른 보조 가설을 받아들여 사용하는 잘못을 범하는 수도 있다.

과학적 가설을 확증하는 논증에서 과오를 피할 수 있는 최상의 방책은 다른 종류의 귀납 논증의 경우와 마찬가지로 불충분한 증거와 편향된 증거(이 장의 제3장과 제4절)를 근거로 삼고 있는 결론을 승인하는 일이 일어날 수 없도록 조치를 취하는 것이다. 이 말은 가설이 고도로 확증되는지 어떤지 확인하기 위해 조건을 다양하게 바꾸어 가면서 많은 횟수에 걸쳐 시험을 해보아야 한다는 뜻이다. 이제까지의 논의는 형식 q]로 정리된 가설 연역적 방법의 논리적 특징을 집중적으로 살펴보았는데, 이 과정에서는 마치 이 방법이 단 한번의 적용으로 끝나는 방법인 듯한 인상과 단 하나의 확증 실례만 취급하는 방법인 듯한 인상을 주었다. 그러나 이제라도 과학적 방법의 진가를 공정하게 드러내려면, 이 가설 연역적 방법이 이질적 성분의 자료가 모여 이루어지는 거대한 확증 증거의 체계를 세우거나 혹시 무언가 반대 증거가 있는가를 알아보기 위하여 반복해서 사용된다는 사실을 강조할 필요가 있다. 아래의 고전적 실례가 이 사실을 잘 알려 줄 것이다.

s] 뉴튼의 이론은 물체들의 질량 사이에 작용하는 중력에 관한 포괄적 가설이다. 이 이론은 태양계의 행성들과 그 위성들의 운동에 대한 굉장히 많은 관찰에 의해 확증되었다. 또 이 이론은 낙하하는 물체에 대한 헤아릴 수 없이 많은 관찰에 의해서도 확증되었다. 사람들은 바다의 간만의 차이도 굉장히 많이 관찰해 왔는데, 이 관찰 역시 뉴튼의 이론의 확증 실례로 추가되었다. 더욱이 물리 실험실에서는 두 물체 사이에 작용하는 중력을 측정하기 위해서 비틂 저울 실험을 반복해 왔는데, 이 실험들의 결과는 뉴튼의 이론을 더욱 고도로 확증하였다. 그러나 이처럼 엄청나게 많고 다양한 확증 실례조차도 뉴튼의 이론을 완전히 입증하는 증거가 못되기 때문에 뉴튼의 이론이 완전히 정확하다고 볼 수는 없는 법이다. 이미 예 h]에서 설명했던 바와 같이 뉴튼의 이론에 대한 반대 증거가 확인되었다. 그렇지만 뉴튼의 이론은 적용 범위를 제한하면 그 범위 안에서는 고도로 정밀하게 사용될 수 있으며, 이렇게 사용하는 한 뉴튼의 이론은 지극히 고도로 확증된 가설이라 할 수 있다.

우리가 뉴튼의 이론이 중요하다고 인정하는 이유의 대부분은 그 이론이 지니고 있는 포괄성(包括性, comprehensiveness)에 있다. 뉴튼의 이론은 겉보기에 명백하게 다르게 보이는 가지각색의 현상을 설명할 수 있다. 뉴튼의 이론이 나오기 전에 케플러는 행성의 운동에 관한 세 개의 법칙을 확립하였고, 갈릴레오는 낙체의 법칙을 확립했었다. 그러나 케플러와 갈릴레오가 발견한 법칙들은 뉴튼의 이론을 통해서 하나의 체계 안에 포괄되기 전까지는 서로 관련 없는 별개의 법칙들로 여겨지고 있었다. 뉴튼의 이론이 다른 사실도 많이 설명하였다는 것은 말할 필요도 없다. 이처럼 포괄성이 더 큰 가설이 상대적으로 적용 범위가 좁은 가설들을 통일하게 되면, 그 가설 체계는 엄청나게 많을 뿐만 아니라 굉장히 다양한 증거에 의해서 확증될 수 있게 된다. 이러한 가설들은 예언력(豫言力, predictive power)과 설명력(說明力, explanatory power)이 풍부하다.

지금까지는 가설을 확증하는 일이 지닌 논리적 특징을 알아보기 위해서 과학상의 실례를 주로 살펴보았다. 그러나 이와 비슷한 문제점들은 과학뿐만 아니라 일상 생활에서도 부딪힐 수 있다. 누구나 살아가면서 부딪히는 실제적인 일을 처리하기 위해서 가설을 광범위하게 사용하고 있기 때문이다. 이러한 가설을 "과학적 가설"이라고 부를 것인가는 별로 중요한 문제가 못된다고 하겠는데, 그 까닭은 원래 과학과 상식을 분명하게 구별하기 어려운 데다가 누구나 결심을 할 때나 행동을 할 때에는 상당한 양의 과학적 지식의 도움을 받고 있기 때문이다. 우리는 이미 이 장의 제 9 절에서 제11절에 걸쳐 인과 논증의 논리적 구조와 현실적 중요성을 살펴보았다. 그런데 모든 인과 진술은 가설이다. 따라서 우리가 인과적 가설을 인정하고 사용하는 한 그리고 그 정도까지는 가설의 확증에 관한 논리에 관심을 가져야 할 이유가 있다고 하겠다. 이러한 가설은 우리 자신에게 지극히 중대한 일에 대해서 결단을 내릴 때 결정적 역할을 하는 경우가 빈번하다. 이를테면 개인의 건강 증진, 도덕적 태도의 확립, 다른 사람과의 관계 정립, 정부의 업무 처리, 국제 관계의 설정 등이 그러한 일이다. 따라서 학문적 진리를 탐구하는 추상적 사고가 논리적으로 정확해야 한다고 강조할 이유가 있는 것과 마찬가지로, 일상 생활에서 부딪히는 현실적으로 중요한 문제에 대한 사고도 논리적으로 정확해야 한다고 강조할 이유가 있다는 것은 확실하다고 하겠다.

제 4 장

논리와 언어

1. 사용과 언급
2. 정　　의
3. 분석 진술, 종합 진술, 모순 진술
4. 반대 관계와 모순 관계
5. 애매성과 애매어
6. 결　　론

논리와 언어

논증을 정확하게 분석하고 평가하기 위해서는 언어의 본성에 세심한 주의를 기울일 필요가 있다. 이는 잘 알고 있는 바와 같이 논증은 언어로 진술되어야 그 정체가 확인되는 언어적 대상이기 때문이다. 언어는 지극히 복잡한 도구이기 때문에, 논증에는 언어를 잘못 사용함으로써 생기는 과오가 있을 수 있다. 이 장에서는 언어가 지닌 특성들 가운데서 논증의 논리적 올바름이나 올바르지 못함에 직접 영향을 미치는 몇 가지 중요한 특성을 살펴보고자 한다.

I. 사용과 언급

언어는 상징적 기호를 통해서 기능을 발휘한다. 누구나 어떤 대상, 예컨대 책상에 관하여 말하고 싶으면 하나의 낱말, 즉 "책상"이라는 이름을 사용(使用, use)해야 한다. 우리는 이렇게 함으로써 자기가 관심을 갖고 있는 사물에 관하여 언급(言及, mention)할 수 있다. 낱말은 방법이야 어쨌든 언어 아닌 사물을 대표함으로써 의미를 띠는 언어적 대상이다. 낱말에 의미를 부여하는 방식은 논증과 관련해서 매우 중요하기 때문에 다음 절에서 자세히 설명하고자 한다.

어떤 낱말과 그 말이 언급하는 사물은 뚜렷한 유사성을 갖고 있지 않다. "책상"이라는 낱말은 여섯 개의 자모로 이루어질 뿐이라서 전혀 다리를 갖고 있지 않는 반면에, 책상은 자모들로 만들어지지 않은 네 개의 다리를 갖고 있는 가구이다. 책상은 찻잔을 받쳐 주는 매우 유익한 가구일 수 있지만, 자모처럼 장식용 책의 표지에 인쇄될 수는 도저히 없다. 이에 비해서 "책상"이라는 낱말은 어느 책에나 인쇄될 수 있지만, 술취한 사람이 짚고 몸을 지탱하는 일에는 전혀 쓰일 수 없다. 따라서 이 경우에는 "책상"이라는 낱말과 이 낱말이 언급하는 어떤 가구를 혼동할 사람은 결코 없을 것이다. 그러나 약간 미묘한 다른 문맥에서는 어떤 대상의 이름과 그 이름으로 불리는 대상 자체를 혼동하는 일이 쉽게 일어날 수 있다.

한편 우리는 언어 자체에 관하여 언급하고 싶어하는 경우도 있다. 이 책은 지금까지 계속해서 언어 자체에 대하여 언급해 왔다. 이런 경우에도 책상이라는 가구에 대해서 그랬던 것과 똑같은 절차를 따라야 한다. 우리가 어떤 것에 대하여 언급하기 위해서는 그것이 낱말 같은 언어적 대상인 경우라 할지라도 우리의 주의를 그 대상에 집중시키기 위해서 언급 대상의 이름을 만들어 사용해야 한다. 낱말의 이름을 만드는 표준 방식은 그 낱말을 따옴표(“ ”, ‘ ’)로 묶는 것이다. 따옴표가 붙은 낱말은 그 따옴표 속에 있는 낱말의 이름이 된다. 이 절의 첫단락에서는 바로 이 방식을 사용하여 “책상”이란 낱말에 관하여 세 번 언급한 적이 있었다. 아래의 두 진술은 둘 다 올바른 문장이다.

a] 책상은 네 개의 다리를 갖고 있다.

b] “책상”은 여섯 개의 자모로 이루어져 있다.

그러나 다음 문장은 무의미한 문장이다.

c] 책상은 여섯 개의 자모로 이루어져 있다.

문장 c]는 낱말의 사용과 그 낱말에 대한 언급을 혼동하고 있으므로 문법에 어긋난 문장이다. 다시 말하면 이 문장은 어떤 대상에 관하여 언급하기 위해서는 그 언급 대상 자체가 아닌 이름을 사용해야 한다는 일반 원리를 어기고 있다. 우리가 낱말에 관하여 말하는 경우라 할지라도 논의의 대상이 되는 낱말과 이 낱말에 대하여 논의하는 데 사용하는 낱말을 혼동하는 일은 허용될 수 없다.

이처럼 사용과 언급을 혼동하는 일이 정확한 사고에 얼마나 위험한가는 수학의 예를 이용하여 설명할 수 있다.

d] $\frac{9}{12}$ 의 분자는 구다.

$\frac{3}{4} = \frac{9}{12}$

$\therefore$ $\frac{3}{4}$의 분자는 구다.

이 논증은 첫번째 전제로부터 같은 것에 같은 것을 대입하는 방법을 사용하여 결론에 도달하였기 때문에 타당한 논증이라고 생각하는 사람이 있을지 모르겠다. 그러나 이 논증은 전제는 둘 다 옳은 진술인 데도 결론은 그른 진술인 이상한 논증이다.

이 논증의 이상스러운 점을 분명하게 설명할 수 있으려면, 우선 수(數, number)는 어떤 종류의 추상적 대상인 반면에, 숫자(數字, numeral)나 수사(數詞, numeral)는 사람이 수에 부여한 이름이라는 사실부터 깨달아야 한다. 예컨대 열 둘(12)은 사도들의 수다. 이 수는 여러 가지 숫자나 수사 ― 예컨대 "12" · "XII" · "한 다스" · "36/3" 등등 ― 의 이름으로 불릴 수 있다. 그러고 보면 논증 d]의 첫번째 전제는 오직 숫자에 대하여 언급하는 진술로 해석될 수밖에 없고, 그래서 이 문장은 이 상태로는 올바른 문장이 못된다. 이 점은 어떤 하나의 유리수가 "3/4" · "6/8" · "9/12" · "0.75" 등의 여러 가지 숫자(이름)로 불릴 수 있다는 사실에 생각이 미치면 분명하게 이해할 수 있을 것이다. 어떤 유리수의 이름에 대한 이 예들 가운데 마지막 이름은 분수 형태가 아니라서 분자를 갖고 있지도 않으므로, 분자를 갖고 있는 이름들과는 전혀 다른 이름이라는 것을 한 눈에 알 수 있을 것이다. 한편 논증 d]의 결론 역시 첫번째 전제와 마찬가지로 숫자에 관한 진술이다. 이처럼 언급하고 싶은 대상이 숫자라면 언급의 대상인 숫자의 이름을 지어서 사용해야 하는데, 이 숫자의 이름은 앞에서 설명했던 따옴표 붙이기 방법을 사용하여 만들 수 있다. 이제 논증 d]의 첫번째 전제와 결론을 문법에 맞는 문장으로 고쳐 쓰면 다음과 같다.

e] “$\frac{9}{12}$”의 분자는 구다.

$\frac{3}{4}=\frac{9}{12}$

∴ “$\frac{3}{4}$”의 분자는 구다.

이 논증이 타당할 수 있는 방도가 전혀 없다는 것은 누구나 금방 알 수 있을 것이다. 물론 이 논증은 두 번째 전제를 숫자에 관한 진술로 대치하면, 아래와 같이 타당한 논증으로 바뀔 수는 있다.

f] “$\frac{9}{12}$”의 분자는 구다.

“$\frac{3}{4}$” = “$\frac{9}{12}$”

∴ “$\frac{3}{4}$”의 분자는 구다.

하지만 이번에는 두 번째 전제가 명백히 그른 진술이다. 두 번째 전제는 조금도 비슷하지 않은 두 개의 숫자가 서로 같다고 주장하고 있기 때문이다.[1)]

---

1) 우리말의 “구”는 애매하게 쓰인다. 이 낱말은 때로는 수의 이름으로 쓰이고, 때로는 숫자의 이름으로 쓰이기 때문이다. 이로 인해서 산술의 문맥에 사용과 언급의 혼동이 일어나기 쉽다는 것은 의심의 여지가 없다. 위의 논증 d]와 e]와 f]에서는 “구”라는 낱말이 분명히 아라비아 숫자 9의 이름으로 사용되고 있다.

예리한 독자는 논증 e]의 결론이 첫번째 전제에 있는 따옴표 속에 같은 것을 대입하는 방법에 의해서 나왔는 데도 왜 논증 e]를 거부해야 하는가 하고 의문을 제기할는지 모르겠다. 도대체 논증 e]에 무슨 잘못이 있단 말인가? 이 물음에 대한 답은 다음과 같다. 첫번째 전제에 사용된 숫자의 이름은 그 전체가 하나의 낱말로 취급되어야 한다. 그러므로 대입은 그 숫자의 부분에 허용되어서는 안 된다. 예컨대 “열”이 “다섯-더하기-다섯”과 같다 할지라도 “학생 여러분, 논리학 공부에 열중합시다!”라는 말을 “학생 여러분, 논리학 공부에 다섯-더하기-다섯중합시다!”로 바꾸는 일은 있을 수 없다.

수와 숫자의 혼동이 가장 빈번하게 일어나는 경우는 10진법 수도 있고 2진법수도 있다는 식으로 여러 가지 수가 있다고 말하는 경우일 것이다. 실제로는 2진법 수 · 10진법 수 같은 것은 없으며, 이는 로마 수 · 아라비아 수가 없는 것과 똑같다. 로마 숫자와 아라비아 숫자는 단지 동일한 수를 부르고 쓰는 방식이 다를 뿐이다. 마찬가지로 10진 기수법과 2진 기수법은 동일한 수를 언급하기 위해 사용되는 두 가지 숫자 표기법 체계일 뿐이다. 그렇기 때문에 아래와 같은 진술은 극심한 혼란에 빠져 있다.

g] 수 100은 10진 수 체계 내에서 완전 평방인 것과 마찬가지로 2진 수 체계 내에서도 완전 평방이다. 왜냐하면 $100_2=4=2^2$이고, $100_{10}=10^2$이기 때문이다.

이 내용을 올바르게 진술하면 다음과 같다.

h] 기호 "100"은 2진 기수법과 10진 기수법 양쪽 다 사용하는 숫자다. 이 두 가지 기수법 속에서 이 숫자는 두 개의 다른 수를 가리키지만, 그 두 수는 모두 완전 평방수다.

만일 "새로운 수학"이 수학적 개념들의 이해를 강조함으로써 수학 교육에 무언가 진보를 이루고자 한다면, 수와 숫자를 명확하게 구별할 수 있는 방안을 마련해야 할 것이다. 그러나 "새로운 수학"이 여러 가지 기수법 체계와 광범위하게 관련을 맺고 있기 때문에, 실제로 진술 g]와 같은 혼동을 부추기는 사실은 염려스러운 일이라 하겠다.

기호의 사용과 기호에 대한 언급을 엄격하게 구별하는 일은 언어가 여러 계층을 이룬다는 사실을 깨닫게 한다. 우리는 어떤 언어 ―예컨대 영어― 에 관하여 말하고자 할 때, 흔히 다른 언어 ―예컨대 한국어── 를 사용하여 언급한다. 이런 경우 언급되는 언어는 논의의 대상이므로 대상 언어(對像 言語, object language)라고 부르는 반면에, 이 대상 언어에 관하여 언급하기 위해 사용된 언어는 상위 언어(上位 言語, metalanguage)라 부른다. 예를 들어 우리 나라 학생을 위해 만들어진 영문법 책의 경우에는 영어가 대상 언어이고, 한국어가 상위 언어일 것이다. 그러나 우리 나라 학생을 위한 국문법 책의 경우에는 한국어가 대상 언어이면서 상위 언어이기도 하다. 이런 상황에서는 한국어가 대상 언어인 경우와 상위 언어인 경우를 구별하는 일이 본질적으로 중요하다. 대상 언어와 상위 언어의 구별은 언어적 표현의 앞뒤에 따옴표를 붙여 그 표현의 이름을 짓는 방법을 사용하면 아주 쉽게 이루어진다. 여기서 다시 예 a]와 b]의 진술을 살펴보면, a]의 진술은 대상 언어에 속하는 진술이고, b]의 진술은 상위 언어에 속하는 진술임을 알 수 있을 것이다. 왜냐하면 진술 b]는 대상 언어에 속하는 낱말의 이름으로 이용되는 따옴표 붙은 표현을 사용하고 있기 때문이다. 이와 마찬가지 이유로 다음의 진술은 대상 언어에 속한다.

i] 나는 인간이 죽을 수밖에 없다는 사실에 절망을 느낀다.

하지만 아래의 진술은 상위 언어에 속하는 진술이다.[2)]

j] "모든 사람은 죽는다"는 A진술의 진부한 예다.

---

2) 어떤 진술이나 낱말이 언급되고 있다는 사실을 그 밑에 밑줄을 그어 표시하는 다른 방식도 있다. 따옴표를 붙이는 방식 대신에 이 방식을 사용해도 무방하다. 그러나 똑같은 일을 두 가지 따옴표를 사용하여 다음과 같이 할 수 있다. "'모든 사람은 죽는다'는 A진술의 진부한 예다"는 상위 언어에 속하는 진술이다. 이 경우에는 언어의 계층을 분명히 드러내기 위해서 두 가지 따옴표를 사용했는데, 이 방법으로 상위 언어에 속하는 진술에 관하여 언급하기 위해서 상위 상위 언어에 속하는 문장을 사용하였다. 우리가 원하는 대로 언어의 계층을 많이 만들어 낼 수 있다는 것은 분명하다.

이제 대상 언어와 상위 언어를 구별하는 일이 중요하다는 것을 강조하기 위해서 옛날부터 내려오는 유명한 예를 살펴보자.

k] 크레테 사람인 에피메니데스가 모든 크레테 사람은 거짓말쟁이라고 말하였다.

에피메니데스의 이 진술은 옳은 진술인가, 그른 진술인가? 어느 쪽 답도 옳은 답일 수 없다. 이것이 옛날부터 내려오는 유명한 거짓말쟁이 역설(liar paradox)이다. 이 역설은 현대식 표현으로도 드러낼 수 있는데, 그 편이 더욱 명확하니까 그렇게 표현해 놓고 검토해 보자.

l] 이 진술은 그르다.

진술 l]은 옳은가? 만일 이 진술이 옳다면 이 진술은 오히려 그른 진술이 되어버린다. 그렇다면 이 진술은 그른가? 만일 이 진술이 그르다면 이 진술은 도리어 옳은 진술일 수밖에 없게 된다. 따라서 이러한 진술이 명백한 모순을 일으킨다는 것은 확실하다. 이 문제의 근원은 진술 l]이 대상 언어와 상위 언어, 달리 말하면 사용과 언급을 구별하지 않고 있다는 사실에 있다. 왜냐하면 진술 l]은 그 자신에 관하여 언급하도록 사용되었기 때문이다. 우리는 이런 진술을 옳을 수도 그를 수도 없는 무의미한 문장으로 판정해야 한다. 그러므로 대상 언어와 상위 언어를 구별하지 않는 사람은 누구나 곧바로 논리적으로 철저한 혼란에 빠질 수밖에 없다.

2. 정 의

낱말은 겉보기에는 잉크 자국·흑연 자국·음파 등등과 같은 수많은 물리적 사물이나 사건의 커다란 집단이다. 어떤 특정한 낱말은 반복해서 사용되므로, 여기저기 많이 나타나게 된다. 예컨대 앞 절에서는 "언어"라는 낱말이 빈번히 모습을 나타냈었다. "언어"라는 낱말은 우리 앞에 나타나는 모든 경우에 동일한 낱말이긴 하지만, 나타날 때마다 하나의 물리적 사물로 나타났었다. 낱말이란 과거·현재·미래 어느 때건 누군가가 말을 하거나 글을 쓰는 경우에 우리 앞에 나타나는 이러한 물리적 현상의 집합이랄 수 있다. 그렇지만 낱말을 순전히 물리적 사물이나 사건의 집단에 지나지 않는 것으로 보아서는 안 되는데, 그 까닭은 낱말이 의미(意味, meaning)를 지니고 있기 때문이다. 낱말은 상징 기능을 가진 기호다.

낱말의 의미는 사람이 물리적 사물에서 발견해 내는 자연적 속성이 아니다. 낱말의 의미는 어떤 낱말이 어떤 의미를 갖도록 하자고 동의하는 사람들에 의해서 부여되는 것이다. 예를 들어 고양이과 동물을 언급하도록 사용되고 있는 "고양이"라는 낱말에는 이 일에 적합하도록 이 낱말에만 고유하게 존재하는 특징이 아무 것도 없다. 이 낱말이 이런 일을 수행하는 것은 이 낱말을 사용하는 사람들이 그러한 약정(約定, convention)을 채택했기 때문이다. 그러나 이 말이 언젠가 사람들이 회의용 책상에 둘러앉아 낱말의 의미를 정식 회의를 통해서 결정했다는 뜻으로 이해되어서는 안 된다. 이러한 약정들 대부분은 ─ 다른 관례들 대부분이 그런 것처럼 ─ 공식적 결정을 거치지 않고 오랜 세월에 걸쳐 점차적으로 성장해 왔다. 언어는 계속해서 성장하고 발전하는 것이어서 낱말의 의미에 관한 약정도 변화를 겪게 마련이다. 낱말의 의미와 관련해서 중요한 사실은 다른 약정도 잘못된 약정이나 올바르지 못한 약정이라고 배제되지 않고 채택될 수 있었다는 것이다. 실제로 이 세계에는 한국어 · 영어 · 독일어 등등의 서로 다른 언어가 많이 있는데, 이런 언어들은 모두 각기 다른 약정에 의하여 성립한다. 이런 언어들 가운데 어떤 언어도 잘못된 언어랄 수 없으며, 또 어떤 언어도 참다운 언어랄 수 없다.

낱말은 그 의미를 확립시키는 약정이 있으면 의미를 갖는다. 정의(定義, definition)는 상위 언어로 낱말의 의미 약정을 표현한다. 낱말의 의미 약정은 정의에 의해서 공식적으로 설정되는 수도 있고, 그저 관례적 사용 방식에 따라서 비공식적으로 설정되는 수도 있다. 어느 쪽의 약정에 관한 정의든 정의는 낱말의 의미 약정을 명확하게 드러내는 표현이기 때문에 정의 자체는 옳지도 그르지도 않다.

우리가 남에게 정의를 제시하는 일은 어떤 제안을 하는 것과 비슷하다. 누구나 어떤 제안을 받아들일 수도 있고 거부할 수도 있지만, 그 제안 자체는 옳지도 그르지도 않다. 가령 어떤 젊은이가 여인에게 "저와 결혼해 주셨으면 합니다!" 하고 제안했다가 "그건 그른 말씀이군요!"라는 대답을 들었다면, 이 대답은 무의미한 말이다. 이와 마찬가지로 어떤 낱말을 이런 방식으로 사용하자는 제안을 거부하는 데에는 여러 가지 훌륭한 이유가 있을 수 있겠지만, 그 제안이 그르다는 것을 이유로 삼을 수는 없다. 물론 그 제안을 받아들이는 이유도 그 제안이 옳다는 것일 수 없다.

더 나아가 어떤 낱말의 의미를 규정하는 약정이 비공식적으로 성장해 왔다면, 이 낱말에 대한 정의는 그 약정을 명확하게 드러내어 표현하는 일을 하게 될 것이다. 이런 경우에도 정의는 옳지도 그르지도 않다. 이런 정의는 사실에 관한 진술이 아니라 규칙(規則, rule)과 같은 것이다. 규칙은 제안의 경우가 그런 것처럼 받아들여지거나 거부되는 수도 있고, 준수되거나 준수되지 않는 수도 있다. 예를 들어 예절에 관한 규범은 우리의 문화 속에서 비공식적으로 형성되어 왔다. 이러한 규범은 한 예로 "콩을 칼로 찍어 먹지 말라"와 같은 규칙의 형태로 표현된다. 이 규칙은 옳지도 그르지도 않다. 하지만 이 규칙에 관해서는 옳거나 그른 진술이 이루어질 수 있다. 예컨대 위의 규칙이 오늘날에도 널리 지켜지고 있는 예절을 표현하고 있다는 말은 옳은 진술이다. 이와 마찬가지로 어떤 특정한 정의 자체는 물론 옳지도 그르지도 않지만, 이 정의는 현재 널리 인정받고 있는 약정을 표현하고 있다는 진술은 옳거나 그른 진술이다. 정의에 관한 진술은 정의 자체와 다르다는 사실을 분명히 깨닫는 일이 중요하다.

대부분의 경우 낱말의 의미에는 두 측면이 있다. 한 예로 "논리학자"라는 낱말을 살펴보자. 우선 첫째로 이 낱말은 아리스토텔레스(Aristoteles, 384~322 B.C.), 부울(G. Boole, 1815~1864), 프레게(G. Frege, 1848~1925), 러셀(B. Russell, 1872~1970), 괴델(K. Godel, 1906~1978), 콰인(W.V.O. Quine, 1908~)을 비롯하여 그 밖의 많은 사람을 가리킨다. 이 사람들 전체, 즉 논리학자인 사람들 전체가 "논리학자"라는 낱말의 외연(外延, extension)이다. 어떤 낱말의 외연은 그 말이 올바르게 적용될 수 있는 대상들 전체의 집합이다.

둘째로 "논리학자"라는 말의 외연에 속하는 사람들은 그 밖의 모든 사람이나 사물과 구별될 수 있는 여러 가지 속성을 지니고 있다. 논리학자는 논리학에 조예가 깊은 사람이다. 따라서 어떤 대상이 논리학자로서 자격을 인정받을 수 있으려면, 그 대상이 사람이라는 속성과 논리학에 조예가 깊다는 속성을 지니고 있어야 한다. 이 두 가지 속성이 바로 "논리학자"라는 낱말의 내포(內包, intension)를 이룬다. 낱말의 내포는 어떤 대상이 그 낱말의 외연에 속하기 위해서 반드시 지녀야 하는 속성들로 이루어진다. 요컨대 낱말의 외연은 그 말이 적용되는 사물들의 집합이고, 낱말의 내포는 그 말이 적용되는 사물들을 결정하는 속성들의 집합이다.

낱말의 의미를 명확하게 밝히는 일은 여러 가지 방식으로 이루어진다. 따라서 정의에도 유형이 다른 여러 가지 방식이 있다. 우선 처음에 생각이 미쳐야 할 것은 우리가 낱말의 의미를 외연을 통해서 밝힐 수도 있고, 내포를 통해서 밝힐 수도 있다는 사실이다. 이로 인해서 외연적 정의(外延的 定義, extensional definition)와 내포적 정의(內包的 定義, intensional definition)라는 기본적 구별이 이루어진다.

낱말의 외연을 알려 주는 방식에는 근본적으로 다른 두 가지 방식이 있다. 첫번째 방법은 어떤 낱말의 외연에 속하는 대상을 직접 가리키는 것이다. 우리는 "개"라는 낱말의 의미를 알려 주기 위해서 여러 종류의 개들을 직접 가리킬 수 있다. 낱말의 외연을 알려 주는 이 방법을 예시적 정의(例示的 定義, ostensive definition)라 부른다. 어떤 낱말의 외연을 알려 주는 두 번째 방법은 (그 말의 외연에 속하는 대상이 고유 이름을 가지고 있는 경우에) 외연의 이름들 가운데서 약간의 이름을 열거하는 것이다. 누구나 이 방식에 따라서 여러 가지 개의 이름, 즉 "바둑이"·"멍멍이"·"누렁이"·"검둥이" 등을 나열함으로써 "개"라는 낱말의 외연에 속하는 실례를 언급할 수 있을 것이다. 그러니까 예시적 정의는 언어를 사용하지 않는 외연적 정의라 하겠는데, 이 정의는 어떤 낱말의 의미를 설명하기 위해서 다른 낱말을 사용하지 않고, 그 낱말이 적용되는 실제의 대상을 직접 가리킴으로써 의미를 알려 주기 때문이다. 한편 어떤 낱말의 외연의 이름을 열거하는 방법은 그 낱말의 의미를 다른 낱말, 즉 그 낱말의 외연에 속하는 대상의 이름을 사용하여 설명하므로 언어를 사용하는 외연적 정의라 할 수 있다.

언어를 사용하여 제시하건, 언어를 사용하지 않고 제시하건 어떤 낱말의 외연에 속하는 모든 대상을 모조리 나열하는 것은 통상 실제로 이루어지기 어려운 일이거나 아예 불가능한 일이다. 사실 "개"라는 낱말의 외연에 속하는 대상을 모두 지시하는 일은 불가능하다고 보아야 할 텐데, 그 이유는 이 낱말이 아직 태어나지 않은 개에게도 적용되기 때문이다. 게다가 이 낱말의 의미를 밝히기 위해서 지금 살아 있는 개를 모조리 지시하는 일조차 실제로 이루어지기 어렵다고 하겠다. 이 세상에 너무 많은 개가 있는데다가 너무나 멀리까지 흩어져 있기 때문이다. 그래서 외연적 정의는 언어를 사용하건 언어를 사용하지 않건 어떤 낱말의 외연에 속하는 대상들 가운데서 약간의 대상만을 제시함으로써 성립하는 일이 아주 흔한데, 이는 그 외연에 속하는 나머지 대상들이 예로 뽑힌 대상들과 비슷하다는 사실에 의하여 알려질 수 있다는 가정 아래서 진행되는 일이다. 이런 식으로 이루어진 외연적 정의는 약간 부정확하게 되긴 하지만, 그래도 많은 낱말의 의미가 외연적 정의에 의해서 효과적으로 전달되고 있는 것이 사실이다.

누구든 정의를 잠깐만 깊이 생각해 보면 약간의 낱말은 언어를 사용하지 않고 정의되어야 한다는 점을 충분히 깨달을 수 있을 것이다. 만일 낱말의 의미가 오로지 다른 낱말들을 사용해서만 제시될 수 있다면, 실은 여하한 낱말의 의미를 전달하는 일도 불가능하게 되어버린다. 약간의 낱말만이라도 그 의미가 언어를 사용하지 않고 밝혀질 수 없다면, 어떠한 낱말도 다른 낱말의 의미를 설명하는 일에 사용될 수 있는 의미를 갖출 수 없을 것이다. 이제 우리가 모든 산스크리트어 낱말이 다른 산스크리트어 낱말들에 의해서 정의되어 있는 산스크리트어 사전을 갖고 있다고 상상해 보자. 우리는 그 사전 속에 있는 모든 정의를 모조리 외울 수는 있겠지만, 그 낱말들 가운데 어느 낱말의 의미도 안다고 주장할 수는 없을 것이다. 도대체 이 낱말들이 이 세계의 무엇을 언급하는지 모르고 있기 때문이다. 예시적 정의 같은 어떤 절차가 그 낱말들 가운데 일부를 이 세계 속의 사물들에 관련시켜 놓는 일이 반드시 필요하다. 어떤 언어를 아는 일은 단지 그 언어 속의 모든 낱말의 상호 관계를 아는 것만으로는 충분하지 않기 때문이다.

한편 내포적 정의는 언어를 사용하는 정의다. 내포적 정의들 가운데 한 가지 중요한 유형은 해명적 정의(解明的 定義, explicit definition)다. 해명적 정의는 정의되고 있는 낱말이 의미하는 것을 뜻하는 다른 낱말이나 어구를 제시함으로써 이루어진다. 아래의 예를 살펴보자.

a] "거짓말을 하다"는 "사람을 말로 속이다"를 의미한다.
"오각형"은 "다섯 개의 변을 가진 평면 도형"을 의미한다.
"총각"은 "미혼의 성인 남자"를 의미한다.

위의 세 정의에서 정의되고 있는 낱말은 왼쪽에 놓여 있는데, 이 낱말을 피정의항(被定義項, definiendum)이라 부른다. 오른쪽에 있는 낱말이나 어구는 피정의항을 정의하는 일을 수행하고 있는데, 이 낱말이나 어구를 정의항(定義項, definiens)이라 부른다. 정의 자체는 대상 언어에 속하는 낱말의 사용에 대한 제안이나 규칙이기 때문에 상위 언어에 속한다.

정의를 한다면서 피정의항을 정의항에 다시 사용하면, 그 정의는 아무 성과 없는 순환을 일으키게 된다. 아래의 예가 그런 경우다.

b] "오각형"은 "오각형 모양의 평면 도형"을 의미한다.

위의 정의는 정의되는 낱말이 정의하는 일에 사용되었기 때문에 공허한 순환을 일으키고 있다. 이러한 정의는 전혀 쓸모가 없다. 한편 정의는 몇 단계를 거쳐서 원점으로 순환되는 수도 있다. 예컨대 다음 세 개의 정의는 전체적으로 보면 공허한 순환을 일으키고 있다.

c] "거짓말을 하는 것"은 "진실을 말하지 않음"을 의미한다.
"진실을 말함"은 "둘러대지 않음"을 의미한다.
"둘러대는 것"은 "거짓말을 하는 것"을 의미한다.

위의 경우에는 세 개의 낱말이 정의되었지만, 각 낱말은 나머지 두 개의 낱말에 의해서 정의되고 있다. 따라서 이 세 개의 낱말 가운데 어느 한 낱말에 독립적으로 의미가 부여되지 않는 한 세 낱말 어느 것도 이 일련의 정의로부터 의미를 획득할 수 없다.

그런데 과학의 문맥에서는 해명적 정의와 유형이 다른 정의가 새로운 용어를 도입하거나, 지금까지 사용해 온 용어에 새로운 의미를 부여하기 위해서 흔히 사용되고 있다. 여러 가지 과학들, 즉 물리과학 · 생물과학 · 사회과학은 이 세계에 관한 객관적 정보(客觀的 情報, objective information)를 담고 있는 정확한 진술을 마련하려고 노력하고 있다. 이 과학의 목적이 이루어질 수 있으려면, 과학적 용어들이 이 세계에서 발견되는 사물이나 사건에 관해서 정확한 의미를 갖지 않으면 안 된다. 그래서 과학자들은 알맞은 과학적 어휘를 마련하기 위해서 흔히 조작적 정의(操作的 定義, operational definition)를 사용하고 있다.[3)]

조작적 정의의 토대를 이루는 기본 생각은 과학의 용어들은 그 용어가 대상에 적용되는지 안 되는지를 결정할 수 있는 기준(基準, criterion)으로 사용되는 물리적 조작(物理的 操作, physical operation)을 구체적으로 서술함으로써 정의되어야 한다는 것이다. 예컨대 우리가 온도라는 개념을 사용하고자 한다고 해보자. 그렇다면 우리에게 온도를 측정하는 적절한 방법이 필요할 것이다.

d] 　조작주의자들은 예컨대 존스의 몸에 40도의 열이 있다는 말이 다음과 같은 사실을 의미한다고 본다. 만일 섭씨 온도의 눈금을 가진 온도계를 존스의 혀 밑에 넣어 온도계의 온도가 그의 체온과 같아질 때까지 두었다가 꺼내 보면, 온도계의 수은 기둥이 "40"이라 표시되어 있는 눈금과 일치하고 있을 것이다.

광물의 단단함이라는 개념도 조작적으로 정의될 수 있다.

e] 　금강석이 유리보다 단단하다는 말은 다음 사실을 의미한다. 만일 금강석의 날카로운 부분으로 유리의 표면을 세게 그으면 유리의 표면에 긁힌 자국이 생기지만, 반대로 날카로운 유리 조각으로 금강석의 표면을 세게 그으면 금강석의 표면에 긁힌 자국이 생기지 않을 것이다.

---

3) "조작적 정의"라는 말은 브릿지먼(P.W. Bridgman, 1882～1961)이 만들어 낸 용어인데, 그는 이와 더불어 조작주의(操作主義, operationism 또는 operationalism)라는 철학적 견해도 주장하였다. 이 철학적 신조는 진정한 과학적 용어가 모두 조작적으로 정의되어야 한다고 주장한다. 저자의 의도는 여기서 조작적 정의에 대해서만 설명하는 것이지, 조작주의의 과학철학까지 옹호하려는 것이 아니다. 조작적 정의가 흔히 유용하다는 사실은 모든 과학적 용어가 조작적으로 정의되어야 한다는 주장과 전혀 관계 없이 기꺼이 인정할 수 있다. 저자가 보기에는 "전자"라는 용어가 조작적으로 정의될 수 있다는 것은 심히 의심스럽다.

사람의 지능이라는 개념에 대해서도 역시 조작적 접근이 시도되어 왔다. 심리학자들은 여러 가지 지능 검사를 고안하여 "지능지수"(IQ)를 정의하였다. 그런데 상당히 많은 심리학자가 그러한 지능 검사를 아래와 같이 "지능"에 대한 조작적 정의로 사용하고 있다.

f] 메어리가 존보다 지능이 높다는 말은 그 두 사람이 어떤 지능 검사 — 예컨대 스탠포드-비네 지능 검사 — 에서 보인 응답을 채점하여 계산했더니, 메어리의 지능 지수가 존의 지능 지수보다 높았다는 것을 의미한다.

위의 예의 경우에는 두 사람이 모든 검사 문제에 대해 응답을 했다는 것, 검사를 받는 사람 자신이 검사 문제에 응답을 했다는 것, 정의된 용어는 인간의 심리적 특징을 언급한다 할지라도 지능 검사기의 화면에 비치는 검사 문제에 응답을 표시하는 일은 일련의 물리적 조작으로 이루어진다는 것을 분명하게 인정해야 할 것이다.

앞에서 든 세 가지 예에서 우리가 맨 처음에 온도 · 단단함 · 지능이라는 부정확한 상식적 개념을 가지고 시작했다는 사실을 주목해야 한다. 누구나 오늘은 더운 날이라든가, 어떤 사람이 열이 있다는 말이 의미하는 바에 대해 모호한 직관적 개념을 가지고 있다. 그리고 누구든 화강암은 단단하지만 분필은 별로 단단하지 않다는 진술의 의미에 관해서도 모호한 직관적 관념을 가지고 있다. 또한 우리 모두가 아인슈타인의 지능은 사람의 평균 지능보다 훨씬 높다는 주장에 대해서도 마찬가지로 모호하게 이해하고 있다. 조작적 정의의 목적은 이런 식의 모호한 의미의 용어를 어떤 명확한 조작 절차를 구체적으로 서술함으로써 — 즉 환자의 입에 온도계를 물리는 일, 어떤 광물의 날카로운 부분으로 다른 광물의 표면을 긁는 일, 지능 검사를 하는 일의 절차를 구체적으로 서술함으로써――명확한 용어로 만들려는 것이다. 조작적 정의는 예컨대 기초 자료로부터 지능 지수를 환산해 내는 경우처럼 논리적 추론 방법이나 수학적 계산 수단을 포함할 수도 있지만, 앞에서 말한 바 있는 그런 종류의 물리적 조작은 반드시 포함해야 한다. 조작적 정의의 근본적 성격은 예시적 정의와 같다. 이 두 가지 정의는 언어 속의 낱말과 우리가 그에 관해서 언급하고 싶어하는 비언어적 사실 사이에 어떤 직접적 관련을 맺어 주기 때문이다. 조작적 정의는 지극히 중요한 것이긴 하지만 어느 정도 위험하기도 하고 한계도 있는데, 이에 대해서는 나중에 설명하겠다.

어떤 언어든 대부분의 낱말은 "개"와 같은 명사, "뛰다"와 같은 동사, "빨갛다"와 같은 형용사인데, 이 낱말들은 각기 대상이나 사건이나 속성을 언급한다. 이런 낱말들은 외연과 내포를 갖고 있다. 그런데 낱말들 가운데에는 오로지 언어상의 문맥 속에서 수행하는 기능에 의해서만 의미를 갖게 되는 낱말이 있다. 이를테면 "만일"·"…아닌 한"·"오직"·"이다"·"아니다"·"또는"과 같은 낱말은 어떤 것도 언급하지 않는다. 예컨대 아닌 한이라는 대상도 없고, 아닌 한 하고 있다라는 사건도 없으며, 아닌 한 하다라는 속성도 없다. 이런 낱말에는 외연도 내포도 있을 수 없다. 사실 이런 낱말은 그것만 고립시켜 놓으면 어떠한 의미도 띠질 못한다. 이런 낱말은 순전히 문법적 기능만 지니고 있기 때문에 어떤 진술 속에 들어가 그 진술의 구조를 형성시키는 기능 바로 그것이 이런 낱말의 의미가 된다. 따라서 이런 낱말의 의미는 그 낱말이 문맥 속에서 어떤 기능을 수행하는가를 보여 줌으로써 드러낼 수밖에 없다. 이런 방법으로 낱말의 의미를 밝히는 일을 맥락적 정의(脈絡的 定義, contextual definition)라 한다.

논리학의 관심사는 우선 첫째로 논증의 형식이나 구조이기 때문에, 논리학에 가장 중요한 역할을 하는 대부분의 논리적 낱말은 맥락적으로 정의된다. 이미 우리는 그런 정의를 많이 보았었다. 예컨대 앞에서 정언 진술에 대하여 설명할 때, "모든 F는 G이다"라는 A형식의 진술이 "오직 G만이 F이다"라는 형식의 진술과 의미상으로 동등하다는 사실을 주목한 적이 있었다. 이제 이 일이 실은 "오직 …만"이라는 낱말에 대한 맥락적 정의를 하는 일이었음을 알 수 있을 것이다. 우리말 가운데에는 "오직 …만"이라는 낱말과 의미가 동일한 단 하나의 낱말이나 어구가 없다. 그 대신 "오직 …만"이라는 낱말을 포함하는 어떤 진술이 이 낱말을 포함하지 않는 어떤 진술과 동일한 의미를 갖는 경우만 실제로 있다. 다른 예로 앞에서 공부했던 진리치표를 들 수 있는데, 진리치표는 진리 함수적 연결사들에 대한 맥락적 정의다.

맥락적 정의는 다음과 같은 이유로 해명적 정의와는 현저하게 다르다고 할 수 있다. 만일 어떤 진술이 해명적으로 정의된 낱말을 사용하고 있으면, 그 진술의 의미에 변화를 일으키지 않으면서 이 낱말의 자리에 이 낱말의 정의항을 대치시킬 수 있다. 아래의 예를 보자.

g] 누구나 "프레드는 총각이다"라는 진술 속의 "총각"이라는 낱말 대신에 "미혼의 성인 남자"라는 어구를 대치시킬 수 있을 텐데, 이렇게 해서 만들어진 "프레드는 미혼의 성인 남자다"라는 진술은 원래의 진술과 의미가 같다.

위의 예를 다음의 예와 비교해 보고, 그 차이점을 파악하기 바란다.

h] 맥락적 정의는 "오직 포유류만 고래다"라는 진술 속의 "오직 …만"이라는 낱말에 대치될 수 있는 낱말이나 어구를 제시하지 못한다. 맥락적 정의는 "오직 …만"이라는 낱말을 포함하고 있는 진술 전체를 이와 동일한 의미를 지닌 다른 진술, 즉 "모든 고래는 포유류다"라는 진술로 대치하는 일을 가능하게 해준다. 이 맥락적 정의는 원래 "오직 …만"이란 낱말의 도움을 받아 표현되었던 명제를 이 낱말의 도움 없이 표현할 수 있게 해주기 때문에 "오직 …만"이라는 낱말의 의미가 이 맥락적 정의에 의해서 구체적으로 서술된다고 할 수 있다.

지금까지는 유형이 다른 정의를 몇 가지 설명했는데, 이제는 주제를 바꾸어 우리가 정의를 통해서 이루고자 하는 몇 가지 목적을 설명해야 하겠다. 원래 정의 자체는 옳지도 그르지도 않지만, 어떤 정의의 적합성(適合性, adequacy)은 그 정의를 시도할 때에 설정한 목적을 성취시키는 능력 여하에 따라 판정될 수 있다.

1. 우리는 어떤 낱말의 관례적 용법이 지닌 특징을 밝히려는 목적을 가지고 정의를 하는 수가 있다. 이런 정의는 그 낱말이 속해 있는 언어를 사용하는 사람들 또는 경우에 따라서는 그 언어를 올바르게 사용하는 사람들이 그 낱말에 관해서 이해하고 있는 의미 약정을 명확하게 설명하고자 한다. 여러 가지 사전(辭典, dictionary) 속의 정의는 이런 기능을 하고 있다.

누구나 어떤 낱말의 의미를 알고 싶어서 사전을 펴 그 낱말을 찾았을 때에는 그 낱말에 대한 참다운 정의를 발견했다고 주장하고 싶어지는 수가 있다. 사실 사전은 수많은 정의를 보여 주고 있는데, 그 모든 정의는 그 언어를 사용하는 사람들이 따르고 있는 약정으로 보아야 한다. 그렇다면 앞에서 의미 약정에 대해 지적되었던 요점이 사전 속의 정의에도 그대로 적용되어야 한다. 사전 속의 정의에 관한 사고의 논리적 명료성을 위해서는 다시 한번 정의 자체와 정의에 관한 진술을 주의 깊게 구별하지 않으면 안 된다. 정의 자체는 어떤 낱말을 어떤 의미로 사용하자고 제안하는 힘을 발휘하긴 하나, 그 자체로서는 옳지도 그르지도 않은 법이다. 이에 반해서 어떤 특정한 정의가 어느 언어권에서 인정되고 있다는 진술은 정의 자체가 아니라 정의에 관한 진술이다. 정의에 관한 진술은 옳거나 그른 진술이다.

2. 때로는 중요한 의미를 간략하게 표현하는 방법이 확립되어 있지 않으므로, 이 목적을 위해 도입되는 새로운 낱말을 정의하는 수가 있다. 예컨대 일년중 31일보다 적은 수효의 날을 가진 달만 언급하는 낱말을 필요로 한다고 해보자. 우리는 편의상 압축어로서 "작은 달"이란 낱말을 만들어 "31일보다 적은 수효의 날을 가진 달"이라 정의할 수 있다.

3. 어떤 낱말의 외연과 관련해서 그 외연에 명확하게 포함되지도 않고 또 명확하게 배척되지도 않는 대상이 있으면 모호한 낱말이라 한다. 정의의 목적이 이처럼 모호한 낱말을 명확한 낱말로 만드는데 있는 경우도 흔하다. 예컨대 "부유하다"는 낱말은 모호하다. 이 세상에는 아주 적은 재산을 갖고 있는 사람들이 있는데, 이들이 부유하지 않다는 것은 분명하다. 또 세상에는 수 천만금의 재산을 갖고 있는 사람들이 있는데, 이들이 부유하다는 것도 분명하다. 한편 세상에는 상당한 재산을 갖고 있는 사람들도 있는데, 이들은 그다지 부유하지는 않다. 그런데 어떤 사람이 꼭 얼마만큼의 재산을 갖고 있는가를 안다 하더라도 애초에 "부유하다"는 낱말이 모호하기 때문에, 그가 부유한지 않은지는 말할 수 없다. 하지만 우리가 원한

다면 "부유하다"는 말은 "적어도 십억 원 어치의 재산을 가지고 있다"를 의미한다는 정의를 도입하여 이 낱말을 더 명확한 낱말로 만들 수 있다.

4. 누구나 외연을 잘 알고 있는 낱말에 대하여 내포적 정의를 마련하려고 애쓰는 경우도 있다. 예컨대 누구도 "인간"이란 낱말을 어떤 대상에 적용하는 일에 거의 곤란을 느끼지 않을 것이다. 누구나 어떤 대상을 대했을 때 그게 인간인지 아닌지 거의 언제나 명확하게 말할 수 있기 때문이다. 하지만 인간을 인간 아닌 것들로부터 구별하게 하는 속성들이 무엇인가를 말해 보라면, 누구나 적지 않은 어려움을 겪게 될 것이다. 이 문제는 "인간"이라는 낱말에 대하여 우리가 이미 승인하고 있는 외연에 잘 들어맞는 내포적 정의를 마련하는 일이다.

그런데 누구나 "인간"이라는 낱말을 대부분의 문맥에서 아주 적합하게 사용하고 있는 데도 정작 해보려고 하면, 이 낱말의 외연을 명확하게 결정하지 못하고 만다. 이 일과 관련해서 "인간"이란 낱말의 경우는 전형적인 경우랄 수 있다. 이 말의 외연 안에 명확하게 속하는 대상도 많이 있고 외연 밖으로 명확하게 쫓겨나는 대상도 많이 있지만, 이 말의 외연의 경계선상에 있는 대상, 즉 명확하게 외연 속에 있지도 않고 또 명확하게 외연 밖에 있지도 않는 대상이 상당히 많이 있기 때문이다. 이런 상황에서 "인간"이라는 낱말에 적합한 내포적 정의를 마련하기 위해서는 이 말의 외연 안에 명확하게 속하는 모든 대상은 공통으로 소유하지만, 명확하게 이 말의 외연 밖에 있는 대상은 어느 것도 소유하지 않는 일련의 속성을 찾아 내야 한다. 이 일이 이루어지고 나면 경계선상의 경우들에 대하여 적절한 판단을 내릴 수 있게 된다.

누군가가 어떤 내포적 정의를 제안하면, 그 정의가 너무 넓거나 너무 좁지 않은지 조사해 보아야 한다. 그 정의가 명확하게 피정의항의 외연 밖에 있는 대상을 외연 속으로 끌어들이면 그 정의는 너무 넓은 정의다. 이와 반대로 그 정의가 명확하게 피정의항의 외연 안에 있는 대상을 외연 밖으로 쫓아 내면, 그 정의는 너무 좁은 정의다. 그뿐 아니라 어떤 내포적 정의는 너무 넓으면서 동시에 너무 좁을 수도 있다는 사실을 주의해야 한다. 이제 예로부터 내려오는 "'인간'은 '이성적 동물'을 의미한다"라는 정의를 예로 들어 살펴보자. 이 정의는 어떤 점에서는 너무 넓고, 어떤 점에서는 너무 좁다고 보아야 할 만한 이유가 있다. 누구나 통상 젖먹이 · 선천적 백치 · 정신 이상자를 인간으로 인정한다. 그렇지만 이들이 이성적 정신 상태에 있는가는 의심스러우므로, 위의 정의는 "인간"이란 말의 외연으로부터 이들을 쫓아 내는 것으로 보인다. 이런 까닭에 이 내포적 정의는 너무 좁은 정의다. 그런데 다른 한편으로 어떤 종류의 원숭이는 매우 영리해서 초보적 추론까지 할 수 있다고 알려져 있다. 우리가 "인간"이라는 말을 이해하고 있는 바에 따르면, 이러한 생물은 명확하게 "인간"의 외연 밖에 있어야 하는 데도 위의 정의에 따르면 이러한 생물은 "인간"의 외연 안에 포함되어야 할 것이다. 따라서 이 점에서는 위의 내포적 정의가 너무 넓은 정의다.

또 한편 우리가 너무 넓지도 않고 너무 좁지도 않은 내포적 정의를 마련하는 데 성공했다 하더라도 그 정의가 경계선상의 경우들을 어떻게 해결하는가를 살펴보아야 한다. 위의 "인간"에 관한 정의를 이 점에 관해서 좀더 추구해 보려면 경계선상의 경우를 발견해야 하는데, 이 일은 하나의 유기체가 언제 인간이 되는가라는 물음을 떠올려 보면 금방 이루어질 것이다. 사람은 태어나자마자 인간으로서의 자격을 인정받는가? 태아는 인간인가? 태아가 인간이 되는 것은 어머니가 맨 처음 “생명을 느끼는” 순간인가? 수정란은 수정이 이루어지는 순간부터 인간인가? 이러한 물음은 순수한 학문적 문제가 아니다. 실은 이러한 문제는 법률 제정과 관련이 있는 문제이며, 이미 인간의 생명은 임신하자마자 시작한다고 법률로 정하자는 제안이 정식으로 제기되어 있다. 그러나 이 입법 문제는 아직도 토론이 격렬하게 진행되고 있다. 다음과 같은 물음도 이 문제와 관련이 깊다. 태아도 무언가 법적 권리를 갖는가? 태아도 재산을 상속받거나 생명 보험금의 수취인이 될 수 있는가? 임신 중절은 살인인가? (“살인”이란 낱말의 정의에 의하면 인간 아닌 존재를 살인하는 것은 불가능하다).

그러나 이미 드러난 경계선상의 경우를 만족스럽게 처리하는 내포적 정의를 만드는 데 성공했다 할지라도 아직까지 부딪치지도 않았고 또 앞으로 부딪칠 것 같지도 않지만, 상상을 통해 가능한 경계선상의 경우를 살펴보고 싶을 수 있다. 예컨대 다른 행성으로부터 분명히 이지적인 데다가 다른 많은 점에서도 지구 사람과 닮은 생물들이 우주선을 타고 지구에 왔다고 상상해 보자. 게다가 어떤 사람이 아무런 도발도 없었는데, 그들 가운데 하나를 죽였다고 상상해 보자. 이 사건은 살인 사건인가? 이 물음에 대한 답은 “인간”이라는 낱말의 정의에 달려 있다.

“인간”이란 낱말이 명료하게 정의되어 있지 않는 상태에서 이러한 우주 방문객이 참으로 인간인가 아닌가를 묻는 것은 전혀 사리에 맞지 않는 일이라 하겠는데, 그 까닭은 이 물음의 답이 바로 “인간”이라는 낱말의 정의에 달려 있기 때문이다. 그렇지만 지금 통용되고 있는 정의가 합리적이고 유용한가를 묻는 것은 매우 중요한 물음이다. 법학 · 윤리학 · 생물학 · 사회학 · 인류학 · 심리학이 신중하게 연구해야 할 문제들 가운데에는 어떤 용어의 정의가 합리적이고 유용한가라는 물음과 관련이 있는 문제가 많이 있다. 이러한 연구는 물론 어떤 정의가 옳은가 그른가를 밝히는 것이 아니라, 우리가 어떤 정의의 적합성을 평가하는 일을 도와 준다.

5. 때로는 어떤 이론에서 유용하게 사용될 중요한 용어를 도입하기 위해서 정의를 마련하기도 한다. 이러한 정의는 과학에서 흔히 볼 수 있다. 물리학에서는 "일"·"에너지"와 같은 낱말에 명확한 정의를 부여하고 있는데, 이 일은 이런 낱말의 일상적 의미가 지닌 모호성을 제거하는 데 목적이 있는 것이 아니라, 오히려 물리학의 중요한 일반 명제들을 진술할 수 있는 낱말을 만드는 데 목적이 있다. 사실을 알고 보면, 물리학의 정의는 이런 낱말의 일상적 의미를 정교하게 다듬어 물리학에 유용한 개념을 만드는 일을 하고 있다.

조작적 정의는 앞에서 말한 바와 같이 명확한 과학적 용어를 도입하려고 할 때 사용되는 수가 많다. 그러나 조작적 정의의 한계를 알고 있는 것이 중요하므로, 여기서 이 점에 대해 몇 마디 언급하고자 한다. 다시 온도 개념을 살펴보자. 이 경우 문제의 조작적 정의가 특정한 상황과 관련이 있다면, 그 정의는 누군가의 주관적 판단을 조금도 넘어 설 수 없다는 한계가 지적되어야 할 것이다. 김이 피어나는 찻잔의 온도는 얼음물이 담긴 잔의 온도보다 높다고 판명되어야 하고, 사하라 사막의 전형적 여름 날씨는 북극 지방의 전형적 겨울 날씨보다 온도가 높다고 판명되어야 한다. 수은 온도계의 눈금을 읽는 조작을 포함하는 조작적 정의는 이런 일을 해낸다. 그렇지만 이 조작적 정의는 상당히 많은 주관적 온도 판단에 적용되지 못할 것이다. 우리가 겨울에 느끼는 체감 온도는 대기의 온도가 똑같은 날임에도 고요한 날보다 바람부는 날에는 더 낮게 느껴질 것이다. 그런데도 누구나 주관적 판단이 때로 믿을 수 없다는 것을 알고 있어서 온도계를 기꺼이 객관적 표준으로 인정하고 있다.

그런데 온도에 대해서 만족스러운 조작적 정의가 만들어졌다면, 그 정의는 훨씬 더 복잡한 과학적 이론과도 잘 조화를 이루어야 한다. 이 일과 관련해서 조작적 정의에는 검토해 보아야 할 중요한 문제가 하나 있는데, 그것은 조작적 정의가 단지 제한된 영역에만 적용된다는 사실이다. 예컨대 수은 온도계는 태양의 표면 온도나 액체 헬륨의 온도를 측정하는 일에는 쓰일 수 없다. 그런데도 우리는 이 조작적 정의를 수은 온도계의 한계 이상이나 이하의 온도에 적용되는 조작적 정의와 조화를 이루도록 연결시킬 필요가 있다. 여기에 더해서 결정적 문제가 또 하나 있는데, 그건 기체의 온도 역시 분자의 평균 운동 에너지에 의해 이론적으로 정의된다는 사실로 인해 일어난다. 분자 자체, 분자의 질량, 분자의 속도는 실험실에서 어떤 장치로도 직접 개별적으로 조종될 수 없는 것이어서, 이 정의는 조작적 정의가 아니기 때문이다. 그럼에도 불구하고 수은 온도계를 이용하는 조작적 정의는 이 이론적 정의와 잘 조화를 이루고 있다. 이 조작적 정의는 사람이 직접 느끼는 온도 감각과 매우 추상적인 물리 이론에 등장하는 온도 개념 사이의 간격을 연결시키는 일을 실제로 도와 주고 있다.

하지만 모든 조작적 정의가 위의 온도에 대한 조작적 정의처럼 만족스러운 것은 아니다. 이제 지능 개념을 다시 살펴보자. 예컨대 미국에서는 많은 지능 검사 문제가 백인 중상류 계층에 유리하게 편향되어 있다고 비난을 받아 왔다. 이런 지능 검사에서는 설령 토박이 인디언이나 다른 소수 민족의 지능 지수의 평균값이 전체 평균값보다 낮게 나왔다 하더라도 이 사실은 이들이 백인 중상류 계층보다 지능이 낮다는 것을 의미하지 않는다. 한 예로 어떤 지능 검사에는 "누가 아메리카 대륙을 발견했는가?"라는 물음이 나온 적이 있었다. 이 검사는 "콜럼버스"라는 답을 정답으로 보고 2점을 배당한 반면에, "라이프 에릭슨"이라는 답에는 1점을 주었다. 그러나 "인디언"이라고 답한 인디언 어린이는 전혀 점수를 얻지 못했다. 여러 민족의 지능을 비교하는 문제는 사회적 의의가 엄청나기 때문에, 그 검사가 사회 경제적 상태가 아니라 틀림없이 지능을 측정하고 있다고 확신할 수 있도록 이루어지는 일이 중요하다. 지능은 정의에 의해서 지능 검사를 통해 측정되는 것이라고 주장하는 사람은 실제로 증명해야 할 바로 그 논점을 아무런 증명도 하지 않은 채 옳다고 가정하고 있는 것이다. 조작적 정의에 관한 문제들 가운데서 가장 근본적 문제는 그 정의 속에 서술되어 있는 조작을 통해서 애초에 확인하고자 했던 속성이 실제로 측정되는가 안 되는가라는 문제다. 주제에 부적당한 조작적 정의는 이론적 가치가 전혀 없는 개념을 만들어 내게 될 것이다.

철학에서도 이론적으로 유용한 개념을 마련해 줄 수 있는 정의를 연구하는 경우가 많다. 예컨대 철학자들은 ("자유로운 의지"라는 어구에 나타나는 식으로 사용되는) "자유롭다"는 말을 정의하려고 노력해 왔는데, 이 정의가 이루어지기만 하면 자유로운 행동과 자유롭지 못한 행동을 가르는 대단히 의의 있는 구별이 가능할 것으로 보기 때문이다. 이 노력 끝에 자유롭다는 개념이 마련된다면, 우리는 그 개념을 사용하여 자유와 책임의 관계를 명확하게 논의할 수 있을 것이다. 또 그 개념은 어떤 사람이 "달리 행동할 수도 있었다"는 말의 의미를 밝히는 데 사용할 수도 있을 것이고, 자유와 인과적 결정 사이에 무언가 관계가 있다면 이 관계를 명료하게 밝히는 일에도 도움을 받을 수 있을 것이다.

6. 낱말은 내포, 외연, 문법적 기능 이외에 정서적 힘(emotive force)

을 지니고 있다. 아마 누구나 주제와 내용이 같은 책인데도 저자에 따라 한 권은 치밀하게 학구적 서술을 하고 있는 반면에, 다른 책은 지루하게 현학적 서술을 하고 있는 경우를 경험한 적이 있을 것이다. 이런 경우에 두 저자는 그 책이 다룬 사실에 관해서 달리 진술하고 있다기보다 그 사실에 대해서 다른 태도를 표현하고 있는 것이다. 방금 읽은 문장도 낱말의 정서적 힘에 관한 예를 포함하고 있는데, 대부분의 사람이 "치밀하다"와 "학구적이다"라는 낱말은 칭찬의 말로 여기는 반면에, "지루하다"와 "현학적이다"라는 낱말은 거의 모든 사람에게 부정적 암시를 강하게 전달하기 때문이다.

정의는 어떤 낱말의 정서적 힘을 전달하기 위해서 마련되기도 한다. 이런 정의는 두 가지 방식 가운데 어느 한 방식으로 이루어진다. 첫번째 방식은 다음과 같은 절차를 밟는다. 우선 커다란 정서적 힘을 가진 낱말을 골라서 자기가 칭찬하거나 비난하고 싶은 사물에 적용될 수 있도록 정의를 내린다. 예컨대 누군가가 "사회주의적"이라는 낱말을 "정부의 조치에 의해서 재산을 균등하게 분배하려는 하는 것"이라고 정의했다고 하자. 누진세는 재산을 균등하게 분배하는 효과가 있으므로 "사회주의적"이란 낱말은 분명히 누진세에 적용될 수 있다("누진세는 사회주의적 제도다"). 이 정의는 "사회주의적"이라는 낱말에서 부정적 암시를 받는 사람에게 누진세 자체에 대한 부정적 태도를 만들어 놓는 경향이 있다. 한편 "사회주의적"이라는 낱말에서 긍정적 암시를 받는 사람의 경우에는 이와 반대의 결과가 일어날 것이다. 이런 식의 정의는 피정의항, 즉 "사회주의적"이라는 낱말이 지닌 정서적 힘을 정의항에 옮겨 놓는다. 그런데 정의항이 누진세에 적용되는 것이 분명하므로 정의항을 통해서 피정의항의 정서적 힘이 누진세로 옮겨진다.

두 번째 방식은 위의 절차를 거꾸로 밟아 간다. 이번에는 어떤 연극이 명백하게 자연주의적 작품이라고 가정해 보자. 그리고 누군가가 "자연주의적"이라는 낱말을 "인간성의 비열함과 인생의 천박한 탐욕상을 미화시키는 것"이라고 정의했다고 하자. 이 정의는 정의항의 부정적인 정서적 힘을 피정의항, 즉 "자연주의적"에 옮긴 다음, 다시 피정의항으로부터 연극 자체에 옮기게 된다. 이처럼 정서적 힘을 전달하는 일을 주된 기능으로 삼고 있는 정의를 설득적 정의(說得的 定義, persuasive definition)라 한다.[4]

위에서 살펴본 두 가지 예는 아무래도 모든 설득적 정의가 정도에서 벗어난 것이라는 인상을 주었을 것 같다. 실은 그런 인상은 사실과 다르다. 우리는 살아가면서 감정 · 정서 · 태도를 표현하기 위해 정서적 힘을 지닌 낱말을 필요로 하는데, 설득적 정의는 이 목적에 필요한 어휘를 마련하는 일에 도움이 된다. 그렇지만 누군가가 어떤 낱말의 정서적 힘을 옮기는 과정에서 그 낱말에 이미 확립되어 있는 서술적 의미까지 바꾸게 되면 설득적 정의가 곤란한 문제를 일으킬 수 있다. 더욱이 그 낱말의 서술적 의미의 변경이 대화의 당사자들도 모르게 이루어지면, 사고나 대화에 혼란이 일어난다는 것은 분명하다고 하겠다.

정의의 목적에 대한 지금까지의 설명은 우리가 낱말을 정의하는 목적을 모두 열거하려는 것이 아니었으며, 그런 목적들이 서로 배척한다고 시사하려는 것은 더더욱 아니었다. 앞에서 "인간"이라는 낱말의 정의를 시도했던 경우를 돌아보면, 하나의 낱말에 대한 정의 작업이 낱말의 관례적 용법의 특징을 어느 정도 드러내는 일(목적 1), 다소 모호한 낱말을 더욱 명확하게 만드는 일(목적 3), 외

4) "설득적 정의"라는 용어는 스티븐슨(Charles L. Stevenson, 1908~) 교수가 처음 사용하였다. 스티븐슨 교수의 *Facts and Values*(New Haven, Conn.: Yale University Press, 1963)에 실려 있는 Essay Ⅲ을 참고하기 바란다. 스티븐슨 교수는 이 글에서 설득적 정의의 유용성과 위험성을 둘 다 보여 주는 훌륭한 예를 많이 제시하고 있다.

연이 아주 분명한 낱말의 내포적 정의를 마련하는 일(목적 4), 이론적으로 중요하고 유용한 낱말을 만드는 일(목적 5)을 목적으로 삼고 다각적으로 진행된다는 것을 알 수 있을 것이다.

이제 정의에 대한 논의를 끝내면서 반드시 말해 두어야 할 점이 하나 있다. 그것은 철학의 가장 중요한 문제들 가운데 상당수가 알고 보면 실은 정의를 마련하는 문제라는 것이다. 정의(正義)란 무엇인가? 예술이란 무엇인가? 종교란 무엇인가? 지식이란 무엇인가? 진리란 무엇인가? 철학자들은 이런 문제를 탐구해 왔다. 그런데 이런 문제 모두가 다음과 같은 물음으로 바꾸어 설정될 수 있다. "정의"라는 낱말은 어떻게 정의되어야 하는가? "예술"이란 낱말은 어떻게 정의되어야 하는가? 등등. 이 새로운 형태의 문제는 사물 언어(事物言語, thing language)로 표현된 것으로 보이던 물음을 상위 언어를 사용하여 바꾸어 표현된 물음이라는 점을 깨닫기 바란다. 이처럼 상위 언어로 설정된 물음에 관해서 원래 정의는 약정이므로 누가 어떻게 정의를 내려도 다른 정의만큼 훌륭할 테니 나름대로 정의하고 끝내버릴 수 있다고 말하는 것은 전혀 이런 철학적 물음에 대한 답이 못된다. 정의는 물론 약정이지만, 어떤 정의는 다른 정의보다 정의의 목적을 더 훌륭하게 실현시키는 법이다. 어떤 주제를 논할 때 기초가 되는 용어의 적합한 정의를 발견하는 일은 대개의 경우에 지극히 세심한 주의를 필요로 하는 어려운 문제다.

3. 분석 진술, 종합 진술, 모순 진술

우리는 제2장 제8절에서 항진 진술이라는 특별한 진술들을 살펴보았는데, 항진 진술의 진리치는 모든 경우에 언제나 T였다. 그래서 우리는 항진 진술이 진술들 전체 가운데서 오직 논리적 방법에 의해서만 진리성(옳음)이 보증되는 작은 진술 집단을 이루고 있다는 것을 알게 되었다. 이제는 정의까지 확인했으므로 항진 형식과 정의에 의해서 성립하는 더 넓은 진술 집단의 특징을 고찰해도 좋을 때가 되었다. 우선 다음의 항진 형식으로부터 시작해 보자.

a] $p \supset p$

아래의 진술은 이 형식을 사용하고 있는 한 예다.

b] 만일 x가 총각이라면, x는 총각이다.

이 진술은 누구나 듣자마자 옳다고 인정할 명제를 일반적으로 주장하고 있으므로, 다음의 진술과 의미가 똑같다.

c] 모든 총각은 총각이다.

이 진술은 논리적 진리(論理的 眞理, logical truth)다. 이제 "총각"이라는 낱말의 정의가 다음과 같다고 해보자.

d] "총각"은 "미혼의 성인 남자"를 의미한다.

우리는 d]의 정의항을 c]의 술어 부분에 대입하여 아래와 같이 주장할 수 있다.

e] 모든 총각은 미혼의 성인 남자다.

그렇다면 위의 진술을 근거로 하여 아래의 진술도 당연히 주장할 수 있다.

f] 모든 총각은 미혼이다.

위의 진술 c]와 같은 논리적 진리는 진리성이 오직 그 진술이 지닌 논리적 형식(論理的 形式, logical form)——달리 말하면 그 진술을 이루고 있는 논리적 낱말들의 의미——에 의해서만 밝혀지는 진술이다. 분석 진술(分析 陳述, analytic statement)이라는 진술 집단에는 진술 e]와 f]처럼 진리성이 논리적 진리로부터 정의의 도움을 받아 밝혀지는 진술은 물론이고, 방금 설명한 모든 논리적 진리도 포함된다. 진술 f]는 그 자체로서는 정의가 아니지만, 이 진술의 진리성을 확정하기 위해서는 이 진술을 이루고 있는 논리적 낱말들의 의미와 비논리적 낱말들의 의미에 관한 지식 이외의 다른 정보가 전혀 필요하지 않다. 진술 f]의 진리성을 확인하기 위해서 총각을 많이 관찰할 필요는 조금도 없다. 총각은 정의에 의해서 미혼의 성인 남자이기 때문에 "총각"이라는 낱말은 미혼이 아닌 사람에게는 올바르게 적용될 수 없다. 이런 유형의 진술, 즉 진리성(옳음)이 그 진술을 이루고 있는 낱말들——논리적 낱말과 비논리적 낱말——의 정의에 의해서 밝혀지는 진술을 분석 진술이라 한다.[5)]

5) 콰인(W.V. Quine)은 분석 진술과 종합 진술의 구별을 맹렬히 공격해 왔다. 이 점에 관해서는 그의 책 *From a Logical Point of View*의 제2판(Harper Torchbooks, 1963)에

이번에는 다음의 진술을 살펴보자.

g] 약간의 총각은 기혼이다.

위의 진술은 이 진술을 이루고 있는 낱말들의 의미에 의해서 옳은 진술이 아니라 그른 진술이 되어버린다는 것 이외에는 모든 점에서 분석 진술인 f]와 비슷하다. 이런 유형의 진술을 모순 진술(矛盾 陳述, contradictory statement. 또는 자체 모순 진술이나 그저 모순)이라 한다. 그러므로 모순 진술은 허위성(그름)이 그 진술을 이루고 있는 낱말들 —— 논리적 낱말과 비논리적 낱말—— 의 정의에 의해서 밝혀지는 진술이다. 그렇다면 넓은 의미로 볼 때 분석 진술은 논리적 진리 즉 논리적으로 옳은 진술이랄 수 있겠고, 모순 진술은 논리적 허위 즉 논리적으로 그른 진술이랄 수 있다.

이제 분석 진술과는 현저하게 다른 다음의 두 진술을 살펴보자.

h] 약간의 총각은 자동차를 갖고 있지 않다.

i] 모든 총각은 장님이다.

이 두 진술의 진리성이나 허위성은 순전히 그 진술을 이루고 있는 낱말들의 의미에 의해서만 결정되지는 않는다. 이런 진술들은 종합 진술(綜合 陳述, synthetic statement)이라 한다. 누구나 이 두 진술이 옳은가 그른가를 확인하기 전에 이 두 진술에 사용된 낱말들

실려 있는 논문 "Two Dogmas of Empiricism"을 읽어 보기 바란다. 콰인의 의심은 낱말의 의미가 풍부하고, 복잡하게 발달한 언어—예컨대 한국어나 영어 같은 언어—에서는 낱말의 정의를 확인하는 일이 매우 어렵다는 사실에 근거를 두고 있는데, 실은 모든 철학자가 이런 의심을 하고 있는 것은 아니다.

한편 이 책은 언어와 논리의 관계에 대한 입문적 설명을 위하여 누구나 이용할 수 있는 정의가 많이 있다고 상정하고 있으므로, 이 주제의 이해에 지극히 유용한 이 구별을 버릴 이유가 없다고 하겠다. 더 나아가 혹시 콰인이 올바르다 할지라도 이 책의 설명 방식에 따라 분석 진술과 종합 진술의 구별을 이해하지 않고서는 바로 콰인이 논증하려는 취지 자체를 올바르게 평가할 방도가 없을 것이다.

의 의미를 알아야 하겠지만, 이 두 진술이 실제로 옳은지 그른지 전혀 모르면서도 이 낱말들의 의미를 완전히 이해할 수 있다는 것은 확실하다. 진술 h]는 분명히 옳지만, "총각"이란 낱말의 정의 속에는 약간의 총각이 자동차를 갖고 있지 않다는 것을 알려 줄 수 있는 내용이 아무 것도 없다. 약간의 총각이 자동차를 갖고 있지 않다는 것은 "총각"이라는 낱말의 의미를 완전히 벗어나 있는 사실의 문제이다. 진술 i]는 물론 명백하게 그른 진술이지만, 이 진술 역시 그 허위성이 진술 i]에 사용된 낱말들의 정의로부터 나오는 것이 아니라는 점은 진술 h]와 마찬가지다. 진술 h]가 옳다는 것과 진술 i]가 그르다는 것을 밝혀 낼 수 있는 유일한 방법은 실제로 총각들을 조사해 보는 것이다. 이 일을 위해서는 단지 "총각"이라는 낱말이나 이 두 진술에 사용된 다른 낱말들을 조사해 보는 것만으로는 충분하지 못할 것이다. 종합 진술은 논리적 진리 즉 논리적으로 옳은 진술도 아니고, 논리적 허위 즉 논리적으로 그른 진술도 아니다. 종합 진술들은 사실에 관한 진술(事實에 관한 陳述, factual statement)이다.

이제 지금까지 설명한 진술들의 구별, 즉 분석 진술과 종합 진술의 구별, 그리고 다시 분석 진술을 논리적 진리와 논리적 허위로 나누고, 종합 진술을 사실적 진리와 사실적 허위로 나눈 구별에 당연히 따르는 몇 가지 중요한 결론을 확인해 보기로 하자. 무엇보다 먼저 분명한 것은 분석 진술의 진리성이 낱말들의 의미를 넘어선 어떤 것에도 의존하지 않고 확인될 수 있는 이유는 분석 진술이 언어의 영역 밖에 있는 사실에 관한 정보를 전혀 포함하고 있지 않다는 데에 있다는 것이다. 분석 진술에 의해서 전달되는 정보는 무엇이건 언어 자체에 관한 정보지 그 언어가 언급하고 있는 사실에 관한 정보가 아니다. 그러나 분석 진술이 언어에 관해서 명백하게 언급하는 것은 아니며, 좀더 정확하게 말하면 분석 진술은 정의들 사이의 관계를 표현하고 있다. 정의는 이미 말한 대로 약정이다. 그리고 약정으로서의 정의가 옳지도 그르지도 않는다는 것은 다시 말할 필요도 없겠다. 그럼에도 불구하고 정의들은 그로부터 끌어 낼 수 있는 결론들을 함축하고 있게 마련인데, 그러고 보면 분석 진술은 실은 우리가 내린 정의들로부터 나오는 연역적 귀결이다.

분석 진술이 왜 사실적 내용을 갖지 못하는가는 다음과 같은 방식으로도 설명할 수 있다. 이제 우리 앞에 방이 하나 있는데, 그 방 안에 무엇이 있는지는 전혀 모른다고 가정해 보자. 우리는 그 방 안에 있는 것에 관해서 온갖 가능성을 상상할 수 있지만, 이 상상할 수 있는 가능성들 가운데 어느 것이 실제로 옳은가를 알 수 있는 방법이 전혀 없다. 그런데 방금 “그 방 안에 책이 있다”는 종합 진술을 알게 되었다고 하자. 그렇다면 우리는 그 방 안의 내용물에 대한 상상(想像) 가능성들 가운데 적어도 한 권 이상의 책을 포함하고 있지 않는 가능성은 모두 현실이 아니라고 곧바로 배제할 수 있다. 예컨대 이제는 우리가 그 방이 완전히 비어 있지 않다는 것을 알게 되었고, 그 방이 다른 것은 전혀 섞이지 않고 옥수수 튀김만으로 완전히 채워져 있지 않다는 것을 알게 되었으며, 그 방 안에 침대 · 의자 · 책상 · 석유 등, 양탄자 등의 가구가 없다는 것을 알게 되었다. 그러고 보면 그 방 안의 내용물에 대해서 정보를 약간 얻기는 했으나 그리 많지는 않다고 하겠다. 이번에는 우리가 “그 방 안에 꼭 한 권의 책이 있는데, 그 책은 초록색의 두꺼운 표지를 갖고 있고, 분량이 348쪽에 이르는 탐정 소설이며, 책상 위에 놓여 있다”는 종합 진술이 옳다는 것을 알게 되었다고 해보자. 이제 우리는 그 방 안의 내용물에 관해서 더 많은 정보를 갖게 되었는데, 그 까닭은 이 두 번째 종합 진술의 진리성은 첫번째 종합 진술이 배제한 상상 가능성보다 더 많은 수효의 상상 가능성과 양립할 수 없기 때문이다. 예컨대 이제는 우리가 그 방 안에 한 권 이상의 책은 없다는 것, 책상이 없지 않다는 것, 얇은 표지의 철학 책이 놓여 있는 책상이 없다는 것 등등을 알고 있다. 두 번째 종합 진술에 의해서 배제된 위의 모든 가능성은 첫번째 종합 진술의 진리성과는 양립할 수 있었다. 일반적으로 말하면, 어떤 진술이 갖고 있는 사실적 정보의 양은 그 진술이 배제하는 가능성의 수효와 함수 관계가 있다. 따라서 진술은 주장하는 정보가 많으면 많을수록 더 적은 가능성을 남겨 놓게 된다.

이번에는 분석 진술을 이 관점에서 고찰해 보자. 어떤 분석 진술의 진리성은 얼마나 많은 가능성을 배제하는가? 이 물음에 대한 답은 "전혀 배제하지 못한다"는 것이다. 분석 진술은 필연적으로 옳기 때문에 실제로 성립해 있는 상황과는 전혀 관계 없이 옳다. 분석 진술의 진리성은 어떠한 상상 가능성도 배제하지 못하며, 그래서 우리가 분석 진술이 옳다는 것을 안다 할지라도 이를 근거로 삼고 가능성의 현실화라는 문제에 관해서 구체적 결론을 끌어 낼 수 없다. 앞에서 사용한 예와 비교하기 위해서 이번에는 우리가 "혹시 그 방 안에 초록색 책들만 있다면, 그 책들은 모두 초록색이다"라는 진술이 옳다는 것을 알았다고 해보자. 이 진술은 분석 진술이라서 전혀 정보를 전달하지 못한다. 이 진술은 그 방 안에 책이 있는지 없는지 알려 주지 못하며(제 2 장 제 8 절), 그 방 안에 있을 수 있는 어떤 책의 색깔에 관해서도 전혀 알려 주지 못한다. 이 분석 진술은 그 방 안에 실제로 있는 내용물과는 전혀 관계 없이 옳은 진술이다. 이 진술은 그를 수 없는 진술이며, 이 이유 때문에 아무런 정보도 전달하지 못하는 것이다.

분석 진술의 한 가지 중요한 특징은 관찰에 의해 얻어지는 증거가 분석 진술의 진리성에 전혀 관련이 없다는 것이다. 따라서 분석 진술을 관찰을 통해 얻은 자료에 의거해서 반박하려는 것은 얼토당토 않은 일이다. 이런 식의 반박은 아예 분석 진술과 아무런 관련도 없을 것이다. 예컨대 수학적 진리는 ── 전부 그런 것은 아닐지라도── 대부분이 분석 진술이다. 이제 "둘 더하기 둘은 넷이다"라는 진술을 생각해 보자. 누구나 이 진술의 진리성을 "둘," "넷," "더하다," "이다"라는 낱말에 대한 정의에 비추어 확정하려고 할 것이다. 어린이들은 흔히 손가락이나 공기돌이나 사과를 세어 봄으로써 배우지만, 산술학의 진리는 관찰에 의해 얻어지는 이런 종류의 증거에 기초를 두고 있지 않다. 만일 산술학의 진리가 이런 종류의 증거에 기초를 두고 있다면, 우리는 관찰에 의해 얻어지는 부정적 증거도 고려하지 않으면 안 될 것이다. 예컨대 2리터의 알콜을 2리터의 물에 섞으면 4리터보다 적은 양의 용액이 만들어지는 것이 사실이다. 만일 관찰에 의해 얻어지는 증거가 산술학에 관련이 있다면, 어떤 경우에는 둘 더하기 둘이 넷이지만, 다른 경우에는 그렇지 않다고 결론을 내려야 할 것이다. 그렇지만 방금 예로 들었던 실험적 사실은 산술학과 관련이 전혀 없기 때문에 누구도 그런 결론을 내리지 않는 것이다. 누군가가 2리터의 알콜을 어떤 그릇에 붓고 나서 2리터의 물을 그 그릇에 붓는다면 분명히 4리터의 액체를 그 그릇에 부은 셈인데, 이렇게 해서 만들어진 용액의 양이 4리터보다 적다는 사실은 산술학의 진리들과 전혀 관계없이 성립하는 흥미로운 물리적 사실일 뿐이다.

그러니까 분석 진술은 필연적으로 옳긴 하지만, 사실적 내용은 전혀 갖고 있지 않은 진술이다. 따라서 순전히 분석 진술만으로 구성된 전제에서 타당하게 연역된 결론은 결코 종합 진술일 수 없다는 것을 누구나 쉽게 알 수 있을 것이다. 이미 잘 아는 바와 같이 타당한 연역 논증의 경우에는 전제 속에 없는 정보가 결론에 결코 나타날 수 없다. 만일 모든 전제가 분석 진술이라면 전제 속에는 어떠한 사실적 정보도 있을 수 없다. 그러므로 결론 역시 사실적 내용을 지닐 수 없다. 그렇지만 실제로는 전제가 모두 분석 진술인 데도 결론은 사실적 내용을 주장하는 논증을 제시하는 사람을 흔히 볼 수 있다. 이러한 논증은 부당한 논증임에 틀림없다. 아래의 예들을 살펴보자.

j] 어떤 사람들은 때로 "일어날 일은 일어나게 마련이다"라는 말을 전제로 삼고 운명론을 주장한다. 이 전제는 글자 뜻 그대로 해석하면 확실히 분석 진술이다. 이 진술은 미래는 미래일 뿐이라고 주장하고 있기 때문이다. 누구도 일어날 일은 일어나지 않는다고 주장함으로써 이 전제를 부정할 수는 없을 것이다. 사람들이 이 전제로부터 빈번히 끌어내는 결론은 미래는 완전히 예정되어 있고, 그래서 사람의 행동과 선택은 미래에 아무런 영향을 미칠 수 없다는 것이다. 이러한 논증은 부당한 논증이며, 더욱이 분석 진술을 전제로 삼고 종합 진술인 결론을 끌어냈다는 바로 그 이유 때문에 부당하다고 밝혀질 수 있는 논증이다.

k] 과거에 많은 사업가가 파렴치한 사업 행태를 "사업은 사업이다"라는 말에 호소함으로써 정당화시키려고 했었다. 이 진술은 표면상으로는 분석 진술인 것처럼 보인다. 만일 이 진술이 분석 진술이라면, 이 진술은 전혀 분석 진술일 수 없는 결론 즉 부정직과 무책임이 사업상의 정당한 방책이라는 결론을 입증할 수 없을 것이다. 만일 "사업은 사업이다"라는 전제가 이 결론을 입증한다면, 이 전제는 "사업은 윤리를 지키면서 하지도 못할 뿐만 아니라 원래 그렇게 할 수도 없는 것이다"와 같은 뜻을 지니고 있어야 한다. 그런데도 전제를 분석

진술의 형식으로 말한 것은 전제를 의심의 여지가 없는 진술로 보이게 하기 위한 것이다. 종합 진술인 진짜 전제를 곧이곧대로 진술한다면, 이 전제는 더 이상 의심의 여지가 없는 진술로 여겨지지 않을 것이므로 전제의 수사적 효과가 크게 감소해버릴 것이다. 거의 똑같은 논평이 요즈음 자주 쓰이는 "사업의 관심사는 사업이다"라는 약간 더 복잡한 말에 대해서도 그대로 성립할 수 있다. 이 진술 역시 사업의 관심사는 아무리 윤리에 어긋나더라도 수단 방법을 가리지 않고 돈을 버는 것이라는 결론을 논리적으로 정당화시키지 못한다는 것은 확실하다.

1] 어떤 사람들은 현대인의 마음에서 다른 사람에 대한 친절과 연민과 배려가 완전히 사라져버렸다고 침울하게 결론을 내린다. 이 결론을 연역해 낸 전제는 "사람은 결코 비이기적 행동을 하지 않는다"는 것이다. 이 전제는 명백히 분석 진술이 아니다. 그러나 이 진술의 진리성을 반박하려고 시도해 보면, 생각할 수 있는 어떠한 사실적 증거도 이 진술을 반박할 수 없다는 것을 깨닫게 된다. 가령 성인들과 위인들은 다른 사람을 위해서 자신의 모든 것을 희생하였다고 증거를 제시하면, 그들은 성인들과 위인들이 그렇게 하기를 원해서 한 것이므로 실제로는 이기적 행동을 한 것이라고 응수한다. 이 맥락에서는 어떤 행위자가 스스로 지니지 않는 동기에 의해서 행동하지 않는 한 어떠한 행동도 비이기적 행동이 아닌 것으로 간주되고 있다. 그러나 어떤 행동의 동기화가 그 사람 자신의 동기가 아닌 동기에 의해서 이루어진다는 것은 논리적으로 불가능하다. 그러므로 전제는 결국 분석 진술로 밝혀지게 되고, 따라서 위의 논증은 부당한 논증임에 틀림없다.

4. 반대 관계와 모순 관계

어떤 두 진술 사이에는 둘 가운데 한 진술이 옳으면 다른 진술이 그를 수밖에 없고, 또 둘 가운데 한 진술이 그르면 다른 진술이 옳을 수밖에 없는 관계가 성립하는 수가 있다. 우리는 그 두 진술 가운데 실제로 어느 진술이 옳고 어느 진술이 그른가를 모를 수 있지만, 그렇다 해도 우리는 그 두 진술 가운데 하나는 옳고 하나는 그르다고 확신할 수 있다. 이러한 두 진술을 서로 간의 모순 진술(矛盾 陳述, contradictory statement)이라 하고, 두 진술 사이에 성립하는 이러한 관계를 모순 관계(矛盾 關係, contradiction)라고 한다. 아래에 짝을 이루고 있는 두 진술은 서로 간의 모순 진술이다. 누구나 아래 세 짝의 진술들은 둘 다 옳을 수도 없고, 둘 다 그를 수도 없다는 것을 스스로 확인할 수 있을 것이다.[6]

a] 모든 말은 포유류다. — 약간의 말은 포유류가 아니다.

b] 모든 논리학자는 철학자가 아니다. — 약간의 논리학자는 철학자다.

c] 지금 이 곳에 비가 오고 있다. — 지금 이 곳에 비가 오고 있지 않다.

6) 제2장 제9절에서 A진술과 O진술 사이의 모순 관계, E진술과 I진술 사이의 모순 관계를 지적한 적이 있었다.

일반적으로 어떤 진술 "p"와 그것의 부정 "p가 아니다"라는 진술은 서로 간의 모순 진술이다. 그래서 "p거나 p가 아니다"($p \vee \sim p$)라는 형식으로 이루어지는 진술은 모두 분석 진술이며, 따라서 필연적으로 옳은 진술이다. 이 진술 형식을 배중률(排中律, law of excluded middle; tertium non datur)이라 한다. 또한 "p이면서 p가 아니다는 성립할 수 없다"($\sim[p \cdot \sim p]$)라는 형식으로 이루어지는 진술도 모두 분석 진술인데, 이 진술 형식을 모순율(矛盾律, law of contradiction)이라 한다. 이 두 논리 법칙은 모든 진술이 옳거나 그르다는 사실과 옳으면서 그른 진술은 없다는 사실을 표현하고 있다.[7)]

한편 어떤 두 진술 사이에는 둘 다 옳을 수는 없지만, 둘 다 그를 수 있는 관계가 성립하는 수가 있다. 이런 경우 그 두 진술은 서로 간의 반대 진술(反對 陳述, contrary statement)이라 하고, 그 두 진술 사이의 관계를 반대 관계(反對 關係, contrariety)라고 한다. 다음의 두 진술은 서로 간의 반대 진술이다.

d] 지금 이 곳의 날씨는 춥다.—지금 이 곳의 날씨는 덥다.

어느 때 어느 곳에서나 날씨가 추우면서 덥다는 것은 불가능하지만 기온이 적당할 수는 있다. 그러므로 위의 두 진술은 둘 다 그를 수 있지만, 둘 다 옳을 수는 없다.

지금까지 설명한 진술들 사이에 반대 관계와 모순 관계의 차이를 이해하지 못하면 많은 혼란에 빠지게 된다.

e] 제 2 장 제 5 절의 예 f]에서 자유 의지에 관한 딜레마 논증을 인용한 적이 있었다. 그리고 그 딜레마 논증은 자유 의지

---

7) 이미 제 2 장 제 8 절에서 진리치표를 사용하여 배중률이 항진 형식이라는 것을 밝혔었다. 모순율도 항진 형식이라는 것을 증명하는 진리치표를 작성하는 것은 간단한 일이다.

가 결정론과 비결정론 어느 쪽에도 조화를 이룰 수 없으므로, 결국 자유 의지는 성립하지 못한다는 결론을 내렸었다. 그러나 어떤 사람들은 결정론과 비결정론 이외에 제 3 의 이론이 있을 수 있다는 것을 근거로 하여 이 딜레마 논증을 거부해 왔다. 이 반론을 검토하기 위해서는 먼저 "결정론"과 "비결정론"이라는 낱말의 의미를 명료하게 하지 않으면 안 된다. 결정론은 모든 것이 인과적으로 결정된다는 신조다. 비결정론은 인과적으로 결정되지 않는 것이 무언가 있다는 신조다. 세 번째 신조는 인과적으로 결정되는 것이 전혀 없다는 신조인데, 이 신조를 "혼돈론"이라 부르겠다. 누구나 결정론과 비결정론이 서로 모순 관계에 있는 주장이라는 것은 쉽게 알 수 있을 것이다. 이 두 신조 가운데 하나는 반드시 옳아야 하기 때문이다. 그런데 이와는 달리 결정론과 혼돈론은 서로 반대 관계에 있는 주장이다. 이 세계의 어떤 일들은 인과적으로 결정되고 다른 어떤 일들은 인과적으로 결정되지 않는다면, 두 신조가 모두 그를 것이기 때문이다. 만일 자유 의지에 관한 딜레마 논증이 "결정론이 성립하거나 혼돈론이 성립한다"는 진술을 전제로 사용한다면, 제 3 의 선택지가 있다는 반론에 부딪칠 것이다. 하지만 앞에서 예로 들었던 딜레마 논증은 "결정론이 성립하거나 비결정론이 성립한다"는 진술을 전제로 삼고 있다. 이 전제는 분석 진술이다. 이 진술은 배중률이라는 항진 형식으로 이루어졌기 때문이다.

f] 많은 사람이 양극 사고 오류(兩極 思考 誤謬, fallacy of thinking in extremes) 또는 흑백 사고 오류(黑白 思考 誤謬, fallacy of black-white thinking) ── 예컨대 어떤 것이건 전적으로 좋거나 전적으로 나쁘다고 보는 과오 ── 에 빠지는 경향을 갖고 있는 것은 불행한 일이다.[8] 우리는 자기네 나라는 틀릴 수 없는 반면

8) 양극 사고 오류는 흔히 흑백 사고 오류라고도 부른다. 이 이름은 백은 좋은 것과

에, 다른 나라는 자기네 나라의 목적에 협조할 때 아니고는 옳을 수 없다고 믿는 사람을 너무나 많이 알고 있다. 또한 우리는 자기가 지지하는 정당은 모든 정치적 논쟁에서 옳고, 상대편 정당은 항상 그르다고 믿는 사람도 아주 잘 알고 있다. 흑백 사고 오류는 반대 관계를 모순 관계로 혼동한다. 그래서 흑백 사고 오류는 반대 관계의 두 진술을 서로 모순 관계에 있는 것처럼 취급하는 과오를 범한다. "X는 전적으로 좋다(선하다)"는 진술은 "X는 전적으로 나쁘다(악하다)"라는 진술과 반대 관계를 이루는 진술이다. 흑백 사고 오류는 위의 두 진술이 둘 다 그를 수 없다고 착각하고 있기 때문에 일어나는 오류다.

g] 어떤 사람들은 논리학이 학생들을 흑백 사고에 물들게 하기 때문에 위험한 학문이라고 은근히 주장하는 수가 있다. 이런 생각은 모든 진술이 옳거나 그르다는 원리에 대한 이해 부족 때문에 일어난다. 이런 생각을 가진 사람들은 위에서 설명한 흑백 사고 오류를 피하기 위해서는 진술이 어느 정도는 옳고, 어느 정도는 그르다고 보는 것이 더 좋다고 억지를 부린다. 그런데 참으로 이상스럽게도 논리학에 대한 이 비판 자체가 흑백 사고 오류가 범하는 바로 그 과오, 즉 반대 관계와 모순 관계를 혼동하는 과오에 근거를 두고 있다. 이 주장은 "p는 옳다"와 "p는 그르다"는 두 진술이 모순 관계에 있기 때문에 반대 관계에 있는 것처럼 취급할 수 없다는 것을 모르고 있다. 논리학에는 두 진술의 반대 관계와 모순 관계를 혼동하도록 만드는 내용이 전혀 없다. 논리학 교육은 오히려 이러한 사고의 혼란을 말끔히 없애 줄 것이다.

동일시하고 흑은 나쁜 것과 동일시하는 경향을 강화시키는 좋지 못한 점이 있는데, 이 점만 제거할 수 있다면 이 과오에 대한 좋은 이름일 것이다.

5. 애매성과 애매어

하나의 낱말이 여러 가지 의미로 쓰일 수 있다는 것은 잘 알려져 있는 사실이다. 대부분의 경우에는 이 사실로 인해서 곤란에 빠지지 않는다. 왜냐하면 대개의 경우에는 어떤 낱말이 여러 가지 의미 가운데 어떤 뜻으로 지금 쓰이고 있는가를 문맥이 결정해 주기 때문이다. 예컨대 "표"라는 말은 증거가 될 만한 무엇을 적은 쪽지를 언급하는 한 가지 의미를 가지면서, 어떤 내용을 일정한 순서에 따라 보기 쉽게 기록한 것들, 즉 목록표·대수표 등을 가리키는 또 하나의 의미를 가지고 있다. 그래도 이러한 의미의 다양성이 우리를 혼란에 빠뜨리는 일은 거의 없을 것이다. 그렇지만 어떤 낱말이 그것이 지닌 여러 가지 의미 가운데 어느 의미로 쓰이고 있는지 알 수 없도록 사용되는 경우도 흔히 있다. 이런 경우에는 그 낱말이 애매하게 사용되었다고 지적하게 되는데, 그 까닭은 그 낱말을 사용하고 있는 진술이 적어도 두 가지 이상의 다른 의미로 해석될 수 있기 때문이다. 한 예로 "록샌느는 그걸 쓰고 있었다"라는 진술은 앞뒤의 문맥이 보충되지 않으면, 그녀가 무슨 내용인가를 기록하고 있었다는 것을 의미할 수도 있고, 어떤 물건을 사용하고 있었다는 것을 의미할 수도 있으며, 어떤 모자를 착용하고 있었다는 것을 의미할 수도 있다.

그런데 어떤 논증의 타당성이 그 논증 속에서 두 가지 의미로 사용되었는데도 시종일관 한 가지 의미로만 사용되었다고 고집되고 있는 낱말에 달려 있으면, 낱말의 의미의 다양성이 논리적 혼란을 일으키게 된다. 이러한 논증은 애매어 오류(曖昧語 誤謬, fallacy of equivocation)를 범하고 있다. 사소한 예를 하나 살펴보자.

a] 오직 사람만이 이성적 동물이다.
이 그림은 사람이다.
∴ 이 그림은 이성적 동물이다.

이 논증은 "사람"이라는 낱말이 나타날 때마다 동일한 의미로 쓰였다면 타당한 논증일 것이다. 그런데 첫번째 전제가 옳기 위해서는 "사람"이 "살아 움직이는 인간"을 의미해야 하는 반면에, 두번째 전제가 옳기 위해서는 "사람"이 "인간의 형상으로 보이는 물리적 색채"를 의미해야 한다. 따라서 두 전제가 조금이라도 옳음직하게 보일 수 있으려면 "사람"이라는 낱말의 의미가 바뀌지 않으면 안 된다. 혹시 누군가가 "사람"이라는 낱말이 두 전제 속에서 동일한 의미로 쓰이고 있다고 이해한다면, 그는 이 낱말의 의미를 잘못 해석하고 있음에 틀림없다고 하겠다. 결국 애매한 낱말이 일으킨 혼란이 이 논증의 타당성을 파괴하고 있는 것이다.

이제 상당히 더 심각한 예를 검토해 보자.

b] 대학의 신입생들 가운데 정상적인 남학생들은 운동과 술과 이성에 강렬한 홍미를 보인다. 이런 일들이 저들의 넋을 온통 사로잡아버린다. 시 같은 것은 저들의 홍미를 거의 끌지 못한다. 하지만 이따금 정상적인 학생들과 전혀 다른 신입생을 만나게 된다. 자신의 자유 시간 대부분을 시를 읽거나 시를 지으면서 보내는 신입생도 있기 때문이다. 이런 학생은 스스로

원해서 그런 일을 하고 있다. 이런 학생은 비정상적인 신입생이다. 이런 학생은 비정상적으로 높은 지능을 갖고 있는 경우가 흔하다. 이런 학생은 그 나이 또래의 젊은이가 흥미를 느끼는 것들에 흥미를 느끼지 않는다. 이런 학생은 다른 학생들과 거리를 두고 지내는 외톨이다. 대부분의 사람은 이런 종류의 젊은이를 만나면 이런 식의 자문을 한다. "대체 이 학생을 위해 어떻게 해야 좋지?" 그리고 이어서 이런 염려를 한다. "이 학생을 정상적 대학 생활에 적응시킬 확실한 방법이 무언가 있어야 하겠는데 말야!"

위의 구절 속의 "정상적"이라는 낱말은 처음의 의미가 나중에 그와 다른 의미로 변하였다. 위의 구절이 처음 시작할 때에는 "정상적"이라는 낱말이 단순히 "평균적"이라는 뜻이었는데, 글의 마지막 무렵에는 이 낱말이 "건강하다"라는 뜻으로 쓰이고 있기 때문이다. "평균적"이라는 낱말은 평가적 의미가 전혀 없는 순전한 통계학적 용어다. 그러나 "건강하다"라는 낱말은 어떤 것을 다른 많은 것과 비교하여 평가하는 데 쓰는 용어다. 그래서 위의 구절 속에는 다음과 같은 논증이 함축되어 있다.

c] 시를 좋아하는 대학 신입생은 비정상적 젊은이다.
비정상적 젊은이는 불행한 처지에 있다.
∴ 시를 좋아하는 대학 신입생은 불행한 처지에 있다.

이 논증은 "정상적"이라는 낱말이 애매하게 사용되어 있는 논증이다. 평범하게 일상에 젖어 사는 사람들은 이런 식의 논증도 그럴 듯한 논증이라고 진지하게 받아들이는 수가 흔하다.

d] 혹시 독자가 벽돌로 쌓은 벽을 단단하다고 믿고 있다면, 그건 아주 잘못된 생각이다. 현대 과학이 벽돌 같은 사물은 원

> 자로 이루어져 있다는 것을 밝힌 지는 오래되었다. 한 개의 원자의 구조는 태양계의 구조와 비슷하다. 원자핵의 주위를 전자들이 도는 것은 태양의 주위를 행성들이 도는 것과 비슷하기 때문이다. 그러니까 한 개의 원자를 보면 태양계와 마찬가지로 거의 허공이랄 수 있다. 과학은 상식이 단단하다고 믿는 사물이 전혀 단단하지 않다고 증명하였다.

누구나 위의 구절에서 감지할 수 있는 애매성은 "단단하다"라는 낱말이 두 가지 의미로 사용되고 있는 사실로 인해 생겼다. 사실 "단단하다"라는 낱말의 한 가지 의미 ── 즉 벽돌로 쌓은 벽이 그것을 관통하려는 물건에 강하게 저항한다는 의미── 로는 벽돌로 쌓은 벽이 단단하다고 믿는 상식이 옳을 수 있다. 그러나 또 한편으로 "단단하다"라는 낱말의 다른 의미 ── 즉 벽돌로 쌓은 벽이 물질적 입자로 빈틈 없이 채워져 있어야 한다는 의미── 로는 벽돌로 쌓은 벽이 단단하지 않다고 보는 과학 역시 옳을 수 있는 것이다.

예] 이 장의 제 3 절에 나왔던 예 1]은 낱말을 애매하게 사용하는 좋은 실례를 제공하고 있다. 원래의 논증을 제시했던 사람이 "인간은 결코 비이기적 행동을 하지 않는다"는 자신의 전제를 변호할 때에는 "이기적"이라는 낱말을 "행동의 동기화가 행위자 자신의 동기에 의해 이루어져 행해지는 모든 행동"에 적용되는 의미로 사용하고 있다. "이기적"이라는 낱말이 이렇게 정의되면 이 사람의 전제는 분석 진술이 되어버리므로 여하한 사실에 의해서도 반박할 수 없게 된다. 그러나 논증을 제시했던 사람의 주의가 자신의 전제를 변호하는 일에서 그 전제에서 결론을 끌어 낸 연역을 변호하는 일로 전환되었을 때에는 "이기적"이라는 낱말의 의미를 바꾸어 사용하고 있다. 이 경우에는 "이기적"이라는 낱말이 "행위자가 다른 사람의 이익을 무시하고 하는 행위"에 적용되는 의미로 사용되고 있다. "이기적"이라는 낱말이 이와 같은 두 번째 의미를 띠게 되면, 처음의 전제는 이미 분석 진술이 아니다. 사람들이 다른 사람의 이익을 무시하지 않고는 행위의 동기를 결코 일으키지 않는다는 것은 정의에 의해서 옳지 않다. (아니, 정의에 의해서가 아니라 해도 전혀 옳지 못하다). 성인들이나 위인들은 물론이고 일상의 사람들도 모두 자기 자신의 동기에 따라서 행동을 하게 마련이다. 그런데도 사람들은 흔히 관대한 처사나 남을 위한 일이나 다른 사람을 배려하는 행동을 하고 있는데, 그 까닭은 바로 그들의 동기가 다른 사람의 복지를 고려하고 있기 때문이다.

6.
맺음말

지금까지 논리학의 여러 가지 주제를 아주 광범위하게 다루어 왔으니까, 이제는 우리가 이루려고 노력해 온 여러 가지 목적을 다시 되돌아 보는 시간을 갖는 것이 좋겠다. 우선 이 책의 맨 처음 절에서 증거에 의해 입증된 진술과 그렇지 않은 진술을 나눈 기초적 구별이 강조되었다는 사실을 누구나 떠올릴 수 있을 것이다. 이 책은 거의 전적으로 이 구별을 자세히 설명하는 일과 진술이 증거에 의해 입증될 수 있는 방식을 논하는 일을 해왔다. 사실 이제까지 논리학이라는 학문 영역을 여행한 주된 관심사는 이 일이었다고 할 수 있다.

이 일의 최초 단계에서 증거에 의해 입증된 진술은 논증의 결론이 된다는 점을 주목했었다. 결론을 입증하는 증거는 전제로 명확하게 진술되어야 한다. 증거가 결론을 입증하는 데에는 연역적 입증과 귀납적 입증이라는 두 종류의 입증이 있다는 것은 이제 누구나 잘 알 것이다. 한편 증거를 근거로 삼고 논증의 결론을 승인하는 일이 정당화될 수 있으려면, 다음과 같은 세 가지 조건이 충족되어야 한다는 것도 알게 되었다.

첫째, 전제를 옳다고 승인할 수 있는 훌륭한 이유를 확보하여야 한다.
둘째, 논증이 논리적으로 올바른 형식을 갖추고 있어야 한다.

셋째, 귀납 논증의 경우에는 전체 증거 조건이 충족되어야 한다.

이 일을 제대로 할 수 있는 능력을 기르기 위해서 논증의 유형에 따라 기본적인 올바른 형식을 많이 검토해 보았다. 이와 더불어 누구나 흔히 부딪히게 되는 논리적 과오를 확인하여 피할 수 있는 능력을 증진시키기 위해서 여러 가지 논리적 오류도 많이 검토해 보았다.

그렇지만 논증을 평가했던 대부분의 경우에 전제의 진리성(옳음)이나 허위성(그름)은 제쳐 두고, 논증의 전제와 결론 사이의 논리적 관계에 주의를 집중했었다. 더욱이 가끔 귀납과 관련해서 전체 증거의 조건을 주목한 적이 있었다 하더라도, 사실상 특정한 논증이 이 조건을 갖추었는가라는 문제에 대해서는 세심한 검토를 하지 않았다. 이 방침에 따라 모든 전제가 정말로 옳은가, 그리고 전제가 과연 결론과 관련 있는 모든 유효한 증거를 갖추고 있는가 하는 사실 문제로부터 논증의 논리적 속성을 분리시켜서 논의할 수 있었다. 이 책 전체에 걸쳐 주된 관심사는 증거에 의한 입증(證據에 의한 立證, evidential support)이라는 관계의 본성이었기 때문이다.

그러면 이에 대한 연구의 성과는 무엇인가? 우선 첫째로 우리는 증거 없는 주장과 입증 증거를 거느린 주장을 구별할 수 있게 되었다. 또한 우리는 입증 증거에 호소하는 일과 순전히 감정에 호소하는 일을 구별할 수도 있게 되었다. 누구나 논증을 발견하려는 진지한 의도를 가지고 일상의 신문 · 잡지 · 라디오 방송 · 텔레비젼 방송 등등을 조사해 보면 흥미로운 경험 ── 아마 대개는 미몽에서 깨어난 경험 ── 을 하게 될 것이다. 놀랍게도 이런 대중 매체들의 기사 속에는 논증이 극히 드물다. 대부분의 기사가 감정적 호소와 뒤얽힌 증거 없는 주장을 전개하고 있음을 깨닫게 될 것이다. 이 말은 사람의 감정에 호소하는 일이 중요한 역할을 한다는 사실을 부정하려는 것이 아니다. 이러한 정서적 호소는 꼭 필요한 자선 사업에 흔쾌히 기금을 내놓게 한다든가, 사람들을 가치 있는 일에 종사하도록 설득한다든가, 사람들의 감정을 바람직한 방향으로 돌려 놓는 일을 할 때에는 아주 적절하다고 하겠다. 따라서 위의 지적의 요점은 단지 이러한 감정적 호소를 논리적 논증으로 오인해서는 안 된다는 점에 있을 뿐이다.

둘째로 우리는 증거를 거느린 주장을 대할 경우에 그 논증의 품질을 비판적으로 평가할 수 있게 되었다. 그리고 혹시 증거가 부적절할 때에는 그 논증을 강력한 논증으로 만들기 위해서 어떠한 증거를 추가해야 하는가도 알 수 있게 되었다. 그 결과 우리는 만족스러운 생활을 추구하는 개인 · 시민 · 소비자로서 공적인 일이나 사적인 일을 더욱 이지적으로 수행할 수 있게 되었다.

셋째로 우리는 이런 비판적 표준들을 자신의 사고에도 적용할 수 있게 되었고, 이에 의해 자신의 지적 노력의 결과를 스스로 평가할 수 있는 능력을 향상시킬 수 있었다. 이 능력의 향상으로 인해 우리는 계획을 궁리하고 구체화시키는 일, 선택하는 일, 해야 할 일을 결정하는 일을 더욱 합리적으로 할 수 있게 되었다. 이보다 더 중요한 성과는 논리학 공부가 우리의 삶의 터전인 이 세계에 관해서 더욱 신뢰할 만한 지식과 더욱 심오한 이해를 갖도록 하는 데 상당히 기여했다는 사실일 것이다. 능숙한 논리적 사고가 사실에 관한 지식을 대신할 수는 없지만, 이런저런 지식 주장(知識 主張, knowledge claim) —— "나는 이러이러한 것을 안다"는 주장 —— 을 비판적으로 평가하는 일에는 반드시 필요한 법이다.

마지막으로, 지금까지 논리학을 살펴본 개관은 아주 기초적 수준에서 진행되었다는 사실을 다시 강조해야 하겠다. 논리에 관한 이제까지의 논의는 실은 이 주제의 표면을 둘러본 정도라 해야 할 것이다. 연역 논리학과 귀납 논리학은 둘 다 광범위하게 영향을 미치는 심오한 연구 성과를 이룩한 고도로 발전된 학문이다. 이 책을 공부한 사람들이 앞에서 다룬 여러 가지 논리의 영역에 대하여 더 공부하고 싶은 마음을 갖게 되었다면 참으로 기쁜 일이라 하겠다. 논리학 공부를 더 하고 싶은 사람들은 독서 안내에 소개한 훌륭한 논리학 책들을 참고하기 바란다.

독서 안내

이 책은 아무리 높이 평가한다 해도 논리학의 본성에 대해서 간략한 개관을 제시하고 있을 뿐이다. 독자가 이 책을 통해 논리학에 흥미를 느끼게 되었다면, 논리학에 대한 앞으로의 독서는 두 가지 방식으로 도움이 될 것이다. 첫째는 이 책에서 매우 간략하게 취급한 내용에 대해서 더 자세한 논의를 알 수 있을 것이고, 둘째는 이 책에서 완전히 생략된 주제에 관하여 얼마간 더 배움으로써 논리학의 영역에 대한 시야를 넓힐 수 있을 것이다. 이 두 목적 가운데 어느 하나나 둘 다에 도움이 될 훌륭한 논리학 책은 많이 있다. 다음의 목록은 훌륭한 책들 가운데서 손쉽게 구할 수 있는 책을 간추린 것이다.

■ 논리학에 관한 일반적 입문서

BEARDSLEY, MONROE C., *Thinking Straight,* 3rd ed. Englewood Cliffs, N.J. : Prentice-Hall, Inc., 1966.

BRODY, BARUCH. *Logic : Theoretical and Applied.* Englewood Cliffs, N.J. : Prentice-Hall, Inc., 1973.

COHEN, MORRIS R., and ERNEST NAGEL. *An Introduction to Logic and Scientific Method.* New York : Harcourt Brace Jovanovich, Inc., 1934.

COPI, IRVING M., *Introduction to Logic,* 6th ed. New York : Macmillan, Inc., 1982.

EATON, RALPH M., *General Logic.* New York : Charles Scribner's Sons, 1931.

FOGELIN, ROBERT J., *Understanding Arguments.* New York : Harcourt

Brace Jovanovich, Inc., 1978.

KAHANE, HOWARD. *Logic and Contemporary Rhetoric,* 3rd ed. Belmont, Calif. : Wadsworth Publishing Co., Inc., 1980.

MICHALOS, ALEX C., *Principles of Logic.* Englewood Cliffs, N.J. : Prentice-Hall, Inc., 1969

■ 기호 논리학에 관한 입문서

독자가 현대의 형식 과학인 연역 논리학에 관해서 더 배우고 싶다면 아래의 책들이 도움을 줄 것이다. 이 책들은 논리학에 대한 예비적 지식을 필요 조건으로 하고 있지 않지만, 기호적 기법에 대한 이 책의 간략한 개관을 훨씬 넘어서 진행되고 있다.

HUNTER, GEOFFREY. *Metalogic.* Berkeley and Los Angeles : University of California Press, 1973.

KALISH, DONALD, and RICHARD MONTAGUE. *Logic : Techniques of Formal Reasoning,* 2nd ed. New York : Harcourt Brace Jovanovich, Inc., 1980.

MASSEY, GERALD J., *Understanding Symbolic Logic.* New York : Harper and Row, Publishers, Inc., 1970.

MATES, BENSON. *Elementary Logic,* 2nd ed. New York : Oxford University Press, 1972.

MENDELSON, ELLIOTT. *Introduction to Mathematical Logic.* New York : D. Van Nostrand Company, 1964.

■ 귀납 논리학

귀납 논리학은 연역 논리학과는 달리 누구나 배울 수 있는 표준적 체계를 갖춘 수준에까지 훌륭하게 발전된 분야가 아니다. 아래의 책들은 이 분야의 문제에 대한 이해가 현재 어떤 상태에 있는가를 독자에게 알려 줄 것이다.

GIERE, RONALD N., *Understanding Scientific Reasoning.* New York : Holt, Rinehart & Winston, 1979.

HEMPEL, CARL G., *Philosophy of Natural Science.* Chaps. 1–4. Englewood Cliffs. N.J. : Prentice-Hall, Inc.[*The Foundations of Philosophy Series*], 1966.

SALMON, WESLEY C., *The Foundations of Scientific Inference.* Pittsburgh, Pa. : University of Pittsburgh Press, 1967.

SKYRMS, BRLAN. *Choice and Chance,* 2nd ed. Belmont, Calif. : Dickenson Publishing Co., Inc., 1975.

■ 논리와 언어

위에 든 모든 책은 논리학에 대한 일반적 입문서이긴 하지만, 이 책의 제 4 장에서 다룬 내용에 대한 논의를 포함하고 있다. 아래의 책들은 훌륭한 보충 자료를 갖추고 있다.

Alston, William P., *Philosophy of Language.* Englewood Cliffs, N.J. : Prentice-Hall, Inc.[*Foundations of Philosophy Series*], 1964.

Hospers, John. *An Introduction to Philosophical Analysis,* 2nd ed. Englewood Cliffs. N.J. : Prentice-Hall, Inc., 1967.

■ 논리 철학

연역 논리학의 기초에 관해서 일어나는 철학적 문제를 더 깊이 파고 들어가고 싶다면 콰인의 책을 능가할 책이 없다고 하겠다. 코피와 굴드가 편집한 책은 연역 논리와 귀납 논리에 관한 철학적 문제를 다룬 고전적 논문들을 모아 놓은 책이다.

COPI, IRVING M., and JAMES A. GOULD, eds., *Readings on Logic,* 2nd ed. New York : Macmillan, Inc., 1972

QUINE, WILLARD VAN ORMAN. *Philosophy of Logic.* Englewood Cliffs, N.J. : Prentice-Hall, Inc.[*Foundations of Philosophy Series*], 1970.

논증 형식(논법과 오류)

논증 형식의 이름 끝에 있는 숫자는 그 논증 형식이 이 책에서 설명된 곳을 가리킨다.

찾아 보기

지 은 이

시카고대학·캘리포니아대학·인디애나대학·
피츠버그대학 과학사와 과학철학 교수 역임
미국 과학철학협회 「Philosophy of Science」의 편집위원

저 서: *Foundations of Scientific Inference*(1967)
Statistical Explanation and Statistical Relevance(1971)
Space, Time and Motion : A Philosophical Introduction(1980)
Scientific Explanation and The Causal Structure of the World(1984)
Logic, 3ed ed.(1984)

편 저: *Zeno's Paradoxes*(1970)
Hans Reichenbach : Logical Empiricist(1979)

옮 긴 이

곽강제는 전북대학교에서 배우고 연구하고 가르치다가 지금은 전북대학교 명예교수이다.

지은 책은 「철학과 학문의 노하우」가 있고,

옮긴 책은 「논리학」(W. C. Salmon) 「철학의 의미」(J. G. Brennan) 「철학적 사고에의 초대」(E. L. Beardsley & M. C. Beardsley) 「서양의 지혜」(B. Russell) 「분석 철학」(M. Corrado) 「철학적 분석 입문」(J. Hospers) 「언어와 진리와 논리」(A. J. Ayer) 「철학과 논리적 통사론」(R. Carnap) 「나는 이렇게 철학을 하였다」(B. Russell) 「언어 철학」(W. P. Alston) 「자연과학 철학」(C. G. Hempel) 「콰인과 분석 철학」(G. D. Romanos) 「괴델의 증명」(E. Nagel & J. Newman) 「비트겐슈타인의 『논리철학론』 이렇게 읽어야 한다」(R. M. White) 「논리철학론」(L. Wittgenstein) 「실존주의」(M. Warnock)가 있고,

엮은 책은 「논리와 철학」이 있으며,

철학 논문을 다수 발표하였다.

제2전정판
논 리 학

1982년	3월	15일	초판발행
1988년	9월	15일	전정판발행
2004년	3월	15일	제2전정판발행
2022년	3월	10일	중판발행

저 자 W. C. 새먼
역 자 곽 강 제
발행인 안 종 만·안 상 준
발행처 (주) 박영사
서울특별시 금천구 가산디지털2로 53, 210호(가산동, 한라시그마밸리)
전화 (733)6771 FAX (736)4818
등록 1959. 3. 11. 제300-1959-1호(倫)

www.pybook.co.kr e-mail: pys@pybook.co.kr

정 가 20,000원 ISBN 978-89-6454-006-0